„Datenschutz“ für Unternehmen im B2B?

Schriften zum Medien-, Urheber- und Wirtschaftsrecht

Herausgegeben von Prof. Dr. Georgios Gounalakis

Band 12

PETER LANG
Frankfurt am Main · Berlin · Bern · Bruxelles · New York · Oxford · Wien

Heiko Drebes

„Datenschutz" für Unternehmen im B2B?

Schutz der Daten des geschäftlichen E-Business
im Spannungsfeld zwischen technisch-organisatorischer
und rechtlicher Regulierung

PETER LANG
Internationaler Verlag der Wissenschaften

Bibliografische Information der Deutschen Nationalbibliothek
Die Deutsche Nationalbibliothek verzeichnet diese Publikation in der Deutschen Nationalbibliografie; detaillierte bibliografische Daten sind im Internet über http://dnb.d-nb.de abrufbar.

Zugl.: Marburg, Univ., Diss., 2011

Gedruckt auf alterungsbeständigem,
säurefreiem Papier.

D 4
ISSN 1867-1012
ISBN 978-3-631-63039-6

www.peterlang.de

Vorwort

Die vorliegende Arbeit wurde im Sommersemester 2011 vom Fachbereich Rechts- und Staatswissenschaften der Philipps-Universität Marburg als Dissertation angenommen. Sie entstand während meiner Tätigkeit als wissenschaftlicher Mitarbeiter am Lehrstuhl meines Doktorvaters, Herrn Prof. Dr. Georgios Gounalakis, der mein Interesse am Medien- und Datenschutzrecht geweckt und gefördert hat und dem ich für diese lehr- und erkenntnisreiche Zeit zu großem Dank verpflichtet bin. Er hat die Entwicklung dieser Arbeit stets fördernd begleitet.

Herrn Prof. Dr. Ralph Backhaus möchte ich für die Erstellung des Zweitgutachtens herzlich danken.

Danken möchte ich auch meinen Lehrstuhlkollegen für den offenen und regen Austausch während der gemeinsamen wissenschaftlichen Tätigkeit; meiner Kollegin Linda Grigat gebührt besonderer Dank für ihre organisatorische Hilfe im gesamten Promotionsverfahren.

Frau Rechtsanwältin Dr. Ann Marie Welker, die mir die Möglichkeit einräumte, die Fertigstellung dieser Arbeit zeitweise mit einer anwaltlichen Tätigkeit zu verknüpfen, möchte ich ebenfalls in diesem Rahmen Dank sagen.

Ein ganz besonderer und persönlicher Dank gilt meinen Eltern und Großeltern sowie meinem Bruder Christoph, die mich auf meinem Weg stets ohne Zweifel unterstützt und gefördert haben. Auch möchte ich an dieser Stelle meinem Großvater gedenken, der den Abschluss dieser Arbeit leider nicht mehr erleben durfte, mir aber durch seine Persönlichkeit stets ein prägendes Vorbild und Antrieb war.

Der größte Dank gebührt jedoch meiner Frau Lena für ihre fortwährende Unterstützung, ihren unermüdlichen Rückhalt und ihre Geduld; ohne sie wäre diese Dissertation nicht möglich gewesen.

Meiner Familie sowie dem Andenken an meinen Großvater August Jäger ist diese Arbeit gewidmet.

Frankfurt am Main, im September 2011 Heiko Drebes

Inhaltsverzeichnis

Literaturverzeichnis

Abts, Dietmar/ Mülder, Wilhelm, Grundkurs Wirtschaftsinformatik, 6. Aufl. Wiesbaden 2008

Achenbach, Hans, Das Zweite Gesetz zur Bekämpfung der Wirtschaftskriminalität, NJW 1986, 1835 ff.

Albers, Marion, Zur Neukonzeption des grundrechtlichen „Daten"schutzes, in: Haratsch, Andreas/ Kugelmann, Dieter/ Repkewitz, Ulrich (Hrsg.), Herausforderungen an das Recht der Informationsgesellschaft, S. 113 ff., Stuttgart 1996

Alpar, Paul/ Grob, Heinz Lothar/ Weimann, Peter/ Winter, Robert, Anwendungsorientierte Wirtschaftsinformatik, 5. Aufl. Wiesbaden 2008

Arlt, Christian, Datenschutzrechtliche Betrachtung von Onlineangeboten zum Erwerb digitaler Inhalte, MMR 2007, 683 ff.

Arndt, Hans-Wolfgang/ Fetzer, Thomas/ Scherer, Joachim, TKG Telekommunikationsgesetz, Kommentar, Berlin 2008

Auernhammer, Herbert, Bundesdatenschutzgesetz (BDSG), Kommentar, 3. Aufl. Köln u.a. 1993

Badura, Peter/ Dreier, Horst (Hrsg.), Festschrift 50 Jahre Bundesverfassungsgericht, Zweiter Band, Tübingen 2001

Bär, Wolfgang, Anmerkung zu BVerfG Beschluss 2 BvR 308/04 v. 04.02.2005, MMR 2005, 523 ff.

Bär, Wolfgang, Wardriver und andere Lauscher - Strafrechtliche Fragen im Zusammenhang mit WLAN, MMR 2005, 434 ff.

Barton, Dirk-M., Risiko-Management und IT-Sicherheit, K&R 2004, 305 ff.

Bartsch, Michael/ Lutterbeck, Bernd (Hrsg.), Neues Recht für neue Medien, Köln 1998

Bauer, Stephan, Personalisierte Werbung auf Social Community Websites - Datenschutzrechtliche Zulässigkeit und Verwendung von Bestandsdaten und Nutzungsprofilen, MMR 2008, 435 ff.

Baumann, Patrick, Geheimhaltung in der Kommunikationsgesellschaft - Ein Dilemma moderner Unternehmen, Saarbrücken 2006

Baumbach, Wolfgang/ Hefermehl, Adolf, Wettbewerbsrecht, 17. Aufl. München 1993

Bäumler, Helmut, Marktwirtschaftlicher Datenschutz, in: Bizer, Johann/ Lutterbeck, Bernd/ Rieß, Joachim (Hrsg.), Umbruch von Regelungssystemen in der Informationsgesellschaft - Freundesgabe für Alfred Büllesbach, S. 105 ff., Stuttgart 2002

Bäumler, Helmut/ Breinlinger, Astrid/ Schrader, Hans-Hermann, Datenschutz von A-Z, Neuwied u.a. 1999

Bausback, Nadine, Positionierung von Business-to-Business-Marken - Konzeption und empirische Analyse zur Rolle von Rationalität und Emotionalität, Wiesbaden 2007

Beckhusen, G. Michael, Der Datenumgang innerhalb des Kreditinformationssystems der SCHUFA - Unter besonderer Berücksichtigung des Scoring-Verfahrens ASS und der Betroffenenrechte, Baden-Baden 2004

Behr, Ralph, R/3 Sicherheit kommt nicht von selbst, Computerwoche Nr. 40, 2004, 22

Bender, Rolf/ Kahlen, Christine, Neues Telemediengesetz verbessert den Rechtsrahmen für Neue Dienste und Schutz vor Spam-Mails, MMR 2006, 590 ff.

Berg, Wilfried, Der Schutz von Betriebs- und Geschäftsgeheimnissen im öffentlichen Recht unter besonderer Berücksichtigung des Umweltinformationsgesetzes, GewArch 1996, 177 ff.

Berger, Christian, Der Schutz elektronischer Datenbanken nach der EG-Richtlinie vom 11.3.1996, GRUR 1997, 169 ff.

Berger, Ernst Georg/ Gramlich, Ludwig, Corporate Networks im Telekommunikationsrecht, CR 1999, 150 ff.

Bertelsmann-Stiftung (Hrsg.), Kommunikationsordnung 2010, Gütersloh 2000

Bethge, Herbert, Die Grundrechtsberechtigung juristischer Personen nach Art. 19 Abs. 3 Grundgesetz, Passau 1985

Birner, Cornelia, Die Internet-Domain als Vermögensrecht, Tübingen 2005

Bitz, Gunter, Informationsschutz im Unternehmen - Policy Enforcement mit Trusted Computing, DuD 2005, 531 ff.

Bizer, Johann, Datenschutz durch Technikgestaltung, in: Bäumler, Helmut/ Mutius, Albert v.(Hrsg.) Datenschutzgesetze der dritten Generation, S. 28 ff., Neuwied u.a. 1999

Brammsen, Jörg, Wirtschaftsgeheimnisse als Verfassungseigentum gemäß Artikel 14 GG - Der Schutz der Betriebs- und Geschäftsgeheimnisse gemäß Artikel 14 GG -, DÖV 2007, 10 ff.

Braun, Heiko, Die Zulässigkeit von Service Level Agreements - am Beispiel der Verfügbarkeitsklausel, München 2006

Bräutigam, Peter/ Leupold, Andreas, Online-Handel, Betriebswirtschaftliche und rechtliche Grundlagen, Einzelne Erscheinungen des E-Commerce, München 2003

Breuer, Rüdiger, Schutz von Betriebs- und Geschäftsgeheimnissen im Umweltrecht, NVwZ 1986, 171 ff.

Brohm, Winfried, Die Funktion des BVerfG - Oligarchie in der Demokratie?, NJW 2001, 1 ff.

Broß, Peter, Zukunft der Telekommunikation – Sicht und Rolle der Industrie, MMR 2004, 6 ff.

BSI, IT-Grundschutzhandbuch, Köln 2005

BSI, IT-Grundschutz-Kataloge, Aktueller Stand: 10. Ergänzungslieferung Oktober 2008, Im Internet unter: http://www.bsi.bund.de/gshb/deutsch/

Buchmann, Alexander/ Pfaff, Oliver, Was leisten XML-Sicherheitstechniken, DuD 2003, 757 ff.

Büchner, Wolfgang/ Ehmer, Jörg/ Geppert, Martin/ Piepenbrock, Hermann-Josef/ Schütz, Raimund/ Schuster, Fabian, Beck'scher TKG-Kommentar, Telekommunikationsgesetz, Kommentar, 3. Aufl. München 2006

Büllesbach, Alfred, Datenschutz in einem globalen Unternehmen,RDV 2000, 1 ff.

Büllesbach, Alfred, Datenschutz bei Data Warehouses und Data Mining, CR 2000, 11 ff.

Canaris, Claus-Wilhelm, Die richtlinienkonforme Auslegung und Rechtsfortbildung im System der juristischen Methodenlehre, in: Koziol, Helmut/ Rummel, Peter (Hrsg.), Festschrift für Franz Bydlinski, S. 47 ff., Wien u.a. 2002

Chappell, David A./ Chopra, Vivek / Dubray, Jean-Jacques/ Evans, Colleen/ Harvey, Betty /McGrath, Tim /Nickull, Duane/ Noordzij, Marcel/ Peat, Bruce /van der Eijk, Pim/ Vegt, Jan, Professional ebXML Foundations, Birmingham 2001

Cherry, Colin, Kommunikationsforschung – eine neue Wissenschaft, 2. Aufl. Frankfurt a. M. 1967

Denninger, Erhard/ Hoffmann-Riem, Wolfgang/ Schneider, Hans-Peter/ Stein, Ekkehart (Hrsg.), Kommentar zum Grundgesetz für die Bundesrepublik Deutschland, 3. Aufl. Neuwied u.a. 2001, zitiert: AK-GG

Dietz, Ingo Marco/ Richter, Michael, Netzzugänge unter Internetprovidern, CR 1998, 528 ff.

Dolzer, Rudolf/ Vogel, Klaus/ Graßhof, Karin (Hrsg.), Bonner Kommentar zum Grundgesetz, Loseblattsammlung, Stand: April 2009, Heidelberg 2009

Dorndorf, Eberhard, Freie Arbeitsplatzwahl und Recht am Arbeitsergebnis. Zur rechtlichen Bedeutung des Konflikts zwischen Arbeitsmobilität und Aneignungsfähigkeit des Arbeitsprodukts, Frankfurt a.M. 1979

Dörr, Erwin/ Schmidt, Dietmar, Neues Bundesdatenschutzgesetz, Handkommentar, 3. Aufl. Köln 1997

Dreier, Horst, Grundgesetz-Kommentar, Band 1, Präambel, Artikel 1-19, 2. Aufl. Tübingen 2004

Dreier, Horst, Dimensionen der Grundrechte - Von der Wertordnungsjudikatur zu den objektiv-rechtlichen Grundrechtsgehalten, Hannover 1993

Dreier, Thomas, Die Harmonisierung des Rechtsschutzes von Datenbanken in der EG, GRUR Int. 1992, 739 ff.

Dreier, Thomas, Rechtsschutz von Computerprogrammen, CR 1991, 577 ff.

Druey, Jean Nicolas, Information als Gegenstand des Rechts, Entwurf einer Grundlegung, Zürich u.a. 1995

Duhr, Elisabeth/ Naujok, Helga/ Danker, Birgit/ Seiffert, Evelyn, Neues Datenschutzrecht für die Wirtschaft, DuD 2003, 1 ff.

Dürig, Günter, Grundrechte und Zivilrechtsprechung, in: Vom Bonner Grundgesetz zur gesamtdeutschen Verfassung, Festschrift Hans Nawiasky, S. 157 ff., München 1956

Eckert, Claudia, IT- Sicherheit, Konzepte, Verfahren, Protokolle, 4. Aufl. München 2006

Eckhardt, Jens, Wie weit reicht der Schutz des Fernmeldegeheimnisses (Art. 10 GG)?, Zugleich Anmerkung zu BVerfG, Urt. V. 2.3.2006, 2 BvR 2099/04, DuD 2006, 365 ff.

Eckhardt, Jens, Rechtliche Grundlagen der IT-Sicherheit, DuD 2008, 330 ff.

Eckhardt, Jens, Anmerkung zu LG Berlin (Vorratsspeicherung von personenbezogenen Daten unzulässig II), Urteil vom 6.9.2007, 23 S 3/07, K&R 2008, 602 ff.

Ehmann, Horst, Datenschutz und Mitbestimmungsrechte bei der Arbeitnehmer-Datenverarbeitung, NZA 1993, 241 ff.

Eichler, Alexander, Datenschutz bei Outsourcing, CI 2000, 145 ff.

Eichmann, Helmut, Technizität von Erfindungen - Technische Bedingtheit von Marken und Mustern, GRUR 2000, 751 ff.

Ellger, Reinhard, Der Datenschutz im grenzüberschreitenden Datenverkehr - Eine rechtsvergleichende und kollisionsrechtliche Untersuchung, Baden-Baden 1990

Emmerich, Volker, Unlauterer Wettbewerb, 7. Aufl. München 2004

Engel, Christoph, Eigentumsschutz für Unternehmen, AöR 118 (1993), 169 ff.

Engel, Stefan/ Jürgens, Uwe/ Kleinschmidt, **Katja,** Die Entwicklung des Telemedienrechts im Jahr 2007, K&R 2008, 65 ff.

Engel-Flechsig, Stefan/ Maennel, Frithjof A./ Tettenborn, Alexander, Beck´scher IuKDG-Kommentar, München 2001

Erbs, Georg/ Kohlhaas, Max/ Ambs, Friedrich, Strafrechtliche Nebengesetze, Band 4, Loseblattsammlung, Stand: Februar 2004, München

Erdmann, Willi, Die zeitliche Begrenzung des ergänzenden wettbewerbsrechtlichen Leistungsschutzes, in: Bauer, Jürgen F./ Jacobs, Rainer/ Lieb, Manfred/ Müller-Graf, Peter-Christian (Hrsg.), Festschrift Ralf Vieregge, S. 197 ff., Berlin u.a.1995

Erichsen, Hans-Uwe, Die Drittwirkung der Grundrechte, Jura 1996, 527 ff.

Ernst, Stefan, Das neue Computerstrafrecht, NJW 2007, 2661 ff.

Ernst, Stefan/ Schmittmann, Jens M., Kaufmännische Aufbewahrungspflichten im Computerzeitalter, RDV 2006, 189 ff.

Esslinger, Alexander, "Sprachanalyseeinrichtungen"- Anmerkungen zur BGH-Entscheidung, CR 2000, 502 f.

Etling-Ernst, Martina, TKG, Praxiskommentar, Telekommunikationsgesetz, Ratingen 1996

Federal Trade Commission - FTC (Hrsg.), Entering the 21st Century: Competition Policy in the World of B2B Electronic Marketplaces, Washington 2000

Fezer, Karl-Heinz, Markenrecht, 3. Aufl. München 2001

Fezer, Karl-Heinz, Lauterkeitsrecht: UWG, 2. Aufl. München 2009

Fischer, Olaf/ Wenzel, Bernhard, Prozessortientierte Dienstleistungsunterstützung, Workflowbasierte Komposition unternehmensübergreifender Geschäftsprozesse, Saarbrücken 2008

Fisher, William W. III, Geistiges Eigentum – ein ausufernder Rechtsbereich , die Geschichte des Ideenschutzes in den Vereinigten Staaten, in: Siegrist, Hannes/ Sugarman, David (Hrsg.): Eigentum im internationalen Vergleich (18.-20. Jahrhundert), S. 262 ff., Göttingen 1999

Flechsig, Norbert, Der datenrechtliche Rahmen der europäischen Richtlinie zum Schutz von Datenbanken, ZUM 1997, 577 ff.

Fluck, Jürgen, Der Schutz von Unternehmensdaten im Umweltinformationsgesetz, NVwZ 1994, 1048 ff.

Flume, Werner, Rechtsgeschäft und Privatautonomie, in: von Caemmerer, Ernst/ Friesenhahn, Ernst/ Lange, Richard (Hrsg.), Hundert Jahre deutsches Rechtsleben : Festschrift zum 100 -jährigen Bestehen des Deutschen Juristentages 1860 - 1960 / Im Auftr. d. Ständigen Deputation d. Dt. Juristentages, Band 1, S. 135 ff., Karlsruhe 1960

Fox, Dirk, Made in Germany - Editorial, DuD 2004, 452

Frank, Torben, Der Schutz von Unternehmensgeheimnissen im Öffentlichen Recht, Frankfurt u.a. 2009

Franzen, Martin, Datenschutz im Arbeitsverhältnis, in: Oetker, Hartmut/Preis, Ulrich (Hrsg.), Europäisches Arbeits- und Sozialrecht, Heidelberg 2007

Fromm, Friedrich Karl/ Nordemann, Wilhelm, Urheberrecht, 9. Aufl. Stuttgart u.a. 1998

Frosch-Wilke, Dirk, Data Warehouse, OLAP und Data Mining - State of the Art und zukünftige Entwicklungen, DuD 2003, 597 ff.

Gasser, Urs, Kausalität und Zurechnung von Information als Rechtsproblem, München 2002

Gasser, Urs, Variationen über "Informationsqualität", in: Schweizer, Rainer J./ Burkert, Herbert/ Gasser, Urs (Hrsg.), Festschrift für Jean Nicolas Druey zum 65. Geburtstag, S. 727 ff., Zürich 2002

Gassner, Ulrich M., Internet-Handelsplattformen im Spiegel des Kartellrechts, MMR 2001, 140 ff.

Gaster, Jens-Lienhard, Der Rechtsschutz von Datenbanken, Köln 1999

Gaster, Jens-Lienhard, Zur anstehenden Umsetzung der EG-Datenbank-Richtlinie, CR 1997, 669 ff.

Geis, Ivo, Das neue Datenschutzrecht für Teledienste, CR 2002, 667 ff.

Giessmann, Ernst-Günther, Standards für Elektronische Signaturen, ETSI und die europäische Standardisierung, DuD 2003, 749 ff.

Gloy, Wolfgang/ Loschelder, Michael, Handbuch des Wettbewerbsrechts , 3. Aufl. München 2005

Gola, Peter, Neuer Tele-Datenschutz für Arbeitnehmer – Die Anwendung von TKG und TDDSG im Arbeitsverhältnis, MMR 1999, 322 ff.

Gola, Peter/ Schomerus, Rudolf, BDSG, Bundesdatenschutzgesetz, Kommentar, 9. Aufl. München 2007

Gola, Peter/ Klug, Christoph, Die Entwicklung des Datenschutzrechts in den Jahren 2007/2008, NJW 2008, 2481 ff.

Gora, Walter/ Krampert, Thomas, Handbuch IT-Sicherheit, München 2002

Gostomzyk, Tobias, Grundrechte als objektiv-rechtliche Ordnungsidee, JuS 2004, 949 ff.

Gounalakis, Georgios, US-Copyright für das Neue Testament?, GRUR Int. 2004, 480 ff.

Gounalakis, Georgios (Hrsg.), Rechtshandbuch Electronic Business, München 2003

Gounalakis, Georgios/ Rhode, Lars, Persönlichkeitsschutz im Internet, München 2002

Gounalakis, Georgios/ Drebes, Heiko, Elektronische Handelsplattformen für Unternehmen am Beispiel von T-Mart, München 2005

Gounalakis, Georgios/ Lochen, Sebastian, Elektronische Marktplätze und Kartellrecht, ZHR 167 (2003), 632 ff.

Gramlich, Ludwig/ Kröger, Detlef/ Schreibauer, Marcus, Rechtshandbuch B2B Plattformen, München 2003

Graumann, Sabine/ Köhne, Bärbel/ Bredemeier, Willi, Aktualisierte Grundlagenstudie zur Informationswirtschaft - im Auftrag des Bundeswirtschaftsministeriums, NfD 2002, 211 ff.

Grimm, Rüdiger/ Jeckle, Mario, XML-Signaturen: Grundlagen, Technik und Profile, DuD 2003, 729 ff.

Gröseling, Nadine/ Höfinger, Frank Michael, Computersabotage und Vorfeldkriminalisierung - Auswirkungen des 41. StrÄndG zur Bekämpfung der Computerkriminalität, MMR 2007, 626 ff.

Gröseling, Nadine/ Höfinger, Frank Michael, Hacking und Computerspionage – Auswirkungen des 41. StrÄndG zur Bekämpfung der Computerkriminalität, MMR, 2007, 549 ff.

Groß, Thomas, Die Schutzwirkung des Brief-, Post- und Fernmeldegeheimnisses nach der Privatisierung der Post, JZ 1999, 326 ff.

Guckelberger, Annette, Die Drittwirkung der Grundrechte, JuS 2003, 1151 ff.

Haberstumpf, Helmut, Der Schutz elektronischer Datenbanken nach dem Urheberrechtsgesetz, GRUR 2003, 14 ff.

Hackemann, Martin, Schutz multimedialer Datenbanken - Das Zusammenspiel von Urheber- und Wettbewerbsrecht, CR 1998, 510 ff.

Hackländer, Carmen, ebXML - Das umfassende Rahmenwerk für electronic Business - Eine kritische Darstellung, Marburg 2004

Hahn, Oliver, Data Warehousing und Data Mining in der Praxis, DuD 2003, 605 ff.

Hanebeck, Alexander/ Neunhoeffer, Friederike, Anwendungsbereich und Reichweite des telekommunikationsrechtlichen Fernmeldegeheimnisses – Rechtliche Schwierigkeiten bei der Anwendung des TKG, K&R 2006, 112 ff.

Hansen, Marit/ Borcea-Pfitzmann, Katrin/ Pfitzmann, Andreas, PRIME – Ein europäisches Projekt für nutzerbestimmtes Identitätsmanagement, it – Methoden und Anwendungen der Informatik und Informationstechnik, Heft 6/2005, S. 352 ff.

Harte-Bavendamm, Henning, Wettbewerbsrechtliche Aspekte des Reserve Engineering von Computerprogrammen, GRUR 1990, 657 ff.

Harte-Bavendamm, Henning/ Henning-Bodewig, Frauke, Gesetz gegen den unlauteren Wettbewerb: UWG, Kommentar, München 2004

Hartmann, Thomas, Konzernweiter Kundendatenschutz, mit oder ohne Codes of Conduct (CoC)?, DuD 2008, 455 ff.

Hasselblatt, Gordian N. (Hrsg.), Münchener Anwalts-Handbuch Gewerblicher Rechtsschutz, 2. Aufl. München 2008

Heckmann, Dirk, Rechtspflichten zur Gewährleistung von IT-Sicherheit im Unternehmen - Maßstäbe für ein IT-Sicherheitsrecht, MMR 2006, 280 ff.

Heermann, Peter W./ Hirsch, Günther (Hrsg.), Münchener Kommentar zum Lauterkeitsrecht, Band 1: Grundlagen des Wettbewerbsrechts, Internationales Wettbewerbs- und Wettbewerbsverfahrensrecht, Europäisches Gemeinschaftsrecht - Grundlagen und sekundärrechtliche Maßnahmen, §§ 1-4 UWG, München 2006

Hefermehl, Wolfgang/ Köhler, Helmut/ Bornkamm, Joachim, Gesetz gegen den unlauteren Wettbewerb, 26. Aufl. München 2008

Helmke, Stefan/ Uebel, Matthias F./ Dangelmaier, Wilhelm, Effektives Customer Relationship Management - Instrumente – Einführungskonzepte – Management -, 4. Aufl. Wiesbaden 2008

Henning-Bodewig, Frauke, Das neue Gesetz gegen den unlauteren Wettbewerb, GRUR 2004, 713 ff.

Hesse, Konrad, Verfassungsrecht und Privatrecht, Heidelberg 1988

Hessischer Datenschutzbeauftragter, 36. Tätigkeitsbericht, Wiesbaden 2007

Heun, Sven-Erik (Hrsg.), Handbuch Telekommunikationsrecht, 2. Aufl. Köln 2007

Heydn, Truiken, Deep Link: Feuerprobe bestanden - Das Aus für den Schutz von Web Content oder die Rettung des World Wide Web?, NJW 2004, 1361 ff.

Hilf, Meinhard/ Hörmann, Saskia, Der Grundrechtsschutz von Unternehmen im europäischen Verfassungsverbund, NJW 2003, 1 ff.

Hilgendorf, Eric, Grundfälle zum Computerstrafrecht, JuS 1996, 509 ff.; 702 ff.

Hilgendorf, Eric/ Frank, Thomas/ Valerius, Brian, Computer- und Internetstrafrecht, Berlin 2005

Hoebbel, Christoph, EG-Richtlinienentwurf über den Rechtsschutz von Datenbanken, CR 1993, 12 ff.

Hoeren, Thomas, Anmerkung zu EuGH-Urteil vom 9.11.2004 - The British Horseracing Board Ltd. u.a. v. William Hill Organization Ltd., MMR 2005, 34 ff.

Hoeren, Thomas, Keine wettbewerbsrechtlichen Bedenken mehr gegen Hyperlinks? Anmerkung zum BGH-Urteil "Paperboy", GRUR 2004, 1 ff.

Hoeren, Thomas, Informationen als Gegenstand des Rechtsverkehrs, Prolegomena zu einer Theorie des Informationsrechts, Beilage MMR 9/1998, 6 ff.

Hoeren, Thomas, Der Schutz von Betriebs- und Geschäftsgeheimnissen und das IFG, in: Dix, Alexander; Franßen, Gregor/ Kloepfer, Michael/ Schaar, Peter/ Schoch, Friedrich, Deutsche Gesellschaft für Informationsfreiheit (Hrsg.): Informationsfreiheit und Informationsrecht Jahrbuch 2008, Berlin 2008

Hoeren, Thomas/ Sieber, Ulrich, Handbuch Multimedia-Recht, 19. Ergänzungslieferung 2008, München 2008

Hoffmann-Riem, Wolfgang, Informationelle Selbstbestimmung als Grundrecht kommunikativer Entfaltung, in: Bäumler, Helmut (Hrsg.), Der neuen Datenschutz, Datenschutz in der Informationsgesellschaft von morgen, S. 11 ff., Kriftel 1998

Hoffmann-Riem, Wolfgang, Der grundrechtliche Schutz der Vertraulichkeit und Integrität eigengenutzter informationstechnischer Systeme, JZ 2008, 1009 ff.

Hoffmann-Riem, Wolfgang, Gesetz und Gesetzesvorbehalt im Umbruch - Zur Qualitätsgewährleistung durch Normen, AöR 130 (2005), 5 ff.

Hoffmann-Riem, Wolfgang, Innovationen durch Recht und im Recht, in: Martin Schulte (Hrsg.), Technische Innovation und Recht – Antrieb oder Hemmnis?, S. 3 ff., Heidelberg 1996

Holznagel, Bernd, IT-Sicherheit, München 2003

Holznagel, Bernd, Regulierte Selbstregulierung im Medienrecht, in: ders., Regulierte Selbstregulierung als Steuerungskonzept des Gewährleistungsstaates, Die Verwaltung – Beiheft 4 (2001), 81, 86 ff.

Hubmann, Horst Peter/ Götting, Heinrich, Gewerblicher Rechtsschutz, 7. Aufl. München 2002

Hufnagel, Frank-Erich, Software- und Business-Patente – Herausforderung für das juristische Risikomanagement, MMR 2002, 279 ff.

Ihde, Rainer, Cookies – Datenschutz als Rahmenbedingung der Internetökonomie, CR 2000, 413 ff.

Isensee, Josef/ Kirchhoff, Paul (Hrsg.), Handbuch des Staatsrechts der Bundesrepublik Deutschland, Band V: Allgemeine Grundrechtslehren, 2. Aufl. 2000, Band VI: Freiheitsrechte, 2. Aufl. 2001

Jacobs, Rainer / Lindacher, Walter F./ Teplitzky, Otto, UWG, Großkommentar zum Gesetz gegen den unlauteren Wettbewerb mit Nebengesetzen, Berlin u.a. 2007

Jacobs, Rainer v./ Lindacher, Walter F./ Teplitzky, Otto (Hrsg.), UWG, Großkommentar zum Gesetz gegen den unlauteren Wettbewerb mit Nebengesetzen, Band 1, Einleitung; §§ 1 bis 12, Berlin u.a. 2007

Jähnke, Burkhard (Hrsg.), Leipziger Kommentar zum Strafgesetzbuch, 11. Aufl. Berlin 1992

Jänich, Volker Michael, Sonderrechtsschutz für geschäftliche Methoden, GRUR 2003, 483 ff.

Jarass, Hans D., Das allgemeine Persönlichkeitsrecht im Grundgesetz, NJW 1989, 857 ff.

Jarass, Hans D./ Pieroth, Bodo, Grundgesetz für die Bundesrepublik Deutschland, Kommentar, 7. Aufl. München 2004

Jessen, Ernst, Zugangsberechtigung und besondere Sicherung im Sinne von § 202a StGB, Frankfurt 1994

Jestaedt, Thomas, Funktionalität, Effizienz und Wettbewerb: B2B-Marktplätze und das Kartellrecht, BB 2001, 581 ff.

Joecks, Wolfgang/ Miebach, Klaus (Hrsg.), Münchener Kommentar zum Strafgesetzbuch, Band 3, München 2003

Jürjens, Jan/ Buda, Lidiya, Berechtigungsvergabe in SAP-Systemen und ihre automatische Überprüfung, DuD 2004, 476 ff.

Kafitz, Willi/ Steiert, Peter, Über den Tellerrand - Geschäftsprozesse sind organisationsübergreifend – aber sicher -, DuD 2005, 135 ff.

Kaminski, Bert/ Henßler, Thomas/ Kolaschnik, Helge F./ Papathoma-Baetge, Anastasia, Rechtshandbuch E-Business, Neuwied/Kriftel 2002

Katko, Peter, Voice-over-IP - Entscheidender Schritt zur Konvergenz oder nur preiswert Telefonieren, CR 2005, 189 ff.

Kau, Wolfgang, Vom Persönlichkeitsschutz zum Funktionsschutz, Heidelberg 1989

Kazemi, Robert/ Leopold, Anders, Die Internetdomain im Schutzbereich des Art. 14 Abs. 1 GG, MMR 2004, 287 ff.

Kellerer, Leonhard, Aus der Rechtsprechung des Bundespatentgerichts im Jahre 2002, Teil I: Patentrecht, Gebrauchsmusterrecht und Geschmacksmusterrecht, GRUR 2003, 369 ff.

Kilian, Wolfgang/ Scheja, Gregor, Freier Datenfluss im Allfinanzkonzern?, BB-Beilage 3 zu Heft 14/2002, 19 ff.

Kilian, Wolfgang/ Heussen, Benno, Computerrechts-Handbuch, Informationstechnologie in der Rechts- und Wirtschaftspraxis, 26. Ergänzungslieferung Januar 2008, München 2008

Kindhäuser, Urs, Strafgesetzbuch, Lehr- und Praxiskommentar, 3. Aufl. Baden-Baden 2006

Kindler, Peter, Leistungsschutz für Datenbanken ohne Werkcharakter – Eine Zwischenbilanz, K&R 2000, 265 ff.

Kleinaltenkamp, Michael, Business-to-Business-Marketing, Gablers Wirtschaftslexikon, Band 2, 15. Aufl. Wiesbaden 2000

Kloepfer, Michael, Informationsrecht, München 2002

Kloepfer, Michael, Instrumente des Technikrechts, in: Martin Schulte (Hrsg.), Handbuch des Technikrechts, S. 111 ff., Berlin 2003

Kloepfer, Michael/ Schärdel, Florian, Grundrechte für die Informationsgesellschaft – Datenschutz und Informationszugangsfreiheit ins Grundgesetz?, JZ 2009, 453 ff.

Klopschinski, Simon/ Prinz zu Waldeck und Pyrmont, Wolrad, Der Schutz geistigen Eigentums in einer globalisierten Welt - Bericht über ein internationales Fachhearing der Bayerischen Staatsregierung und des Munich Intellectual Property Law Center (MIPLC) am 29. Februar 2008 in München, GRUR Int. 2008, 393 ff.

Koch, Frank A., Web Services als neue IT-Vertragsleistung. Definition und vertragstypologische Einordnung von Web Service-Anwendungen, ITRB 2007, 71 ff.

Koch, Frank A., Begründung und Grenzen des urheberrechtlichen Schutzes objektorientierter Software, GRUR 2000, 191 ff.

Koch, Hans-Joachim, Bundesverfassungsrecht und Fachgerichte. Eine Funktionsbestimmung auf funktionstheoretischer Basis, in: Erbguth, Wilfried/ Müller, Friedrich/ Neumann, Volker (Hrsg.), Rechtstheorie und Rechtsdogmatik im Austausch, Gedächtnisschrift für Bernd Jeand'Heur, S. 135 ff., Berlin 1999

Koenig, Christian/ Kuhlenkampf, Gabriele/ Kühling, Jürgen/ Loetz, Sascha/ Smit, Hilke, Internetplattformen in der Unternehmenspraxis, Wettbewerbsrecht, Kartellrecht, Ökonomie, Heidelberg 2002

Köhler, Helmut, Gründung und Nutzung von Internet Marketplaces - die Rahmenbedingungen des europäischen und deutschen Kartellrechts, K&R 2000, 569 ff.

Köhler, Helmut/ Piper, Henning, Gesetz gegen den unlauteren Wettbewerb, mit Preisangabenverordnung, Kommentar, 3. Aufl. 2002

Köhler-Frost, Wilfried, E-Business realisieren, Berlin 2000

Kollmann, Tobias, E-Business - Grundlagen elektronischer Geschäftsprozesse in der Net Economy, 3. Aufl. Wiesbaden 2009

Koos, Stefan, Die Domain als Vermögensgegenstand zwischen Sache und Immaterialgut, MMR 2004, 359 ff.

***Kotthoff,* Jost,** Zum Schutz von Datenbanken beim Einsatz von CD-ROMs in Netzwerken, GRUR 1997, 597 ff.

Kramarz-v. Kohout, Gerhard, Security Policy und Sicherheitsprozess, Ausrichtung und Gestaltung der Sicherheit in einem Unternehmen, DuD 2002, 104 ff.

Kramer, André/ König, Peter, Nie wieder installieren, Web Anwendungen konkurrieren mit lokalen Programmen, c't Zeitschrift für Computertechnik, Heft 28, 2008, S. 118 ff.

Kraßer, Rudolf, Grundlagen des Schutzes von Geschäfts- und Betriebsgeheimnissen sowie von Know-how, GRUR 1977, 177 ff.

Kraßer, Rudolph, Patentrecht, 5. Aufl. 2004

Kraßer, Rudolph, Erfindungsschutz zwischen Patentanmeldung und Patenterteilung, GRUR Int. 1990, 732 ff.

Kühling, Jürgen ‚Krise des Datenschutzes – Effektive Vollzugsmechanismen statt Grundgesetzänderung, K&R 10/2008, Editorial

Kunz, Thomas/ Pordesch, Ulrich/ Schmidt, Andreas U., Das Präsentationsproblem der XML-Signatur und seine Lösung durch Profiles, DuD 2004, 740 ff.

Kurose, James F./ Ross, Keith W., Computernetze, Der Top-down-Ansatz, 4. Aufl. München 2008

Kuschke, Michael/ Wölfel, Lutger, Web Services kompakt, Heidelberg u.a. 2002

Kutscha, Martin, Mehr Schutz von Computerdaten durch neues Grundrecht, NJW 2008, 1042 ff.

Ladeur, Karl-Heinz, Die objektiv-rechtliche Dimension der wirtschaftlichen Grundrechte, DÖV 2007, 1 ff.

Lambrich, Thomas/ Cahlik, Nina, Austausch von Arbeitnehmerdaten in multinationalen Konzernen – Datenschutz- und betriebsverfassungsrechtliche Rahmenbedingungen, RDV 2002, 287 ff.

Lammek, Siegfried/ Tinnefeld, Marie-Theres, Globalisierung und informationelle Rechtskultur in Europa, Baden-Baden 1998

Lang, Markus, Die Grundrechtsberechtigung der Nachfolgeunternehmen im Eisenbahn-, Post- und Telekommunikationswesen, NJW 2004, 3601 ff.

Lapp, Thomas, Cookies: Monster oder harmlose Kekse? - Analyse der rechtlichen Auswirkungen und Schutzmöglichkeiten gegenüber der Verwendung von Cookies, ITRB 2001, 113 ff.

Leenen, Anne-Katrin, Urheberrecht und Geschäftsmethoden, Baden-Baden 2005

Lehmann, Michael, Anmerkung zu EuGH, CR 2005, 10 (13) – Pferdesportdatenbank „William Hill“, CR 2005, 15 f.

Lehmann, Michael, Die Europäische Richtlinie über den Schutz von Computerprogrammen, GRUR Int. 1991, 327 ff.

Leistner, Matthias, Der neue Rechtsschutz des Datenbankherstellers, GRUR Int. 1999, 819 ff.

Leistner, Matthias, „Last exit" withdrawal?, K&R 2007, 457 ff.

Leistner, Matthias, Der Rechtsschutz von Datenbanken im deutschen und europäischen Recht, München 2000

Leistner, Matthias, Der Schutz von Telefonverzeichnissen und das neue Datenbankherstellerrecht, MMR 1999, 636 ff.

Lenckner, Theodor/ Winkelbauer, Wolfgang ‚Computerkriminalität – Möglichkeiten und Grenzen des 2. WiKG (I), CR 1986, 483 ff.

Lensdorf, Lars/ Steger, Udo, IT-Compliance im Unternehmen, ITRB 2006, 206 ff.

Leßmann, Herbert, Persönlichkeitsschutz juristischer Personen, AcP (170) 1970, 266 (270)

Lettl, Tobias, Das neue UWG, GRUR-RR 2009, 41 ff.

Lettl, Tobias, Der unlautere Wettbewerb durch Rechtsbruch in der instanzgerichtlichen Rechtsprechung, GRUR-RR 2004, 225 ff.

Leukel, Jörg, Katalogdatenmanagement im B2B E-Commerce, Lohmar 2004

Leupold, Andreas/ Bräutigam, Peter/ Pfeiffer, Markus, Von der Werbung zur kommerziellen Kommunikation: Die Vermarktung von Waren und Dienstleistungen im Internet, WRP 2000, 575 ff.

Leupold, Andreas/ Glossner, Silke, Münchener AnwaltsHandbuch IT-Recht, München 2008

Lewinski, Kai v., Persönlichkeitsprofile und Datenschutz bei CRM, RDV 2003, 122 ff.

Lincke, Karl H. / Camilleri Vázquez, José Luis, Die neue ISO / IEC 17799 Zertifizierung von Informationssicherheit, K&R 2003, 337 ff.

Lochen, Sebastian, Elektronische Marktplätze - Eine rechtsvergleichende Analyse des europäischen, deutschen und US-amerikanischen Kartellrechts, München 2006

Lotz, Volkmar, SOA-Sicherheit für moderne Unternehmen - Anforderungen an SOA-Sicherheit auf dem Weg zum virtuellen Unternehmen -, DuD 2007, 644 ff.

Lücke, Jörg, Die Drittwirkung der Grundrechte anhand des Art.19 III GG, JZ 1999, 377 ff.

Lutz, Raimund, Veränderungen des Wettbewerbsrechts im Zuge der Richtlinie über unlautere Geschäftspraktiken, GRUR 2006, 908 ff.

Machill, Marcel/ Waltermann, Jens, Verantwortung im Internet, Gütersloh 1999

Mack, Katrin, Die rechtlichen Rahmenbedingungen der vergleichenden Werbung im B2B-Bereich, München 2007

Mangoldt, Hermann, v./ Klein, Friedrich/ Starck, Christian, Kommentar zum Grundgesetz: GG, Band 1, Präambel; Art 1-19, Kommentar, 5. Aufl. München 2005

Manssen, Gerrit/ Lammich, Klaus / Robert, Anna / Gramlich, Ludwig/ Demmel, Annette/ Lau, Katrin / Fröhle, Jens/ Antoni, Patrizia/ Skrobotz, Jan, Telekommunikations- und Medienrecht, Kommentar, Loseblattausgabe, Stand: Mai 2009, Berlin 2009

Marsden, Christopher T., Co-Regulation in European Media and Internet Sectors, MMR 2005, 3 ff.

Maunz, Theodor/ Dürig, Günter/ Herzog, Roman/ Scholz, Rupert, Grundgesetz, Kommentar, Loseblattausgabe, Stand: Januar 2009, 54. Aufl. München 2009

Meier, Bernd-Dieter, Softwarepiraterie – eine Straftat?, JZ 1992, 657 ff.

Meier, Joe, Überwachung am PC-Arbeitsplatz - Nutzen und Gefahren, Computer und Arbeit 1/2008, 7 ff.

Meinberg, Ralf/ Grabe, Olaf, Voice over IP – IP basierter Sprachdienst vor dem Hintergrund des novellierten TKG, K&R 2004, 409 ff.

Mengel, Anja, Kontrolle der E-mail- und Internetkommunikation am Arbeitsplatz - Wege durch einen juristischen Irrgarten, BB 2004, 2014 ff.

Merz, Michael, Handel mit Format, B2B-Integration mit ebXML, iX Nr. 2/2004, 90 ff.

Mes, Peter, Patentgesetz, Gebrauchsmustergesetz, Kommentar, 2. Aufl. München 2005

Mestmäcker, Ernst Joachim/ Schulze, Erich, Kommentar zum deutschen Urheberrecht, Unter Berücksichtigung des internationalen Rechts und des Gemeinschaftsrechts in den Mitgliedstaaten der EG, Loseblattausgabe, Stand: Mai 2007, Neuwied u.a. 2007

Meurer, Dieter, Die Bekämpfung der Computerkriminalität in der Bundesrepublik Deutschland, in: Leser, Hans G./ Isomura, Tamotsu (Hrsg.), Wege zum japanischen Recht, Festschrift für Zentaro Kitagawa, zum 60. Geburtstag am 05. April 1992, S. 971 ff., Berlin 1992

Minnerup, Silke, BMI: Datenschutzgipfel, ITRB 2008, 217 ff.

Möhrenschläger, Manfred, Das neue Computerstrafrecht, wistra, 1986, 128 ff.

Möhring, Philipp, Betriebs- und Geschäftsgeheimnis, in: Dietz, Rolf/ Hübner, Heinz (Hrsg.), Festschrift für Hans Carl Nipperdey zum 70. Geburtstag, Band 2, S. 417 ff., München 1965

Moritz, Hans-Werner/ Tinnefeld, Marie-Theres, Der Datenschutz im Zeichen einer wachsenden Selbstregulierung, JurPC Web-Dok. 181/2003, Abs. 1 ff.

Moritz, Hans-Werner/ Dreier, Thomas (Hrsg.), Rechts-Handbuch zum E-Commerce, 2. Aufl. Köln 2005

Mörsberger, Thomas, Datenschutz im sozialen Bereich, Frankfurt 1981

Moufang, Rainer, Datenbankverträge, in: Beier, Karl/ Götting, Horst-Peter/Lehmann, Michael/ Moufang, Rainer (Hrsg.), Urhebervertragsrecht, Festgabe für Gerhard Schricker, S. 571 ff., München 1995

Müller, Michael, Whistleblowing – Ein Kündigungsgrund?, NZA 2002, 424 ff.

Mummenthey, Hinrich, Vertraulichkeitsvereinbarungen, CR 1999, 651 ff.

Münch, Ingo v./ Kunig, Philip, Grundgesetz, Kommentar, Band 1 (Präambel bis Art. 19), 5. Aufl. München 2000

Nack, Ralph, Nationaler und internationaler Rechtsschutz von Datenbanken, GRUR Int. 2004, 227 ff.

Niedermeier, Robert/ Schröcker, Stefan, Datenübermittlung im modernen Finanzkonzern – Die homogene Datenschutzzelle, RDV 2001, 90 ff.

Nowrot, Karsten, Verfassungsrechtlicher Eigentumsschutz von Internet-Domains, Halle (Saale) 2002

Ntouvas, Ioannis, Computerimplementierte Geschäftsmethoden und eBays „Sofort kaufen"- Option, GRUR Int. 2006, 129 ff.

Ohlenburg, Anna, Die neue EU-Datenschutzrichtlinie 2002/58/EG - Auswirkungen und Neuerungen für elektronische Kommunikation, MMR 2003, 82 ff.

Ohlenburg, Anna, Datenschutz im Referentenentwurf zum TKG, K&R 2003, 265 ff.

Ohly, Ansgar, Das neue UWG – Mehr Freiheit für den Wettbewerb?, GRUR 2004, 889 ff.

Osterrieth, Christian, Patentrecht, 3. Aufl. München 2007

Pahlen-Brandt, Ingrid, Zur Personenbezogenheit von IP-Adressen, Zugleich eine Replik auf Eckhardt, K&R 2007, 602 ff., K&R 2008, 288 ff.

Palandt, Otto, BGB, Kommentar, 68. Aufl. München 2009

Papier, Hans-Jürgen, Das Internet vergisst nicht - Zum 25. Jahrestag des Volkzählungsurteils, Dokumentation in Süddeutsche Zeitung vom 15.12.2008, http://www.sueddeutsche.de/computer/895/451606/text/

Paulus, Saschar/ Reimer, Helmut, Die Mauer bröckelt, DuD 2005, 118 ff.

Peters, Falk , IT- Sicherheitspflege bei Bewerbern um öffentliche Aufträge, CR 2004, 868 ff.

Peterson, Larry L./ Darie, Bruce S., Computernetze, Eine systemorientierte Einführung, 4. Aufl. Heidelberg 2008

Petri, Thomas B., Vollzugsdefizite bei der Umsetzung des BDSG, DuD 2002, 726 ff.

Petri, Thomas B., Datenschutzrechtliche Einwilligung im Massengeschäftsverkehr, RDV 2007, 153 ff.

Petri, Thomas B./ Kieper, Marcus, Datenbevorratungs- und analysesysteme in der Privatwirtschaft, DuD 2003, 609 ff.

Pfaff, Dieter, Der Know-how-Vertrag im Bürgerlichen Recht - Dogmatische Einordnung, Haftungsvoraussetzungen und Haftungsfolgen, BB 1974, 565 ff.

Pieroth, Bodo/ Schlink, Bernhard, Staatsrecht II, Grundrechte, 24. Aufl. 2008

Piper, Henning/ Ohly, Ansgar, Gesetz gegen den unlauteren Wettbewerb mit Preisangabenverordnung, Kommentar, 4. Aufl. München 2006

Plaß, Gunda, Die Zwangsvollstreckung in die Domain, WRP 2000, 1077 ff.

Podlech, Adalbert, Individualdatenschutz - Systemdatenschutz, in: Brückner, Klaus /Dalichau, Gerhard (Hrsg.), Beiträge zum Sozialrecht, Festgabe für Hans Grüner, S. 451 ff., Perchau 1982

Quanz, Joachim/ Wichmann, Thorsten, E-Business-Standards in Deutschland, Bestandsaufnahme, Probleme, Perspektiven, Berlin 2003

Räther, Philipp C./ Seitz, Nicolai, Ausnahmen bei Datentransfer in Drittstaaten - Die beiden Ausnahmen nach § 4c Absatz 2 BDSG: Vertragslösung und Code of Conduct, MMR 2002, 520 ff.

Rebmann, Kurt/ Säcker, Franz Jürgen/ Rixecker, Roland (Hrsg.), Münchener Kommentar zum Bürgerlichen Gesetzbuch, Band 1: Allgemeiner Teil (§§ 1–240, AGB-Gesetz), 4. Aufl. München 2001

Reger, Gerald, Der internationale Schutz gegen unlauteren Wettbewerb und das TRIPS-Übereinkommen, Köln u.a. 1999

Reichman, Jerome H./ Samuelson, Pamela,Intellectual Property Rights in Data? - An Assault on the Worldwide Public Interest in Research and Development, 50 Vanderbild Law Review (1997), 51 ff.

Reinhard, Tim/ Pohl, Lorenz/ Capellaro, Hans-Christoph, IT-Sicherheit und Recht - Rechtliche und technisch-organisatorische Aspekte für Unternehmen - Berlin 2007

Reiter, Michael, Service-orientierte Architektur, DuD 2005, 166 ff.

Richters, Swantje/ Wodtke, Carolina, Schutz von Betriebs- und Geschäftsgeheimnissen, Leitfaden für die Praxis, Berlin 2004

Richters, Swantje/ Wodtke, Carolina, Schutz von Betriebsgeheimnissen aus Unternehmenssicht, NZA-RR 2003. S. 281 ff.

Rifkin, Jeremy, Access - Das Verschwinden des Eigentums, 2. Aufl. Frankfurt 2000

Rohr, Sebastian, SOA-Sicherheit – die andere Seite, DuD 2007, 641 ff.

Roßnagel, Alexander/ Banzhaf, Jürgen/ Grimm, Rüdiger, Datenschutz im Electronic Commerce, Heidelberg 2003

Roßnagel, Alexander, Handbuch Datenschutzrecht, München 2003

Roßnagel, Alexander, Freiheit durch Systemgestaltung, Strategien des Grundsrechtsschutzes in der Informationsgesellschaft, in: Nickel, Egbert/ Roßnagel, Alexander/Schlink, Bernhard (Hrsg.), Die Freiheit und die Macht - Wissenschaft im Ernstfall, Festschrift für Adalbert Podlech, S. 227 ff., Baden-Baden 1994

Roßnagel, Alexander, Modernisierung des Datenschutzrechts für eine Welt allgegenwärtiger Datenverarbeitung, MMR 2005, 71 ff.

Roßnagel, Alexander, Das Telemediengesetz – Neuordnung für Informations- und Kommunikationsdienste, NVwZ 2007, 743 ff.

Roßnagel, Alexander, Elektronische Signaturen mit der Bankkarte? - Das Erste Gesetz zur Änderung des Signaturgesetzes, NJW 2005, 385 ff.

Roßnagel, Alexander, Datenschutzaudit, Konzeption, Durchführung, gesetzliche Regelung, Wiesbaden 2000

Roßnagel, Alexander (Hrsg.), Recht der Multimedia-Dienste, Kommentar zum IuKDG und zum MDStV, Loseblattausgabe, Stand: April 2005, München 2005

Roßnagel, Alexander/ Schnabel, Christoph, Das Grundrecht auf Gewährleistung der Vertraulichkeit und Integrität informationstechnischer Systeme und sein Einfluss auf das Privatrecht, NJW 2008, 3534 ff.

Roßnagel, Alexander/ Pfitzmann, Andreas / Garstka, Hansjürgen, Modernisierung des Datenschutzrechts, Gutachten im Auftrag des Bundesministeriums des Inneren, Stand: 2001, im Internet unter: http://www.lda.brandenburg.de/sixcms/media.php/2473/dsmodern.pdf

Rudolphi, Hans-Joachim/ Horn, Eckhard/ Samson, Erich/ Günther, Hans-Ludwig, Systematischer Kommentar zum Strafgesetzbuch (SK-StGB), Loseblattsammlung, 114. Ergänzungslieferung, Stand: Mai 2008, Neuwied u.a. 2008

Ruff, Andreas, Vertriebsrecht im Internet, Der Vertrieb und Fernabsatz von Waren und Dienstleistungen, Heidelberg 2003

Ruppmann, Evelyn, Der konzerninterne Austausch personenbezogener Daten - Risiken und Chancen für den Datenschutz, Frankfurt 2000

Rützel, Stefan, Illegale Unternehmensgeheimnisse, GRUR 1995, 557 ff.

Sachs, Michael, Grundgesetz, Kommentar, 5. Aufl. München 2009

Sambuc, Thomas, Der UWG-Nachahmungsschutz, München 1996

Sander, Matthias/ Deininger, Olaf, Nimm zwei, CYbiz Januar/Februar 2004, S. 20 ff.

Savigny, Friedrich Carl v., System des heutigen Römischen Rechts, Band 2, Berlin 1840

Schaar, Peter, Datenschutz im Internet - Die Grundlagen, München 2001

Schaar, Peter, Datenschutz bei Web-Services, RDV 2003, 59 ff.

Schaar, Peter, Datenschutzrechtliche Einwilligung im Internet, MMR 2001, 644 ff.

Schaar, Peter/ Schultze, Michaela, Erste Erfahrungen mit dem Informationsfreiheitsgesetz des Bundes, in: Dix, Alexander/ Franßen, Gregor/ Kloepfer, Michael/ Schaar, Peter/ Schoch, Friedrich, Deutsche Gesellschaft für Informationsfreiheit (Hrsg.): Informationsfreiheit und Informationsrecht Jahrbuch 2008, Berlin 2008

Schaffland, Hans-Jürgen/ Wiltfang, Noeme, Bundesdatenschutzgesetz (BDSG), Ergänzbarer Kommentar nebst einschlägigen Rechtsvorschriften, Berlin 2008

Schapper, Claus Henning/ Dauer, Peter, Die Entwicklung der Datenschutzaufsicht im nicht-öffentlichen Bereich (I), RDV 1987, 169 ff.

Scharfenberg, Jens/ Marquardt, Timo, Die Bilanzierung des Customizing von ERP-Software, DStR 2004, 195 ff.

Scheuerle, Klaus-Dieter/ Mayen, Thomas, Telekommunikationsgesetz (TKG), Kommentar, München 2002

Schick, Rainer, Rechtliche Aspekte der Internet-Telefonie, NJW-CoR 1998, 486 ff.

Schick, Rupert/ Kahlenberg, Friedrich P., Der Parlamentarische Rat 1948-1949, Akten und Protokolle, Band 5/II, Boppard am Rhein 1993

Schlötter, Richard, Der Schutz von Betriebs- und Geschäftsgeheimnissen und die Abwerbung von Arbeitnehmern, Eine rechtsvergleichende Untersuchung des englischen, französischen und deutschen Rechts, Köln 1997

Schmidt, Markus/ Pruß, Michael/ Kast, Christian, Technische und juristische Aspekte zur Authentizität elektronischer Kommunikation, CR 2008, 267 ff.

Schmidt, Walther Wieland, Grundrechte und Nationalität juristischer Personen, Heidelberg 1966

Schmidt, Werner, Datenschutz als Qualitätsfaktor für den E-Commerce, Recht, Wettbewerb und e-commerce, Referate des XXXIV. FIW-Symposions, Heft 184, S. 9 ff., Köln 2001

Schneider, Jochen, Handbuch des EDV-Rechts, 4. Aufl. Köln 2009

Schoch, Friedrich, Die Grundrechtsfähigkeit juristischer Personen, Jura 2001, 201 ff.

Schoder, Detlef/ Fischbach, Kai/ Teichmann, René, Peer-to-Peer, Ökonomische, technologische und juristische Perspektive, 1. Aufl. Berlin u.a. 2002

Schönke, Adolf/ Schröder, Horst, Strafgesetzbuch, Kommentar, 27. Aufl. München 2006

Schricker, Gerhard, Urheberrecht, 3. Aufl. München 2006

Schricker, Gerhard, Der Urheberrechtsschutz von Werbeschöpfungen, Werbeideen, Werbekonzeptionen und Werbekampagnen, GRUR 1996, 815 ff.

Schröder, Meinhard, Der Schutz von Betriebs- und Geschäftsgeheimnissen im Umweltschutzrecht, UPR 1985, 394 ff.

Schubert, Petra/ Wölfle, Ralf/ Dettling, Walter, E-Business-Integration, Fallstudien zur Optimierung elektronischer Geschäftsprozesse, München 2003

Schüler, Peter, Firmen-IT im Abo, Web-Dienste als Ersatz für Multiuser-Programme, c' t Zeitschrift für Computertechnik, Heft 28, 2008, S. 132 ff.

Schultze-Melling, Jyn, IT-Sicherheit in der anwaltlichen Beratung, CR 2005, 73 ff.

Schulze-Heiming, Ingeborg, Der strafrechtliche Schutz der Computerdaten gegen die Angriffsformen der Spionage, Sabotage und des Zeitdiebstahls, Münster 1995

Schumann, Kay H., Das 41. StrÄndG zur Bekämpfung der Computerkriminalität, NStZ 2007, 675 ff.

Schünemann, Wolfgang B., „Unlauterkeit" in den Generalklauseln und Interessenabwägung nach neuem UWG, GRUR 2004, 925 ff.

Schütt, Michaela, Informationsmanagement auf elektronischen B2B-Marktplätzen, Unterstützung der elektronischen Beschaffung durch integrierte Informationsprozesse, Wiesbaden 2006

Schütz, Raimund, Kommunikationsrecht, 2. Aufl. Beck 2009

Schwarz, Holger, Integration von Data Mining und Online Analytical Processing, Dissertation Stuttgart 2003

Simitis, Spiros, Bundesdatenschutzgesetz (BDSG), Kommentar, 6. Aufl. Baden-Baden 2006

Soergel, Hans Theodor, Bürgerliches Gesetzbuch mit Einführungsgesetz und Nebengesetzen, Kommentar Band 12, 13. Aufl. Stuttgart u.a. 2005

Sommergut, Wolfgang, Wird ebXML globaler B-to-B-Standard?, Computerwoche online vom 21.06.2001, im Internet unter: http://www.computerwoche.de/index.cfm?pageid=255&artid=27133&type=detail&kw=ebxml&rc=46

Sonntag, Matthias, IT-Sicherheit kritischer Infrastrukuren, Von der Staatsaufgabe zur rechtlichen Ausgestaltung, München 2005

Spindler, Gerald, IT-Sicherheit und Produkthaftung, NJW 2004, 3145 ff.

Spindler, Gerald/ Wiebe, Andreas, Internet-Auktionen und Elektronische Marktplätze, 2. Aufl. Köln 2005

Sponeck, Henning v., Weitergabe von Personaldaten im Konzern, CR 1991, 600 ff.

Steidle, Roland/ Pordesch, Ulrich, Im Netz von Google. Webtracking und Datenschutz, DuD 2008, 324 ff.

Steinbuch, Karl, Maßlos informiert, Die Enteignung unseres Denkens, München 1978

Stern, Klaus, Das Staatsrecht der Bundesrepublik Deutschland, Band III, Allgemeine Lehren der Grundrechte, 1. Halbband, Grundlagen und Geschichte, nationaler und internationaler Grundrechtskonstitutionalismus, juristische Bedeutung der Grundrechte, Grundrechtsberechtigte, Grundrechtsverpflichtete, München 1998

Stoll, Patrick P., E-Procurement, Grundlagen, Standards und Situation am Markt, Wiesbaden 2007

Stührenberg, Lutz/ Meiners, Norbert/ Behrens, Jan Henning, Customer Relationship Management (CRM) und Konzepte zur Implementierung in B-to-B-Märkten, Renningen 2008

Stumpf, Christoph A., Grundrechtsschutz im Aktienrecht, NJW 2003, 9 ff.

Sutschet, Holger, Auftragsdatenverarbeitung und Funktionsübertragung, RDV 2004, 97 ff.

Taeger, Jürgen, Die Offenbarung von Betriebs- und Geschäftsgeheimnissen, Baden-Baden 1988

Taeger, Jürgen, Schutz von Betriebs- und Geschäftsgeheimnissen im Regierungsentwurf zur Änderung des BDSG, K&R 2008, 513 ff.

Taeger, Jürgen, Kundenprofile im Internet, K&R 2003, 220 ff.

Taeger, Jürgen/ Rath, Michael, IT-Compliance als Risikomanagement-Instrument, Edewecht 2007

Tauchert, Wolfgang, Patentschutz für Computerprogramme - Sachstand und neue Entwicklungen, GRUR 1999, 829 ff.

Tettenborn, Alexander, E-Commerce-Richtlinie: Politische Einigung in Brüssel erzielt, K&R 2000, 59 ff.

Tettenborn, Alexander, Europäischer Rechtsrahmen für den elektronischen Geschäftsverkehr, K&R 1999, 252 ff.

Tettenborn, Alexander/ Bender, Gunnar/ Lübben, Natalie/ Karenfort, Jörg, Rechtsrahmen für den elektronischen Geschäftsverkehr, Kommentierung zur EG-Richtlinie über den elektronischen Geschäftsverkehr und zum Elektronischen Geschäftsverkehr-Gesetz - EGG; Inhalt - Auswirkungen - Umsetzung in Deutschland, Beilage 1 zu K&R 12/2001, 1 ff.

Thome, Rainer, Grundzüge der Wirtschaftsinformatik - Integration der Informationsverarbeitung in die Organisation von Unternehmen –, München 2006

Thome, Rainer/ Schinzer, Heiko/ Hepp, Martin, Electronic Commerce und Electronic Business - Mehrwert durch Integration und Automation -, 3. Aufl. München 2005

Tinnefeld, Marie-Theres, Die Novellierung des BDSG im Zeichen des Gemeinschaftsrechts, NJW 2001, 3078 ff.

Tinnefeld, Marie-Theres/ Viethen, Hans Peter, Arbeitnehmerdatenschutz und Internet-Ökonomie, NZA 2000, 977 ff.

Tinnefeld, Marie-Theres/ Schuster, Heidi, Mangel an Vertrauen in die Telekommunikation, DuD 2005, 78 ff.

Többens, Hans W., Wirtschaftsspionage und Konkurrenzausspähung in Deutschland, NStZ 2000, 505 ff.

Tröndle, Herbert/ Fischer, Thomas, Strafgesetz und Nebengesetze, 54. Aufl. München 2006

Umbach, Dieter C./ Clemens, Thomas (Hrsg.), Grundgesetz, Mitarbeiterkommentar und Handbuch, Heidelberg 2002

Vander, Sascha, Verhaltenskodizes im elektronischen Geschäftsverkehr - Gütesiegel beim Online-Shopping, K&R 2003, S. 339 ff.

Viefhues, Martin, Anmerkung zu LG Essen, Beschluss vom 22 . September 1999, MMR 2000, 286 f.

Vogelsang, Klaus, Grundrecht auf informelle Selbstbestimmung?, Baden-Baden 1987

Wabnitz, Heinz-Bernd/ Janovsky, Thomas (Hrsg.), Handbuch Wirtschafts- und Steuerstrafrecht, 3. Aufl. München 2007

Wallenberg, Gabriela v., B2B-Onlineshop – betriebswirtschaftliche und rechtliche Fragen, MMR 2005, 661 ff.

Wandtke, Artur-Axel/ Bullinger, Winfried, Praxiskommentar zum Urheberrecht, 3. Aufl. München 2009

Weber, Rolf H., Information und Schutz Privater, Zeitschrift für schweizerisches Recht (ZSR), 1999 II, 1 ff.

Weichert, Thilo, Regulierte Selbstregulierung – Plädoyer für eine etwas andere Datenschutzaufsicht, RDV 2005, 1 ff.

Weissmann, Oliver, Neufassung IS 17799:2005, DuD 2005, 209 ff.

Wesselhöft, Hilke, Datenschutz im Versicherungswesen, Frankfurt a. M. 1996

Westermann, Ingo, Handbuch Know-how-Schutz, München 2007

Westkamp, Guido, Der Schutz von Datenbanken und Informationssammlungen im britischen und deutschen Recht, München 2003

Wiebe, Andreas, Rechtsschutz von Datenbanken und europäische Harmonisierung, CR 1996, 198 ff.

Wiebe, Andreas, Europäischer Datenbankschutz nach „William Hill" – Kehrtwende zur Informationsfreiheit?, CR 2005, 169 ff.

Wiebe, Andreas, Anmerkung zu den Urteilen des Bundesgerichtshofs vom 6.5.1999, Az. I ZR 199/96; I ZR 5/97; I ZR 210/96; I ZR 211/96, MMR 1999, 474 ff.

Wiebe, Andreas, Reverse Engineering und Geheimnisschutz von Computerprogrammen, CR 1992, 134 ff.

Wiener, Norbert, Kybernetik, Regelungen und Nachrichtenübertragung im Lebewesen und in der Maschine, Berlin 1992

Willke, Helmut, Systematisches Wissensmanagement, Stuttgart 1998

Wilms, Jan /Roth, Jan, Die Anwendbarkeit des Rechts auf informationelle Selbstbestimmung auf juristische Personen i.S. von Art. 19 III GG, JuS 2004, 577 ff.

Wittig, Peter, Bundesverfassungsgericht und Grundrechtssystematik, in: Rittersbach, Theo/ Geiger, Willi (Hrsg.), Festschrift für Gebhard Müller, Zum 70. Geburtstag des Präsidenten des Bundesverfassungsgerichts, S. 575 ff., Tübingen 1970

Wolber, Tanja, Datenschutzrechtliche Zulässigkeit automatisierter Kreditentscheidungen, CR 2003, 623 ff.

Wolff, Heinrich Amadeus, Der verfassungsrechtliche Schutz der Betriebs- und Geschäftsgeheimnisse, NJW 1997, 98 ff.

Wronka, Georg, Zur Interessenlage bei Auftragsdatenverarbeitung, RDV 2003, 132 ff.

Wuermeling, Ulrich, Handelshemmnis Datenschutz, Köln 2000

Wuermeling, Ulrich/ Felixberger, Stefan, Fernmeldegeheimnis und Datenschutz im Telekommunikationsgesetz, CR 1997, 230 ff.

Zipperer, Helmut, Private und behördliche Einsicht in Insolvenzakten - eine systematische Bestandsaufnahme, NZI 2002, 244 ff.

Zscherpe, Kerstin A., Anforderungen an die datenschutzrechtliche Einwilligung im Internet, MMR 2004, 723 ff.

Einleitung

Der Handel mit personenbezogenen Daten von Verbrauchern bestimmt die Diskussion zum Datenschutz. Gesetzgebung und Fachliteratur suchen nach Wegen, um Verbrauchern mehr Rechte über ihre Daten einzuräumen, den Schutz ihrer Daten zu stärken und den Missbrauch durch Geschäfte mit personenbezogenen Daten zu reduzieren. Dabei wird oft aus den Augen verloren, dass der elektronische Handel im Internet nicht nur Gefahren für die Daten von Verbrauchern im Geschäftsverkehr zwischen Unternehmen und Verbrauchern, Business-to-Consumer (B2C), birgt. Auch Daten, die im wirtschaftlich wesentlich bedeutsameren Geschäftsverkehr zwischen Unternehmen, Business-to-Business (B2B), zirkulieren, sind erheblichen Gefahren ausgesetzt.[1]

Die Umwandlung eines traditionellen in einen B2B-fähigen Geschäftsbetrieb erfordert erheblichen finanziellen Aufwand. Insbesondere kleinere und mittlere Unternehmen (KMU) laufen Gefahr, in einem so weitreichend vernetzten Handelssystem, wie dem B2B, nicht hinreichend gegen den unberechtigten Gebrauch geschäftlich relevanter Daten geschützt zu sein.[2] Die diesen Daten zu entnehmenden Informationen über Beziehungen zu Kunden und Lieferanten sowie die Art der Handelsaktivitäten bilden oft einen wesentlichen Bestandteil einer Unternehmung.

In datenschutzrechtlicher Tradition werden Verbraucher vor Unternehmen besonders geschützt, wenn sie mit diesen Verbrauchergeschäfte tätigen und zu diesem Zweck personenbezogene Daten übermitteln. Gleichermaßen lässt sich auch ein besonderes Schutzbedürfnis für Unternehmen im B2B-Markt feststel-

---

1 Mit B2B, Business-to-Business, werden Geschäftsbeziehungen zwischen Unternehmen über elektronische Medien bezeichnet, wobei die Waren und Dienstleistungen ausschließlich elektronisch vermarktet werden. Bereits 2005 wurden im Internet insgesamt Waren und Dienstleistungen im Wert von 321 Milliarden Euro gehandelt. 90 Prozent dieser Summe entfielen nicht auf die Einkäufe von Verbrauchern, sondern vielmehr auf Handelsgeschäfte zwischen Unternehmen im B2B. Für das Jahr 2010 wird ein Umsatz von 636 Milliarden Euro erwartet, vgl. v. Wallenberg, MMR 2005, 661 (661); zur wirtschaftlichen Entwicklung Bitkom, E-Business-Barometer 2005, zitiert in: FAZ v. 26. Juni 2006, S. 19, und Bitkom, Pressemitteilung v. 25. Januar 2007, im Internet unter: http://www.bitkom.org/files/documents/BITKOM_Presseinfo_E-Commerce_25_01_2007.pdf (24.10.2009).

2 Zu den hieraus erwachsenden kartellrechtlichen Problemen vgl. Lochen, Elektronische Marktplätze, S. 120 ff.; zum Begriff der kleineren und mittleren Unternehmen (KMU), Empfehlung der Kommission vom 6. Mai 2003 betreffend die Definition der Kleinstunternehmen sowie der kleinen und mittleren Unternehmen ABl. der EU L 124/36 vom 20. 05. 2003.

len. Dies gilt insbesondere, wenn sich Anbieter und Nachfrager im B2B-Markt in Größe und Marktmacht erheblich unterscheiden, auf andere Weise einseitige Abhängigkeiten bestehen oder vertragliche Abreden über den Schutz der Daten aufgrund besonderer Umstände oder Schnelligkeit der Internet-Handelsgeschäfte ausscheiden.

Nachfolgend wird dargestellt, welchen Schutz Daten der Unternehmen bei einer B2B-Handelssituation ohne spezifische Rechtsgestaltung genießen. Unter Berücksichtigung der verfassungsrechtlichen Stellung der Unternehmen soll analysiert werden, in welcher Form die Regelungsinstrumente des Datenschutz- und Wettbewerbsrechts sowie des gewerblichen Rechtsschutzes Daten im Geschäftsverkehr zwischen Unternehmen schützen. Anschließend wird untersucht, wie technisch-organisatorische Maßnahmen den Schutz der Daten von Unternehmen im B2B im Wege der Selbstregulierung angemessen ergänzen können.

Terminologischer Epilog

Bei der Bewertung der rechtlichen Implikationen des Schutzes von Daten im B2B wird auf technische Begrifflichkeiten, Entwicklungsstufen und Methoden praktizierter Datenverarbeitung im Internet Bezug genommen, die vorausgehend in einem kurzen Überblick erläutert werden sollen.

I. Abgrenzung von Daten und Informationen

Informationen und Daten sind in verschiedenen Rechtskreisen zwar durchaus synonyme Begriffe, im Rahmen der vorliegenden Bearbeitung sollen sie jedoch begrifflich unterschieden werden.[3]

1. Daten

Technisch sind Daten Zeichen oder kontinuierliche Funktionen, die zum Zwecke der Verarbeitung Informationen auf Grund bekannter oder unterstellter Abmachungen darstellen.[4]

Die rechtliche Definition erfasst neben Daten im technischen Sinne auch Daten ohne direkten Verarbeitungszweck. Art der Kodierung, Personenbezug oder Vertraulichkeit sind grundsätzlich unerheblich; geschützt werden Daten jeglicher Art, solange sie nicht unmittelbar wahrnehmbar sind.[5]

Enger hat das Bundesverfassungsgericht jedoch den Datenbegriff im sog. Volkszählungsurteil verstanden.[6] Datenschutzrechtlich relevant sollen nur Daten sein, die einen Personenbezug aufweisen (vgl. § 3 Absatz 1 BDSG),[7] somit An-

---

3 Mit Hinweis auf das norwegische Datenschutzgesetz, wonach nicht personenbezogene Daten, sondern Personeninformationen geschützt werden, Ellger, S. 50.

4 Nach dieser, sich an der syntaktischen Dimension eines Datums als Zeichen orientierenden Definition der DIN 44300 bzw. DIN ISO/IEC 2382 können Informationen aus Daten gewonnen werden, Ellger, S. 50.

5 So die h.M. zur weiten Auslegung des Datenbegriffs im Bereich der Wirtschaftskriminalitätsdelikte. Nach § 202a Absatz 2 StGB wird indessen vorausgesetzt, dass die Daten nicht unmittelbar wahrnehmbar gespeichert oder übermittelt werden, vgl. Lenckner/Winkelbauer, CR 1986, 483 (484); Graf, in: Joecks/Miebach, MünchKomm StGB, § 202a, Rn. 8, 10; zur Entbehrlichkeit des wirtschaftlichen Wertes Meurer, in: Festschrift Kitagawa, 1992, S. 971 (976).

6 BVerfGE 65, 1 ff. – Volkszählung.

7 Trute, in: Roßnagel, Handbuch Datenschutzrecht, Kapitel 2.5, Rn. 16.

gaben jeglicher Art über persönliche und sachliche Verhältnisse einer Person.[8] Hierzu zählen auch alle der Personenidentifikation dienenden Daten.[9]

Der Schutz beschränkt sich auf Einzelangaben; zusammenfassende Angaben und aggregierte Daten werden deshalb nur erfasst, sofern sie als Einzelangaben bestimmten Personen zugeordnet werden können.[10] Die Angaben (Zahlen, Texte, Bilder etc.) müssen in codierter Form vorliegen und durch Speicherung auf einem Datenträger verkörpert sein.[11]

In der neueren Rechtsprechung löst sich das Bundesverfassungsgericht vom ursprünglich vertretenen engen Begriffsverständnis. Es spricht umfassend von elektronischen Daten[12] und fasst damit unter den Datenbegriff neben personenbezogene Daten nunmehr auch sonstige Daten, die Inhalt elektronischer Kommunikation sind.

Als relevante Daten sollen deshalb in den nachfolgenden Ausführungen jegliche Gebilde aus Zeichen oder kontinuierlichen Funktionen gelten, die nicht unmittelbar wahrnehmbar Inhalte der elektronischen Kommunikation zwischen den Handelspartnern im B2B sind.

2. Informationen

Von Daten zu unterscheiden sind Informationen. Nach § 3 Absatz 2 UIG soll es sich bei diesen um alle in Schrift, Bild oder auf sonstigen Informationsträgern vorliegenden Daten über Zustände und (beeinträchtigende und schützende) Tätigkeiten handeln. Jedoch wird durch diese umweltrechtlich geprägte Definition der Begriff der Information im Kontext des B2B nicht hinreichend beschrieben, zumal in unterschiedlichen fachspezifischen Kontexten durchaus abweichende Bedeutungen anerkannt sind.[13]

---

8 Diesem engen Datenbegriff liegt neben § 3 BDSG auch § 203 Absatz 2 Satz 2 StGB und § 16 Absatz 1 Gesetz über die Statistik für Bundeszwecke als Gegenstand des Steuergeheimnisses zugrunde, Dammann, in: Simitis, BDSG, § 3 Rn. 3 f.

9 Der Gesetzgeber hat ausdrücklich von einer Ausnahme von „freien Daten“ abgesehen, vgl. Dammann, in: Simitis, BDSG, § 3 Rn. 7 f.

10 Dammann, in: Simitis, BDSG, § 3 Rn. 15 f.

11 Albers, S. 113 (122); Willke, S. 7; Trute, in: Roßnagel, Handbuch Datenschutzrecht, Kapitel 2.5, Rn. 17.

12 BVerfGE 115, 166 (178) – Kommunikationsverbindungsdaten.

13 Sprachwissenschaftlich bezeichnet der lateinische Begriff informatio „die Formung durch Bildung oder Unterweisung“, Weber, ZSR 1999/II, 1 (7 f.). Hingegen wird Information im Bereich technischer Logik als „eine durch Signale veranlasste Strukturveränderung in einem Empfänger oder als etwas selbständiges Drittes neben Materie und Energie“ definiert, Steinbuch, S. 55; Wiener, S. 192. Soziologisch gelten Informationen „Mittel zur Veränderung des Bewusstseins und der Vorstellung oder als die den

Dem Begriff der Informationen soll ein mehrdimensionales Begriffsverständnis zugrunde gelegt werden, das den Vorgang, den Zustand und den Inhalt erfasst.[14] Das Hauptaugenmerk der Begriffsdefinition richtet sich dabei auf die pragmatische Dimension. Entscheidend ist, welche Dienste Informationen in einem bestimmten Kontext leisten und welche Wirkung sie erzeugen.[15] Werden Daten durch einen Empfänger interpretiert, entstehen aus ihnen im Kontext der vom Empfänger abhängigen Relevanzen Informationen.[16]

Informationen ergeben sich damit aus der subjektiven Filterung von Daten durch Vorkenntnisse, Situationen, soziale und kulturelle Zusammenhänge sowie Verarbeitungsprozesse und Verwendungskontexte. Sie bestehen in unterschiedlicher Qualität[17] und haben unterschiedlichen wirtschaftlichen Wert.[18] Neue Informationen entstehen, wenn Daten aus komplexen Verarbeitungszusammenhängen herausgelöst und in neue eingefügt werden.[19]

Zustand verändernde Differenz betrachtet, zur Erlangung von Wissen führen", so Cherry, S. 308 ff. (314), wobei nicht ausgeschlossen wird, dass durch Information zu neuer Unübersichtlichkeit statt Festigung des Wissens beigetragen wird, vgl. Lammek, in: Lammek/Tinnefeld, S. 195 ff.

14 In der syntaktischen Dimension ist Information ein Zeichengebilde bestehend aus Text, Bild, Ton oder andersartigen Sinneseindrücken. Die semantische Dimension des Begriffs bezeichnet den Vorgang der Kodierung beziehungsweise Dekodierung beim Sender beziehungsweise Empfänger und damit die reversible Transformation von Sinn in Zeichen, wohingegen in der dritten, der pragmatischen Dimension der Verhaltenskontext zählt, vgl. zu den unterscheidbaren Dimensionen Kloepfer, Informationsrecht, § 1 Rn. 53 ff.; ebenso unterscheidend Ellger, S. 50; Druey, S. 5 f.

15 Zum Zusammenhang von Information und Wirkung Gasser, S. 39 ff.

16 Trute, in: Roßnagel, Handbuch Datenschutzrecht, Kapitel 2.5, Rn. 18.

17 Mangels Information Quality Framework im Bereich der Rechtswissenschaft richtet sich die Beurteilung der Qualität von Informationen vor allem nach der Richtigkeit, Vollständigkeit, Sicherheit, Klarheit, Aufnehmbarkeit und Nützlichkeit. Mit ihr hat sich vor allem die „St. Gallener Schule" um Druey eingehend auseinandergesetzt, vgl. Druey, S. 66 ff.; differenzierend zwischen subjektiven und objektiven Qualitätsmerkmalen von Informationen Gasser, Festschrift Druey, S. 727 (734 ff., 743 f.).

18 Soll nach römisch-rechtlichem Rechtsverständnis im Sinne des Ulpian die Information eine res extra commercium, und danach grundsätzlich frei sein, ist ihr nach modernem Verständnis doch ein gewisser wirtschaftlicher Wert einzuräumen. Die Ausgestaltung in Immaterialgüterrechten, die Zuerkennung eines besonderen Stellenwertes als Property Rights, die Kommerzialisierungstendenz im Persönlichkeitsrecht, die Verknüpfung von Persönlichkeitsrechten und wirtschaftlichen Freiheitsrechten sowie die wirtschaftliche Verwertung von Metainformationen, d.h. Informationen zum Auffinden anderer Informationen, verdeutlichen die wachsende ökonomische Bedeutung von Informationen, vgl. Hoeren, Beilage 9 MMR 1998, 6 (7), Weber, ZSR 1999/II, 3 (26 ff.); Büllesbach, RDV 2000, 1 (1).

19 Trute, in: Roßnagel, Handbuch Datenschutzrecht, Kapitel 2.5, Rn. 18.

Identität von Daten und Informationen scheidet damit systematisch aus.[20]

II. Relevante Datenarten

Bei der Verarbeitung im B2B können Daten unterschiedlicher Kategorien Relevanz genießen.[21]

1. Inhaltsdaten

Daten, die mit Hilfe eines Telemediendienstes übermittelt werden und somit deren Gegenstand bilden, sind Inhaltsdaten.[22] Neben den Inhalten der Internet-Präsenz eines B2B-Händlers zählen hierzu die Inhalte der Kataloge, die Inhalte der zwischen den Nutzern übertragenen Nachrichten (Bestellungen, Bestätigungen, etc.) und Informationen, die zur Einsichtnahme bereitgestellt werden (sog. „Content“). Auch Vertragsdaten eines mittels Telemediendienste geschlossenen Vertrages oder Bankdaten einer durch Online-Banking vorgenommenen Zahlung gehören zu den relevanten Inhaltsdaten.

2. Bestandsdaten

Bestandsdaten sind hingegen Daten, die die Begründung, Ausgestaltung oder Änderung eines Vertragsverhältnisses über die Nutzung von Telemedien-[23] und Telekommunikationsdiensten[24] betreffen.

Welche Daten den Bestandsdaten zuzurechnen sind, ergibt sich aus dem Zweck des jeweiligen Vertragsverhältnisses. Bestandsdaten sind alle für die vertragliche Abrede der Parteien unerlässlichen Daten.[25]

Zu den erforderlichen Bestandsdaten eines Unternehmens zählen im unternehmerischen Geschäftsverkehr die Firma und Anschrift nebst Bankverbindung, Namen und E-Mail-Adressen der vertretungsbefugten Personen, Kennungen,

---

20 Den Zusammenhang zwischen Daten und Informationen darstellend Kloepfer, Informationsrecht, § 1 Rn. 56.

21 Zu unterscheiden sind Bestands-, Verkehrs-, Nutzungs-, Abrechnungs- und Inhaltsdaten. Im Rahmen der TKG-Novelle wurde der Begriff der Verbindungsdaten durch den der Verkehrsdaten in § 3 Nr. 30 TKG ersetzt, Roßnagel, in: Roßnagel/Banzhaf/Grimm, Datenschutz im Electronic Commerce, S. 152.

22 Roßnagel, in: Roßnagel/Banzhaf/Grimm, Datenschutz im Electronic Commerce, S. 160 f.

23 Zur vorherigen Gesetzeslage Roßnagel, in: Roßnagel/Banzhaf/Grimm, Datenschutz im Electronic Commerce, S. 152.

24 Legaldefinition in § 3 Nr. 3 TKG, differenzierend Löwenau-Iqbal, in: Scheurle/Mayen, Telekommunikationsgesetz (TKG), § 89 aF Rn. 14.

25 Vgl. BR-Drucks. 966/96, S. 26.

Passwörter beziehungsweise PIN der firmeninternen Nutzer sowie Umfang ihrer Zugangsberechtigung und schließlich die Art der verwendeten technischen Ausrüstung.

3. Nutzungsdaten

Sämtliche Daten, die bei der Interaktion zwischen Nutzer und Anbieter während der Inanspruchnahme eines Telemediendienstes entstehen, gelten als Nutzungsdaten. Sie dokumentieren Bewegung und Zugriff auf Daten und sind erforderlich, um die Inanspruchnahme elektronischer Dienste zu ermöglichen. Sie enthalten darüber hinaus Merkmale zur Identifikation der Nutzer, Angaben über Beginn, Ende und Umfang der jeweiligen Nutzung und Informationen über die von Nutzern in Anspruch genommenen Dienste. Auch Daten, die während eines Bestellvorgangs im elektronischen Handel gespeichert, bei der Einsichtnahme in Produktkataloge protokolliert und zur Verwaltung eigener Nutzerkonten erstellt werden, sind Nutzungsdaten.

Nutzungsdaten sind neben den Bewegungsdaten im Internet auch Session-IDs, temporäre URLs, und Referrer, vor allem die IP-Adressen der Nutzer und die Cookies.[26]

4. Verkehrs- und Abrechnungsdaten

Werden personenbezogene Daten eines an einer Telekommunikation Beteiligten bei Erbringung des Telekommunikationsdienstes erhoben, verarbeitet oder genutzt, handelt es sich um Verkehrsdaten (früher auch: Verbindungsdaten).[27] Dienen sie der Abrechnung eines kostenpflichtigen Tele- und Telekommunikationsdienstes, werden sie auch als Abrechnungsdaten bezeichnet. Diese telekommunikationsrechtlichen Abrechnungsdaten sind von Daten zu unterscheiden, die der Abrechnung von Leistungen der Lieferanten als Nutzern der Teledienste dienen.

---

26 Zu den unterschiedlichen Arten von Bewegungsdaten vertiefend Grimm, in: Roßnagel/Banzhaf/Grimm, Datenschutz im Electronic Commerce, S. 60; zu den rechtlichen Auswirkungen von Cookies Lapp, ITRB 2001, 113 (114 f.).

27 Der in § 3 Nr. 30 TKG verwendete Begriff der Verkehrsdaten entspricht dem der Verbindungsdaten nach alter Terminologie in § 2 TDSV.

III. Netzwerkarchitektur

Beim Austausch von Daten im Rahmen des B2B kommen verschiedene Netzwerkarchitekturen zum Einsatz.[28]

1. Client-Server

Werden Daten von dezentralen Rechnern auf zentralen Rechnern abgespeichert und abgerufen, handelt es sich um eine sog. „Client-Server-Architektur". Gespeicherte Daten stehen wahlweise nur für den eigenen Gebrauch oder auch für einen Gebrauch durch Dritte, die ebenfalls auf die Server zugreifen können, zur Verfügung. Zwischen den dezentralen Rechnereinheiten findet jedoch kein unmittelbarer Datenaustausch statt. Datenübertragung erfolgt stets über den zentralen Server.

2. Peer-to-Peer

Datenaustausch zwischen gleichberechtigten Rechnern erfolgt in Peer-to-Peer-Architekturen (P2P). Die gleichberechtigten Teilnehmer dieser Netzwerke, die sog. „Peers", stellen sich wechselseitig Ressourcen in Form von Daten, Rechenzeit, Speicherkapazität und Netzwerkbandbreite zur Verfügung und ermöglichen dadurch eine Zusammenarbeit zwischen den IT-Systemen ohne Notwendigkeit einer zentralen Stelle.[29] Dies gelingt durch einen funktionsspezifischen Rollenwechsel der IT-Systeme. Ihre Leistungsfähigkeit gestattet es ihnen, neben der Client-Rolle auch die Rolle eines Daten-Servers zu übernehmen. Beide Rollen können durch Computersysteme sogar gleichzeitig eingenommen werden, indem sie simultan als Client Daten anderen Ortes abrufen oder abspeichern und als Server Daten für andere Computer bereitstellen.[30]

Peer-to-Peer-Architekturen zeichnen sich gegenüber Client-Server-Architekturen dadurch aus, dass alle beteiligten Rechner in der dezentralen Struktur gleichberechtigt interoperieren und somit Ausfälle eines Servers nicht zum Ausfall des gesamten Netzwerks führen können.[31]

---

28 Hinsichtlich der innerhalb des Internets existierenden Netzwerke und Protokollstrukturen vgl. Peterson/Darie, S. 28 ff. unter Punkt 1.3.3; Kurose/Ross, S. 84 ff. unter Punkt 7.

29 Vgl. hierzu die Definition der Peer-to-Peer-Working Group:„ …sharing of computer resources and services by direct exchange between systems. These resources and services include the exchange of information, processing cycles, cache storage and disk storage for files", im Internet unter: http://www.p2pwg.org/whatis (24.10.2009).

30 Wedeniwski, in: Schoder/Fischbach/Teichmann, S. 174 unter 1.2.

31 Interoperabiltät bezeichnet die Fähigkeit einer Computersoftware oder eines an einen Computer angeschlossenen Geräts mit Anwendungen oder Geräten zu kommunizieren,

Rechtlich haben die unterschiedlichen Netzwerkarchitekturen unterschiedliche Verantwortlichkeiten für den Schutz der Daten zur Folge.[32]

IV. Softwarearchitektur

Traditionell erfolgte eine Funktionstrennung zwischen der Geschäftstätigkeit eines Unternehmens nach außen auf der sog. Front-Office-Ebene und unternehmensinternen Vorgängen eines Unternehmens auf der Back-Office-Ebene. Dementsprechend wurden Front-Office-Softwarean-wendungen für den direkten Kundenkontakt von Back-Office-Softwareanwendungen für interne Unternehmungsplanung, -steuerung, -abwicklung und -kontrolle (sog. Enterprise Resource Planning- oder ERP-Systemen) unterschieden.

Durch die Integration von Internetfunktionen entfällt diese klare Abgrenzbarkeit. Moderne Softwarearchitekturen erfordern eine Vernetzung von Front-Office- und Back-Office-Teilen eines Unternehmens zur Effektivierung von Arbeitsabläufen, Verkürzung von Zeitintervallen und Senkung von Kosten. Die Verzahnung von Internet- und Unternehmens-Kommunikation und die damit einhergehende Durchsichtigkeit und Transparenz führen dazu, dass interne Fir-

von diesen verstanden zu werden und mit ihnen Daten austauschen zu können. Peer-to-Peer-Systeme setzen einheitliche Schnittstellen und Protokolle voraus, um Anwendungen und Geräte netzwerkübergreifend verbinden zu können, Loesgen, http://www.vbxml.com/conference/wrox//2000_vegas/Powerpoints/brian_xml.pdf.

32 Sind beim Datenaustausch zwischen gleichrangigen Handelpartnern (Peers) die Handelspartner unmittelbar für den Schutz der Daten heranzuziehen, ist beim Datenaustausch über eine „Zentrale" (Client-Server), beispielsweise über eine B2B-Handelsplattform, eine Mitverantwortlichkeit des Plattformbetreibers möglich, vgl. zur Verantwortlichkeit des Betreibers einer B2B-Plattform für den Schutz von Daten Gounalakis/Drebes, S. 99 ff.

mendaten, beispielsweise Daten über Kunden, nicht mehr in dem Maße durch logische Trennung geschützt werden, wie es durch die bisherige strikte Grenzziehung zwischen Front-Office und Back-Office möglich war.[33]

33 Schaar, RDV 2003, 59 ff.; zur Anhebung des bestehenden Schutzniveaus, insbesondere hinsichtlich des technischen Schutzniveaus, Wächter, in: Moritz/Dreier, Rechtshandbuch E-Commerce, Teil D. Rn. 653.

Teil 1: B2B im Internet

B2B unterscheidet sich von anderen Geschäftsfeldern im Internet. Mit den einzelnen Entwicklungsschritten des B2B sind auch unterschiedliche Methoden der Datenverarbeitung verknüpft.

I. B2B als integraler Bestandteil des Electronic Business

Elektronischer Geschäftsverkehr im Internet (Electronic Business oder Electronic Commerce) ist in mehrere Sparten zu unterteilen, welche zwar untereinander in Beziehung stehen, aber unterschiedliche Rechtsprobleme beinhalten.[34] Die drei wesentlichen Gruppen des elektronischen Geschäftsverkehrs sind der Geschäftsverkehr zwischen Unternehmen und Verbrauchern (Business-to-Consumer, B2C), der Geschäftsverkehr zwischen Unternehmen und der Verwaltung (Business-to-Administration, B2A) und schließlich der reine Geschäftsverkehr zwischen Unternehmen (Business-to-Business, B2B).[35]

Das Electronic Business (E-Business) nutzt internetbasierte Technologien zur Kommunikation bei Geschäftsprozessen und in Wertschöpfungsketten (Supply Chains) mit dem Ziel, diese zu optimieren und, sofern möglich, neue Geschäftsfelder zu erschließen.[36] Eines der wesentlichen Betätigungsfelder der Unternehmen im B2B ist das E-Procurement, die Beschaffung von Waren und Dienstleistungen über das Internet.[37]

Vor allem bei der Beschaffung geringwertiger Wirtschaftsgüter werden die ökonomischen Vorteile des Internet-Handels deutlich. So können beispielsweise bei konventioneller Beschaffung eines Bleistiftes im Wert von ca. 0,70 Euro Beschaffungskosten in Höhe von 100 Euro entstehen, während die Beschaffungskosten im elektronischen Handel durch geringeren Personal- und Kommunikationsaufwand annähernd hinter dem Warenwert zurücktreten.[38]

---

34 Zu Entwicklungstendenzen des E-Business Gounalakis, in: Gounalakis, Rechtshandbuch E-Business, Vorwort.

35 Es ist stets anzunehmen, dass ein Informationsaustausch in beide Richtungen erfolgt, Thome, Wirtschaftsinformatik, S. 76.

36 Huppertz, in: Bräutigam/Leupold, Online-Handel, B IV, Rn. 5; Schulte, in: Köhler-Frost, S. 14; Böhnlein, in: Thome/Schinzer/Hepp, Electronic Commerce und Electronic Business, S. 165.

37 Stoll, S. 16; Dörflein, in: Thome/Schinzer/Hepp, Electronic Commerce und Electronic Business, S. 103.

38 Zum Vergleich des konventionellen Handels mit dem elektronischen Handel am genannten Beispiel Stoll, S. 1 f.

Jedoch lässt sich B2B nicht auf Handelsaktivitäten beschränken, die der Materialbeschaffung dienen. Es erstreckt sich auf sämtliche Geschäftsaktivitäten eines Unternehmens im unternehmerischen Geschäftsverkehr und bezweckt die vollständige Digitalisierung der Geschäftsprozesse - auch über Unternehmensgrenzen hinweg.[39]

II. Entwicklungsstufen des B2B

Analog zum stetigen Wandel des Internet-Handels lassen sich im B2B bestimmte Entwicklungsstufen feststellen.[40] Fand ursprünglich lediglich ein Datenaustausch über EDI statt, haben sich die Handelsmöglichkeiten zwischen Unternehmen mit Auftreten der Handelsplattformen und zunehmender Dynamisierung der Geschäftsprozesse vervielfacht. Gleichzeitig wuchs auch das Risiko für sensible Daten.

1. Datenaustausch via EDI

Mit Beginn der Automatisierung und Standardisierung von Geschäftsprozessen in den 70er Jahren begannen Unternehmen damit, Daten über Bestellungs- und Lieferbestätigungen sowie Rechnungsdaten auf elektronischem Wege auszutauschen (electronic data interchange - EDI).[41] Aus diesem klassischen EDI-Ansatz haben sich im Laufe der folgenden Jahre sektorspezifische Modelle entwickelt.[42] Auch wenn die Begrifflichkeit *electronic data interchange* zunächst dafür sprechen mag, jeglichen Datenaustausch zwischen Unternehmen, beispielsweise auch den Versand von E-Mails und elektronischen Dokumenten, zu bezeichnen, betrifft EDI doch lediglich den Datenaustausch, der auf Grundlage vorheriger Absprachen über Art der Daten und Verbindungen zwischen Unternehmen er-

---

39 Kafiz/Steiert, DuD 2005, 135 (135); zur Dimension des E-Business Gounalakis/Rhode, in: Gounalakis, Rechtshandbuch E-Business, § 22 Rn. 2 f.; ferner BSI, IT-Grundschutzkataloge, 1.1.

40 Zur Entwicklung des B2B-Handels Koenig/Kuhlenkampf/Kühling/Loetz/Smit, S. 19, zu unterschiedlichen Erscheinungsformen im Bereich des Handels vgl. Meyer/Specht/Friemel, in: Bräutigam/Leupold, Online-Handel, A II, Rn. 1 ff.; zur Änderung der Wertschöpfungsketten Lotz, DuD 2007, 644 (644f.).

41 EDI bezeichnet den auf ISO 9735 basierenden Electronic Data Interchange for Administration, Commerce and Transport, EDIFACT, Alpar/Grob/Weinmann/Winter, Kapitel 17.2.14; ferner Huppertz, in: Bräutigam/Leupold, Online-Handel, B IV, Rn. 7.

42 Auf internationaler Ebene haben sich aus dem UN/EDIFACT zahlreiche Spezialisierungen in Form von EDI-Subsets, unter anderem der EANCOM-Standard für den Handel, gebildet, Leukel, S. 71.

folgt und deshalb langfristige Bindungen zwischen den Unternehmen erfordert.[43] Nur in einem solchen bilateralen Kommunikationsverhältnis zwischen den Unternehmen kann der Austausch von Daten stattfinden.[44] Vorauszusetzen ist jedoch stets auf beiden Seiten eine EDI-fähige Anbindung der Unternehmen. Aufgrund der damit einhergehenden erheblichen Investitionskosten ist EDI nur für größere Unternehmen lohnenswert. Datenaustausch über EDI konnte deshalb keine größere Breitenwirkung im gewerblichen Handel erzielen.[45]

Kennzeichnend für diese erste Phase des Datenaustauschs zwischen Unternehmen war, dass Unternehmen sich bemühten, ihre Wertschöpfung durch produktive Tätigkeit zur Gewinnsteigerung ausschließlich mit eigenen Systemen zu bewerkstelligen und zu kontrollieren.[46]

2. Plattformbezogenes E-Business

Die Beherrschung der kompletten Wertschöpfungskette durch die Unternehmen verlangt jedoch einen erheblichen wirtschaftlichen Aufwand und birgt besondere Kapazitäts-, Transparenz- und Koordinationsprobleme.[47] Mit Einführung virtueller Handelsplattformen im Internet durch spezialisierte Betreiber konzentrierten sich Unternehmen Ende der 1990er Jahre auf ihre Kernkompetenzen und übertrugen Randkompetenzen des E-Business auf Dritte.[48]

Die Handelsplattformen wurden für den Geschäftsverkehr mit anderen Unternehmen verwendet.[49] Unternehmen boten auf ihnen Waren und Dienstleistungen in elektronischen Katalogen zum Kauf beziehungsweise zur Inanspruch-

---

43 Stoll, S. 83 f.: Thome, Wirtschaftsinformatik, S. 78.

44 Koenig/ Kuhlenkampf/ Kühling/Loetz/ Smit, S. 19; Stoll, S. 84.

45 Zur Verbreitung von EDI in Deutschland Quanz/Wichmann, S. 93; Merz, iX 2/2004, 90 (90).

46 Diese Art der Wertschöpfung wird als fest verdrahtete Wertschöpfungskette (hard-wired value chain) bezeichnet, Lotz, DuD 2007, 644 (644).

47 Kollmann, S. 380 f.

48 Lotz, DuD 2007, 644 (645).

49 Wächter, in: Moritz/Dreier, Rechtshandbuch E-Commerce, Kapitel D, Rn. 652; Meyer/Specht/Friemel, in: Bräutigam/Leupold, Online-Handel, A II, Rn. 38.

nahme an.[50] Sie griffen auf sie über Internet-Browser und darin lauffähige Programmmodule der Plattformbetreiber zu (sog. Application Service Providing).[51]

Zwischen den Daten der Unternehmensnetzwerke und den Geschäftsaktivitäten im Internet bestand eine strikte Trennung. Um zu verhindern, dass aus der Handelsplattform oder sonstigen Teilen des Internets auf die Daten der Unternehmensnetzwerke zugegriffen werden konnte, schotteten die Unternehmen die Daten ihrer Unternehmensnetzwerke technisch ab (Firewall-Systeme).[52]

Der Nachteil plattformbezogener Systeme bestand darin, dass sie durch die vorgegebene Handelsumgebung statisch waren. Unternehmen konnten mit anderen Unternehmen nur diejenigen Geschäfte tätigen, die bei der Gestaltung der Handelsplattform bedacht worden waren. Es handelte sich somit um ein System, dessen Statik den dynamischen Möglichkeiten des elektronischen Geschäftsverkehrs im Internet widersprach. Außerdem bargen die Handelsplattformen das Risiko von Fehlern und Verzögerungen bei der Abwicklung von Geschäftsprozessen, ohne dass die am B2B-Geschäft partizipierenden Unternehmen darauf Einfluss nehmen konnten.

3. E-Business-Integration

Im Rahmen der E-Business-Integration verknüpfen nunmehr Unternehmen ihre verschiedenen Softwaresysteme miteinander. Die Integration erfolgt mit dem Ziel, einen unternehmensweiten Zugriff auf Daten zu ermöglichen und Schnittstellen zu den unterschiedlichen Unternehmensbereichen zu schaffen (interne Integration). Spezialisierte Softwareprogramme (sog. Middleware) führen Daten

---

50 Plattformen existieren sowohl in branchenspezifischer als auch in branchenübergreifender Form, vgl. beispielsweise zu branchenspezifischen Plattformen die Automobilzuliefererplattform Covisint und die rechtliche Bewertung durch Lochen, Elektronische Marktplätze, S. 7 f.; zu branchenübergreifenden Handelsplattformen Gounalakis/Drebes, S. 1 f.

51 Application Service Provider (ASP) stellen zur Nutzung elektronischer Handelsplattform für E-Business Softwareprogramme auf im Internet zugänglichen Rechner zur Verfügung, die mit Hilfe eines Internet-Browsers über das Internet nutzen können. Die Benutzeroberfläche der Software wird in den Internet-Browser der kaufenden oder anbietenden E-Business-Akteure geladen. Anbieter können damit auf elektronischen Marktplätzen ihre Waren- und Dienstleistungsangebote in elektronischen Katalogen präsentieren. Dieser Katalog kann von interessierten Einkäufern zur Auswahl durch Produktvergleich und zur Bestellung von Waren und Dienstleistungen genutzt werden, vgl. Gounalakis/Drebes, S. 1 f.

52 Durch diese Vernetzung wurde ein leistungsfähiges Enterprise Ressource Planing (ERP) über das Internet möglich, Wächter, in: Moritz/Dreier, Rechtshandbuch E-Commerce, Kapitel D, Rn. 652.

aus den unterschiedlichen Datenverwaltungssystemen eines Unternehmens zusammen.[53] Dadurch entfällt die Trennung zwischen Daten der Abteilungen mit Kundenkontakt, sogenannter Front-Office-Bereich, und Daten unternehmensinterner Abteilungen, sogenannter Back-Office-Bereich.

In Reaktion auf nicht kalkulierbare Risiken elektronischer Marktplätze ersetzen Unternehmen zunehmend Aufgaben, die zuvor in externe Plattformen ausgelagert wurden, durch Dienste, die adaptiv in ihre Unternehmenssoftware integriert werden. Dienstleistungen anderer Unternehmen, die außerhalb ihrer eigenen Kernkompetenz liegen, werden hinzu erworben, um sie dann im Rahmen eigener Geschäftstätigkeit wie eigene Dienstleistungen verwenden zu können.[54]

Die Integration der fremden Dienstleistungen erfolgt durch sog. service-orientierte Architekturen (sog. Enterprise Service-Oriented Architectures, eSOAs, im Geschäftsverkehr zwischen Unternehmen).[55] Unternehmen stellen fest, welche Funktionen und Leistungen sie zur Realisierung ihrer Geschäftsmodelle benötigen. Möchte sie diese nicht vollständig in eigener Hand realisieren, können sie auf bereits bestehende modulare Softwarebausteine anderer Unternehmen zugreifen, die die erforderlichen Leistungen und Funktionen erfüllen.[56]

4. Dynamisches E-Business

Im jüngsten Schritt der Entwicklung des E-Business übernehmen *Web Services* fremder Unternehmen Funktionen innerhalb der Wertschöpfungskette eines Unternehmens. So kann beispielsweise die Zulieferung bestimmter Teile für die

---

53 Zu den unterschiedlichen Datenverwaltungssysteme eines Unternehmens zählen beispielsweise Beschaffung, Kundenverwaltung, Lieferkette etc., detailliert Schubert, in: Schubert/Wölfle/Dettling, S. 12.

54 Zur internen Integration durch Enterprise Application Integration (EAI) kommt dann externe Integration durch B2B Application Integration (BBAI) hinzu, Schubert, in: Schubert/Wölfle/Dettling, S. 3.

55 Bei service-orientierten Architekturen werden alle Bestandteile eines Geschäftsprozessablaufs als Dienste bewertet. Software, die für den B2B verwendet wird, und sämtliche Daten und Geschäftsprozesse, auch die beteiligten Personen, sind lediglich Dienste, Reiter, DuD 2005, 166 (166).

56 Nach der reinen SOA-Lehre suchen sich einzelne Dienste die für die Erfüllung bestimmter Aufgaben erforderlichen weiteren Dienste selbstständig und binden diese in den Prozess ein, Paulus/Reimer, DuD 2005, 118 (118), vgl. ferner Reiter, DuD 2005, 166 (166).

Just-In-Time-Fertigung eines Unternehmens durch *Web Services* anderer Unternehmen koordiniert werden.[57]

Der Umfang dieser Dienste kann von der einfachen Überprüfung einer Kreditkartenvalidität bis zur Abbildung komplexer Einkaufsprozesse für die Belieferung der Produktion eines bestimmten Produkts reichen.[58] *Web Services* unterschiedlicher Unternehmen können zu komplexen E-Business-Anwendungen orchestriert werden.[59] Anbieter und Nutzer der *Web Services* finden sich spontan

57 Wurden früher in den Katalogen der Plattform Waren und Dienstleistungen von Unternehmen angeboten, können die Unternehmen nunmehr in Katalogen im Internet Web Services anderer Unternehmen einkaufen, um diese dann für eigene Geschäfts- und Unternehmensaktivitäten zu nutzen, vgl. hierzu das Modell in Anhang 2. Web Services bilden auf Ebene der Software das Pendant zur physikalischen Vernetzung von Computerhardware durch eine Struktur, die nicht nur Daten, sondern auch deren Metadaten umfasst. Sie unterstützen vollständig kompatible Maschine-zu-Maschine-Kommunikation über Netze und besitzen eine Schnittstelle, über die sie durch Nachrichten eines Computersystems in einem bestimmten Format angesprochen werden können, vgl. Schoder/Fischbach in Schoder/Fischbach/Teichmann, 3 (17); vgl. auch Kramer/König, c't 23/2008, S. 118 ff.; W3C: Web Services Architecture, Working Group Note, im Internet unter: http://www.w3org/TR/ws-arch/; zu Web Services im Unternehmenseinsatz, Schüler, c't 23/2008, S. 132 ff.; zur rechtlichen und vertragstypologischen Einordnung Koch ITRB 3/2007, 71 (72 f.); zur Struktur der Leistungserbringung in SOA Alexander, Aus Anwendungen werden Dienste, Computerwoche online vom16.05.2003, im Internet unter: http://www.computerwoche.de/index.cfm?pageid=254 &artid=49117 (24.10.2009); ferner Schubert/Wölfle/Dettling, Kapitel 1.4.

58 Web Services können multifunktional die komplette Business-Aktivität des Unternehmens abbilden, aber auch nur auf eine Funktion beschränkt sein, die ein Unternehmen im Rahmen des E-Business anbieten beziehungsweise integrieren möchte. Einzelne Web Services können sämtliche für den Abschluss eines Geschäfts mit dem Anbieter notwendigen Prozessschritte enthalten, sich aber auch nur auf einzelne Funktionen beschränken, beispielsweise die Überprüfung bestimmter Angaben. Werden sämtliche Prozessschritte eines Unternehmens durch einen Web Service abgebildet (sog. grobe Granularität), unterscheidet sich die Nutzung des Web Services von einer Plattformnutzung insofern, als dass das Unternehmen nicht durch Applikation Service Providing auf Infrastruktur eines Dritten zugreift, sondern eigene Ressourcen nutzt. Die Geschäftslogik und der Web Service bilden eine statische Einheit. Der durch Integration beabsichtigte Mehrwert ergibt sich daraus, dass Unternehmen Web Services verschiedener Unternehmen, die beschränkte Einzelaufgaben erfüllen (sog. feine Granularität), entsprechend ihres jeweiligen Geschäftsmodells koppeln können. Geschäftslogik und für die Umsetzung verwendete Web Services stehen somit in einer dynamischen Verbindung, Kuschke/Wölfel, S. 100.

59 Einzelne Geschäftsprozesse und Informationssysteme können mit dem Ziel verbunden werden, in einer verteilten Wertschöpfungskette eine zusammenhängende Leistung zu erzeugen, Schubert/Wölfle/Dettling, Kapitel 1.2.1.

für die Erbringung des *Web Services* zusammenfinden und trennen sich danach wieder.[60]

Die dynamische Integration beliebiger *Web Services* ermöglicht es Unternehmen, sich den Marktgegebenheiten im B2B flexibel anzupassen. Sie können je nach Verfügbarkeit und Eignung bestimmte Lieferanten, Produktionsprozesse beziehungsweise Transport- und Vertriebswege auswählen.[61]

Allerdings birgt die dynamische und zeitlich begrenzte Verknüpfung von *Web Services* verschiedener Anbieter auch große Gefahren für geschäftskritische Daten der Unternehmen, weil mit Nutzung der integrierten Services Daten den besonders geschützten Unternehmensbereich verlassen und im Internet zirkulieren.[62]

Die Implementierung von Web Services ist für die Unternehmen zwar mit einer erheblichen Kosten- und Zeitersparnis verbunden, diese geht jedoch mit

---

60 Wollen Unternehmen im B2B selbst Web Services anbieten, müssen sie definieren, welche Aufgaben sie im Rahmen dieses Dienstes erfüllen wollen. Anschließend muss der Dienst unter genauer Bezeichnung der enthaltenen Funktion in ein Verzeichnis eingespeist werden, aus dem er dann von anderen Unternehmen bei Bedarf entsprechender Dienstleistungen und Funktionen ausgewählt werden kann. Durch eine einheitliche, fest vorgegebene Programmierung kann jeder Web Service in die entsprechende Unternehmenssoftware des nachfragenden Unternehmens eingebunden werden. Diese können anhand der obligatorischen Dokumentation feststellen, welche Besonderheiten der Dienst bietet und welchen Limitationen er unterliegt. Die Dokumentation von Besonderheiten und Limitationen stellt besondere Anforderungen an das Management der SOA. Gehen diese verloren, kann beispielsweise die fehlende Kenntnis der Limitation der Verfügbarkeit des Web Service an bestimmten Tagen in der Woche zum Ausfall ganzer Systeme oder Produktionseinheiten führen Die Abbildung der Geschäftsprozesse erfolgt im Rahmen der B2B-Integration durch Beschreibung in der electronic business extended markup language (ebXML), einem Rahmenwerk semantischer Standards, dass für den elektronischen Austausch von Geschäftsdaten zwischen Unternehmen geschaffen wurde. Durch ebXML besteht technisch eine gemeinsame „Geschäftssprache" für den Datenaustausch zwischen einzelnen Unternehmen im Internet, Merz, iX 2/2004, 90 (90 ff.); Kollmann, S. 91; Stoll, S. 87; ferner Chappel/ Chopra u.a., S. 4 f.; Hackländer, S. 9., zum Management der SOA Rohr, DuD 2007, 641 (641); zum eigenen Bereitstellen von Web Services, Thome/Schinzer/Hepp, Electronic Commerce und Electronic Business, S. 221 f.; zur spontanen Vernetzung Lotz, DuD 2007, 644 (645); zum Ablauf einer ebXML-basierten Geschäftsaktivität siehe das Beispiel im Anhang 2.

61 Nimmt man das Beispiel der Kreditkartenvaliditätsabfrage können Unternehmen in einem Geschäftsmodell die Validitätsabfrage durch den Service eines anderen Unternehmens integrieren, in einem anderen Geschäftsmodell auf die Validitätsabfrage verzichten oder die Validitätsabfrage eines anderen Unternehmens verwenden.

62 Vgl. zum Problem der Zugänglichkeit bei geschäftskritischen Daten, Thome/Schinzer/ Hepp, Kapitel 9.6, S. 240.

der Aufhebung der Abschottung interner Daten einher. Die Frage nach der Schutzfähigkeit der Daten jedes an B2B-Geschäftstätigkeiten beteiligten Unternehmens rückt damit noch stärker in den Vordergrund.[63]

4. Ausblick

Geschäftsmodelle, bei denen Nutzer selbst die Inhalte des Internets generieren können (Web 2.0), und solche, bei denen Internetinhalte nach bestimmten Schlüsselbegriffen der Nutzer generiert werden (Semantic und Request Content Web, Web 2.X beziehungsweise Web 3.0), werden auch zukünftig im Rahmen des B2B lediglich eine untergeordnete Rolle spielen.[64] Zwar ist davon auszugehen, dass sich auch im Bereich des B2B-Handels weitere Vernetzungstendenzen ergeben, doch werden die Vernetzungen auf anderen Ebenen stattfinden.[65] Unternehmen werden Geschäftsprozesse im B2B gänzlich auf fremden Rechnersystemen mit fremder Software verarbeiten und dabei die Schutzsphäre der eigenen Unternehmen für ihre geschäftskritischen Daten vollständig verlassen (sog. Cloud-Computing).[66]

III. Datenverarbeitungsprozesse des B2B

Die rechtliche Beurteilung der Schutzfähigkeit zirkulierender Daten im B2B erfordert eine genaue Abgrenzung, welche Daten der Unternehmen Gegenstand der Datenverarbeitung im B2B sind und welche nicht. Dabei ist zwischen operativen und strategischen Datenbereichen zu unterscheiden. Trotz Auflösung der Back-Office-Grenze durch Integration bestimmter Funktionen und Dienste fremder Unternehmen in die eigenen Unternehmensabläufe können weiterhin Daten der einzelnen Datenverarbeitungsprozesse dem Tagesgeschäft oder der strategischen Unternehmensführung zugeordnet werden.[67]

---

63 Paulus/Reimer, DuD 2005, 118 (118); Lotz, DuD 2007, 644 (645).

64 Zum Web 2.X (Semantic Content Web) und Web 3.0 (Request Content Web) Kollmann, S. 64, 67.

65 Zu wirtschaftlichen Nutzungsmöglichkeiten von E-Communities, Kollmann, S. 543 ff.

66 Der Service-Ansatz der SOA wird dadurch fortentwickelt. Zu den Entwicklungsperspektiven des Cloud Computing vgl. Interview mit Glotzbach in FAZ Nr. 10 (2009) vom 13. Januar 2009, S. 10.

67 Büllesbach, in: Roßnagel, Handbuch Datenschutzrecht, Kapitel 7.1.; zum Entwicklungsstand des B2B innerhalb der Informationswirtschaft, Graumann/Köhne/Bredemeier, NFD 2002, 211 ff.

1. Enterprise Resource Planning

Relevante Datenverarbeitung findet bereits bei der Planung der Betriebsmittel von Unternehmen statt, sog. Enterprise Resource Planning (ERP).

Zu Organisations- und Automatisierungszwecken werden Daten aus den klassischen Back-Office-Bereichen Fertigung, Finanzbuchhaltung, Logistik, Personalwirtschaft und Vertrieb softwaregestützt verarbeitet.[68] ERP-Softwaresysteme sollen die Geschäftsprozesse dieser Unternehmen optimieren.[69] Erfolgte ERP früher durch eigene Client-Server-Systeme der Unternehmen, werden im B2B durch integrierte service-orientierte Lösungen digitale Unternehmensgrenzen überschritten.[70]

Die dabei verarbeiteten Daten der Unternehmen lassen Rückschlüsse auf Lagerbewegungen, Lagerbestände, Auftragsdaten und Buchhaltungswerte zu.[71] Sie sind klassische Bestandteile des operativen Geschäftsbereichs und bei Betätigung der Unternehmen im B2B umfassend zu schützen.

2. Customer Relationship Management

Neben Daten des ERP sind im Rahmen des B2B insbesondere die Daten gefährdet, die in der Geschäftsbeziehung zu anderen Unternehmen erhoben und verarbeitet werden. Eine langfristige und erfolgreiche Beziehung der Unternehmen untereinander bedingt, dass sie über das Handelsverhalten und die Bedürfnisse ihrer Kunden möglichst genau informiert sind.[72] Die diesen Informationen zugrunde liegenden Daten verwalten Unternehmen im Kundenbeziehungsmanagement, sog. Customer Relationship Management (CRM).[73] Durch CRM-Softwaresysteme werden die in Geschäftsbeziehungen zwischen Unternehmen gewonnenen elektronischen Daten systematisch gesammelt, verknüpft und aus-

---

68 Scharfenberg/Marquardt, DStR 2004, 195 (195).

69 Es handelt sich um Anforderungen, die sich aus dem Qualitätsmanagement nach ISO-Zertifizierungsnormen und Rating-Kriterien des Basel II-Abkommens ergeben, Schulz, http://www.manager-magazin.de/ebusiness/artikel/0,2828,322638,00.html (24.10.2009).

70 Aus dem Client-Server-Produkt des Marktführers SAP R/3 entstand beispielsweise die integrierte Lösung mySAP, die über die Homepage des Unternehmens durch integrierte Web-Frontend-Module bedient werden kann, zu den internetfähigen ERP-Systemen, CYbiz Januar/Februar 2004, S. 17 f.

71 Zu den Bestandteilen der „Business Intelligence“, Saalfeld, in: Gramlich/Kröger/Schreibauer, Rechtshandbuch B2B-Plattformen, § 4 Rn. 36 f., 39.

72 Bange/Schinzer, in: Thome/Schinzer/Hepp, Electronic Commerce und Electronic Business, S. 54.

73 Zu den Datenschutzfragen des Customer Relationship Management ausführlich Taeger, K&R 2003, 220 (223 f.).

gewertet.[74] Dadurch können Strategien für Geschäftsbeziehung entwickelt und nach diesen Strategien Verhaltensweisen der Unternehmen im Geschäftsverkehr angepasst werden.[75] Bezweckt werden soll, die Motivation unternehmerischer Kunden und deren Geschäftsverhalten zum ökonomischen Vorteil des strategisch operierenden unternehmerischen Anbieters zu verändern[76] mit dem Ziel, die Rentabilität der Geschäftsbeziehungen zu Kunden zu verbessern.[77]

Mittels CRM lassen sich beispielsweise Informationen darüber gewinnen, ob Geschäftspartnern aufgrund eines bestimmten Einkaufsverhaltens bestimmte neue Produkte und Dienstleistungen, die vergleichbare oder höherwertige Leistungen enthalten, zusagen könnten und aus diesem Grund angeboten werden sollten (Cross- beziehungsweise Up-Selling).[78]

---

74 Durch Einsatz von Datenqualitätslösungen, die Tabellenvergleiche (z.B. postalische Referenztabellen) oder Data Mining-Verfahren verwenden, gelingt es den Unternehmen, Adressen und Geschäftsdaten zu bereinigen (sog. Cleansing) und Dubletten im Datenbestand zu eliminieren; vgl. v. Lewinski, RDV 2003, 122 (123); zum Aufbau der CRM-Lösung Bange/Schinzer, in: Thome/Schinzer/Hepp, Electronic Commerce und Electronic Business, S. 53.

75 Je nach Geschäftstypologie des B2B kann das CRM stark variieren. Der Aufwand des CRM bei Gütern, die homogen und standardisiert sind (z.B. Rohstoffe; sog. Spot-Geschäfte) ist geringer als bei Geschäften, bei denen neben dem Vertrieb von Gütern weitere Zusatzleistungen erbracht werden (z.B. Beratung, Entsorgung, Lieferung; sog. Commodity-Geschäfte). Handelt es sich um Projekt-Geschäfte oder ein Geschäft, bei dem Leistungen im Herrschaftsbereich des Kunden über einen längeren Zeitraum erbracht werden (Betrieb und Wartung einer Anlage; sog. Customer-Integration-Geschäften) steigt die Bedeutung des CRM, zu den unterschiedlichen Geschäftstypologien, Kleinaltenkamp, S. 603 ff.

76 Sog. 4-Phasen-Konzept von Hippner, Stührenberg/Meiners/ Behrens, Kapitel 3.1.3, S. 50 f.

77 Customer Relationship Management-Verfahren werden im Geschäftsverkehr zwischen Unternehmen beispielsweise eingesetzt, um Aussagen über das geschäftlich verbundene Unternehmen und deren entscheidungsbefugte leitende Mitarbeiter zu liefern. Nach einer Umfrage setzen zwei Drittel einer Befragungsgruppe österreichischer Unternehmer eine ERP-Software in ihrem Backoffice ein. Fünfzig Prozent dieser Unternehmer planen eine Kombination mit einem Kundenpflegesystem, vgl. Sander/Deininger, Cybiz Januar/Februar 2004, S. 20 (20); v. Lewinski, RDV 2003, 122 (131); zur Kundenoptimierung durch CRM speziell im B2B, Stührenberg/Meiners/ Behrens, Kapitel 3.3.2, S. 40 f.; allgemein Bange/Schinzer, in: Thome/Schinzer/Hepp, Electronic Commerce und Electronic Business, S. 54.

78 Bange/Schinzer, in: Thome/Schinzer/Hepp, Electronic Commerce und Electronic Business, S. 55.

Daten des ERP sind ebenso wie Daten des CRM der operativen Geschäftstätigkeit eines Unternehmens zuzurechnen und im B2B besonders zu schützen.[79]

3. Identitätsmanagement

Durch die besonderen Umstände des B2B ergeben sich auch Gefährdungen für Daten im Identitätsmanagement der Unternehmen.

Identitätsmanagement dient der Verwaltung von Benutzerkonten und Zugriffsrechten in verteilten, heterogenen Systemen.[80] Neben ursprünglich rein unternehmensinterner Verwendung werden Identitätsmanagementsysteme mittlerweile auch bei unternehmensübergreifenden Geschäftsaktivitäten, beispielsweise in B2B-Geschäftsbeziehungen, verwendet, um sämtliche beteiligte Personen zu identifizieren.[81] Der Zugriff auf Daten der vernetzten Rechnersysteme lässt sich dadurch vereinfachen und reglementieren.[82]

4. Data Warehousing

Wesentlicher Datenspeicher eines Unternehmens ist das Data Warehouse. Beim sog. Data Warehousing werden aus Daten der vielfältigen Datenverarbeitungsprozesse von Unternehmen Datenbanken aufgebaut, um Fach- und Führungskräfte bei unternehmensbezogenen Entscheidungsprozessen zu unterstützen.[83]

---

79 Zwischen CRM- und ERP-Systemen durchaus Wechselwirkungen möglich, Busch/Langemann, in: Helmke/Uebel/Dangelmaier, S. 427 f.

80 Durch Identitätsmanagement wird der Aufwand für die Sicherheitsadministration reduziert und steigert den return on investment, Paulus/Reimer, DuD 2003, 530 (530) mit Bezugnahme auf eine Prognose der Gartner Group, zur nicht ganz einheitlichen Begrifflichkeit Hansen/Borcea-Pfitzmann/Pfitzmann, it 6/2005, 352 (353).

81 Probleme des unternehmensübergreifenden Identitätsmanagements ergeben insbesondere durch die Abwerbung von Mitarbeitern und Kunden durch günstigere Konditionen, zum unternehmensübergreifenden Identitätsmanagements mittels XML, Buchmann/Pfaff, DuD 2003, 757 (759); zur Konzeption, Anwendung und datenschutzrechtlichen Implikationen des Identitätsmanagements Hansen, in: Roßnagel, Handbuch Datenschutzrecht, Kapitel 3.3 Rn. 88; Tinnefeld, in: Roßnagel, Handbuch Datenschutzrecht, Kapitel 4.1 Rn. 30; zum verstärkten Einsatz des Systemdatenschutzes, Tinnefeld/Viethen, NZA 2000, 977 (978).

82 Vgl. zur massiven Kritik an den Auswirkungen der Sicherheitslücken bei Identifikation von Nutzern und damit vereinfachten Zugriffs auf personalisierte Internet-Dienste durch Microsofts .Net-Passport-Technologie, im Internet unter: http://www.heise.de/newsticker/data/ ola-23.05.03-000/ (24.10.2009).

83 Zur Begriffsdefinition des Data Warehousing vgl. Scholz, in: Roßnagel, Handbuch Datenschutzrecht, Kapitel 9.2., Rn. 3 mit weiteren Nachweisen in Fußnote 4; ferner Taeger, K&R 2003, 220 (220); Frosch-Wilke, DuD 2003, 597 (597).

Die Daten werden aus dezentralen Datenbanken heterogener Datenverarbeitungssysteme des Unternehmens gewonnen, die operativ die betrieblichen Abläufe (Produktionsplanung und –steuerung, Finanz- und Lohnbuchhaltung, Lagerhaltung, Vertrieb, Einkauf, Qualitätsmanagement und Markterforschung) unterstützen. Hinzu kommen Daten aus externen Datenquellen, wie z.B. dem Internet.[84] Beide Datengattungen werden systematisch selektiert, transformiert und für Zwecke der Entscheidungsunterstützung in die Datenbank eingepflegt.[85] Zur logischen Verknüpfung der gewonnenen Daten werden Metadaten ergänzt, die Funktionen eines Indexes oder Inhaltsverzeichnisses für die im Data Warehouse vorgehaltenen Daten erfüllen.[86]

Es stellt sich die Frage, ob auch für das Data Warehouse ein erhöhtes Gefährdungspotential durch B2B besteht. Dagegen spricht, dass in Data Warehouses nur historische Daten über vergangene Geschäftsaktivitäten eines Unternehmens einfließen.[87] Auch erfolgt keine temporäre Datenablage für eine eventuelle spätere Verwendung im operativen Geschäft.[88] Die bei Einfügen in Data Ware-

---

84 Frosch-Wilke, DuD 2003, 597 (597); Scholz, in: Roßnagel, Handbuch Datenschutzrecht, Kapitel 9.2 Rn. 14.

85 Das Ziel der Transformation der Daten besteht darin, einen einheitlichen konsistenten Datenbestand zu schaffen, der über logische Verknüpfungen zugänglich ist. Da die Daten unter verschiedenen Aspekten systematisiert werden, können Zusammenhängen aus verschiedenen Dimensionen aufgezeigt werden, beispielsweise Art der Artikel, bestimmter Kundengruppen, bestimmte Vertriebsregionen oder bestimmte Geschäftsjahre. Innerhalb dieser Dimension können wiederum weitere hierarchische Unterteilungen erfolgen, um die Aussagekraft einer Information aus dem Data Warehouse-Datenbestand zu präzisieren (sog. multidimensionale Modellierung); zu den Dimensionen und Hierarchien im Data Warehouse, Scholz, in: Roßnagel, Handbuch Datenschutzrecht, Kapitel 9.2 Rn. 22; ferner Büllesbach, CR 2000, 11 (12); Frosch-Wilke, DuD 2003, 597 (598).

86 Für Analysen und Bewertungen, die über die einzelnen operativen Funktionen eines Unternehmens hinausgehen, ist eine strenge Organisation der Daten erforderlich. Das Data Warehouse umfasst gewöhnlich nicht nur die Daten mit Informationsinhalt, sondern auch Meta-, Dimensions- und Aggregationsdaten, die eine zielgerichtete Verfügbarkeit, Abrufbarkeit und Aufbereitung der Daten mit Informationsgehalt ermöglichen, und die, wie die operativen Daten durch Transformation in das Data Warehouse integriert werden müssen, Büllesbach, CR 2000, 11 (12).

87 Für die Zwecke des Data Warehouse ist nur erforderlich, dass die Daten in einen Zeitbezug gesetzt werden können, Abts/Mülder, S. 252; Alpar/Grob/Weinmann/Winter, Kapitel 12.2 (S. 245 f.).

88 Das Prinzip des Data Warehouse sieht eine dauerhafte Bevorratung vor. Die Daten werden in das Data Warehouse eingefügt und stehen dann nur noch zur Datenverarbeitung für die vorgesehenen Verwendungszusammenhänge zur Verfügung. Ein Löschen oder Entnehmen der Daten, wie es bei operativen Datenbanken möglich wäre, erfolgt hingegen nicht, Frosch-Wilke, DuD 2003, 597 (597).

houses notwendige Umwandlung jeglicher Informationen in statistische Werte und vorgangsunabhängige Angaben lässt eine erneute Verwendung im operativen Geschäftsbereich eines Unternehmens nicht zu.

Zwar fließen strategische Erkenntnisse aus Data Warehouses in operative Entscheidungen der Unternehmen ein,[89] doch findet keine Vermischung von Data Warehouse-Daten und aktuellen operativen Daten statt. Die Daten des Data Warehouse sind deshalb lediglich der strategischen Unternehmensführung zuzurechnen und werden durch das B2B nicht gefährdet.

5. Data Mining

Im Grenzbereich zwischen strategischer Datenverarbeitung (Data Warehousing) und operativer Datenverarbeitung erfolgt Data Mining, das „Schürfen nach Informationen". Durch Data Mining werden aus Datenbeständen, die in den Data Warehouses von Unternehmen enthalten sind, neue Wissenszusammenhänge generiert.[90] Informationen werden dabei nach bestimmten Mustern kombiniert,[91] um bisher unbekannte Zusammenhänge und Trends erkennen zu können.[92]

---

89 Data Warehouse-Erkenntnisse lassen sich beispielsweise im CRM des operativen Geschäfts für Cross- und Up-Selling sowie Kundenbindungsaktivitäten nutzen.

90 Büllesbach, in: Roßnagel, Handbuch Datenschutzrecht, Kapitel 7.1., Rn. 31; vgl. zum Einsatz von SAP Hessischer Datenschutzbeauftragter, 36. Tätigkeitsbericht 2007, S. 163 ff.

91 Die Kombination erfolgt anhand von Clustermodelle, Klassifikationsmodelle, Abhängigkeitsmodelle und Sequenzmodelle. Bei Clustermodellen werden die Informationen in mehrere Klassen unterteilt, wobei sich die Informationsobjekte in einer Klasse sehr ähnlich sein sollen und merklich von den Objekten anderer Klassen unterscheiden müssen. Klassifikationsmodelle sortieren Informationen durch Regeln (Entscheidungsbäume, Wenn-Dann-Regeln, mathematische Formeln oder neuronale Netze). So können beispielsweise Kunden mit Hilfe eines Entscheidungsbaumes auf Grund der Eigenschaften Unternehmensgröße Branchenzugehörigkeit, und Kreditwürdigkeit in unterschiedliche Klassen eingeordnet werden, um darauf Rückschlüsse auf das Investitionsverhalten ziehen zu können. Bei Abhängigkeitsmodellen werden signifikante Zusammenhänge zwischen den Daten einer Datenbank beschrieben. Die Zusammenhänge können durch Assoziationsregeln beschrieben werden. Auf diese Weise lässt sich im zum Beispiel feststellen, dass 75% aller Kunden, die im B2C sowohl einen Computer als auch einen Monitor kaufen, bei demselben Einkauf auch noch einen Drucker erwerben. Für die Beschreibung zeitabhängiger Muster eignen sich sog. Sequenzmodelle. So kann durch Sequenzmodelle festgestellt werden, dass die Anzahl der verkauften Monitore und Computer innerhalb einer bestimmten Zeitspanne ein deckungsgleiches Muster ergibt, vgl. zu den Modellen Schwarz, S. 11 f.

92 Im Unterschied zur Verifikation eines Verdachts oder einer Hypothese durch die Abfrage einer herkömmlichen Datenbank, beispielsweise mittels OLAP, ermöglicht Data Mi-

Allerdings dient auch Data Mining stets der Gewinnung von Erkenntnissen aus vergangener Geschäftstätigkeit für die Entwicklung zukünftiger Geschäftsstrategien der Unternehmen. Entstehen dabei neue Daten, werden diese wiederum dem Data Warehouse zugeführt.[93]

Es handelt sich folglich auch beim Data Mining um einen Datenverarbeitungsprozess im Bereich strategischer Planung des unternehmerischen Vorgehens, nicht jedoch um Datenverarbeitung, die der gefährdeten operativen Geschäftstätigkeit der Unternehmen im B2B zuzurechnen wäre.

IV. Zusammenfassung

B2B bewirkt als wesentlicher Bestandteil des Electronic Business eine weitreichende Vernetzung integraler Bestandteile verschiedener Unternehmen. Probleme ergeben sich im Hinblick auf den Schutz der Daten aus Datenspeicherung auf Plattformen oder in *Web Services*, der Übertragung von Daten bei Transaktionen zwischen den Unternehmen und insbesondere aus der Auflösung bestehender Barrieren zwischen vertraulichen unternehmensinternen und der Öffentlichkeit zugänglichen Daten. Jedoch führen nicht alle Datenverarbeitungsvorgänge von Unternehmen, die am B2B teilnehmen, zu einer besonderen Gefährdungslage.

Integration und Vernetzung von Geschäftstätigkeiten im B2B erzeugen besondere Gefahren nur für Daten der Unternehmen in den operativen Geschäftsbereichen. Datenverarbeitung zu unternehmensstrategischen Zwecken bleibt jedoch unberührt.

---

ning zum einen eine automatisierte Vorhersage von Trends und Verhaltensmuster auf der Basis bekannter Verhaltensschemata aus der Vergangenheit, zum anderen die automatische Aufdeckung unbekannter Strukturen und Zusammenhänge, die man aus einer Datenmenge zu gewinnen erhofft, Scholz, in: Roßnagel, Handbuch Datenschutzrecht, Kapitel 9.2, Rn. 3; Weichert, in: Bäumler/Breinlinger/Schrader, D 20; ferner Büllesbach, CR 2000, 11 (12); zur traditionelle Analyseform Online Analytical Processing (OLAP), vgl. Schwarz, S. 10.

93 Petri/Kieper, DuD 2003, 609 (609); Hahn, DuD 2003, 605 (607); Schütt, S. 153 ff.

Teil 2: Verfassungsrechtlicher Schutz von Daten im B2B

Bevor auf einzelne spezifische Regulierungsinstrumente zum Schutz von Daten eingegangen wird, soll zunächst dargestellt werden, ob und welcher verfassungsrechtliche Schutz für Daten der am B2B beteiligten oder durch B2B tangierten Personen und Unternehmen besteht. Dabei wird insbesondere auch auf die Wirkung der Grundrechte im Verhältnis der B2B-Akteure untereinander eingegangen.

I. Grundrechtsberechtigung der Unternehmen im B2B

Nach Artikel 19 Absatz 3 GG können sich Unternehmen als juristische Personen des Privatrechts selbst auf Grundrechte berufen,[94] soweit diese nicht nur individuell, sondern oder auch korporativ wirken.[95]

Die Grundrechtsfähigkeit juristischer Personen ist auf die juristische Person selbst zu beziehen.[96] Sie beschränkt sich nicht lediglich auf kollektive Betätigung der Grundrechte in juristischen Personen vereinigter natürlicher Personen;[97] ein Durchgriff auf deren Grundrechte[98] und autonome Willenszentren findet nicht statt.[99]

---

94 Nach Artikel 19 Absatz 3 des Grundgesetzes gelten die Grundrechte grundsätzlich auch für inländische juristische Personen, soweit sie dem Wesen nach auf diese anwendbar sind. Juristische Personen sind somit nicht nur rechtsfähig, sondern auch grundrechtsfähig, W. W. Schmidt, S. 15. Artikel 19 Absatz 3 GG stellt klar, dass der grundrechtliche Schutz juristischer Personen nicht von einer Fiktion (so Savigny, S. 238 ff.) abhängig ist, Bethge, S. 25 f.

95 Dürig, in: Maunz/Dürig/Herzog/Scholz, GG, Art. 19 Abs. III, Rn. 32; v. Mutius, in: Dolzer/Waldhoff/Graßhof, BK-GG, Art. 19 Abs. 3; Rn. 151 u. 156; BayVGH, DVBl. 1975, 665 (668), BGH, JZ 1975, 637 (638).

96 BVerfGE 21, 362 (369) - Sozialversicherungsträger; BVerfGE 59, 231 (255) – Freie Mitarbeiter; BVerfGE 68, 193 (205 f.) - Zahntechniker-Innungen.

97 Es besteht ein Grundrechtsschutz jeder durch wirtschaftliche Interessen verbundenen Personenmehrheit (Gesellschaft) mit einheitlicher Willensbildung und Willensverwirklichung, unabhängig von ihrem bürgerlich-rechtlichen Status als juristische Person. Werden die juristischen Personen des Zivilrechts und die Gesamthand erfasst, so scheidet juristische Personen, hinter denen lediglich Hoheitsträger oder Sondervermögen natürlicher Personen stehen aus, vgl. BVerfGE 10, 89 (99) - Erftverband; ebenso BVerfGE 20, 162 (171) – Spiegel; Reuter, in: Rebmann/Säcker/Rixecker, MünchKomm BGB, Vor § 21 Rn. 14.

Juristische Personen befinden sich in einer ähnlichen grundrechtstypischen Gefährdungslage wie natürliche Personen.[100] Sie sind als Grundrechtsträger in den Schutzbereich bestimmter Grundrechte einzubeziehen, weil der Durchblick auf die hinter ihnen stehenden natürlichen Personen dies als sinnvoll und erforderlich erscheinen lässt.[101]

Dies ist nicht gleichzusetzen mit einem Durchgriff, der die juristische Person als Rechtskonstrukt beiseite schiebt.[102] Der stattfindende Durchblick beschränkt sich lediglich auf das personale Substrat der juristischen Person.

Zur Feststellung der Grundrechtsfähigkeit ist zwar der Durchblick auf hinter juristischen Personen stehende natürliche Personen gestattet, grundrechtlicher Schutz muss aber durch das Prinzip der Trennung juristischer und natürlicher Personen den Unternehmen selbst zuteil werden.[103] Unternehmen bilden somit - neben beteiligten natürlichen Personen – stets eine unabhängige Gruppe von Grundrechtsträgern.[104]

98 Rüfner, in: Badura/Dreier, S. 55 (56); Lang, NJW 2004, 3601 (3602).

99 Rechtssubjektivität ergibt sich immer aus einem autonomen Willenszentrum, wohingegen juristische Personen lediglich ein Instrument externer Willenszentren der in ihnen vereinigten natürlichen Personen bilden, Reuter, in: Rebmann/Säcker/Rixecker, MünchKomm BGB, Vor § 21 Rn. 14.

100 Es ergibt sich daraus eine eigenständige Grundrechtsberechtigung der juristischen Personen, Dreier, in: Dreier, GG, Art. 19 III, Rn. 33 ff.; v. Mutius, in: Dolzer/Waldhoff/Graßhof, BK-GG, Art. 19 Abs. 3 Rn. 114 f.; Lang, NJW 2004, 3601 (3602); mit klarem Plädoyer für den erforderlichen Wandel der restriktiven verfassungsrechtlichen Rechtsprechung vom bisherigen Bekenntnis zur Durchgriffstheorie hin zur grundrechtstypischen Gefährdungslage Schoch, Jura 2001, 201 (206).

101 BVerfGE 61, 82 (101) - Sasbach; ebenso Isensee, in: Isensee/Kirchhoff, Handbuch des Staatsrechts, Band V, § 118 Rn. 5.

102 Der Durchgriff ist sehr stark durch die zivilistische Dogmatik geprägt, gleichwohl greift das Bundesverfassungsgericht auch auf den Terminus des Durchgriff zurück, vgl. BVerfGE 21, 362 (368 f.) - Sozialversicherungsträger; BVerfGE 68, 193 (206) – Zahntechniker-Innungen; BVerfGE 75, 192 (196) - Sparkassen.

103 Isensee, in: Isensee/Kirchhoff, Handbuch des Staatsrechts, Band V, § 118, Rn. 5 a.E.

104 Die juristischen Personen können daher als „zweiter Wall“ der Grundrechte gegenüber der Staatsgewalt als primärer Eingriffsgewalt bezeichnet werden, Isensee, in: Isensee/Kirchhof, Handbuch des Staatsrechts, Band V, § 118, Rn. 6

II. Staatliche Schutzpflichten aus Grundrechtsschutz

Die Freiheitsrechte des Grundgesetzes sollen primär vor staatlichen Eingriffen im Staat-Bürger-Verhältnis schützen.[105] Artikel 1 Absatz 3 GG räumt ihnen zu diesem Zweck die Qualität subjektiver Rechte ein.[106]

Neben ihrem Eingriffsabwehrcharakter kommt den Grundrechten eine objektiv-rechtliche Dimension zu.[107] Als objektive Prinzipien verpflichten sie den Staat, Träger von Grundrechten auch vor Übergriffen Dritter zu schützen.[108]

Die sich daraus ergebende doppelte Wirkdimension[109] folgt aus Artikel 1 Satz 2 GG, wonach der Staat die Grundrechte zu achten und zu schützen hat.[110]

Der Staat hat die durch Freiheitsrechte geschaffene Freiheitssphäre der Unternehmen zu schützen und zu sichern. Er muss der Verletzung grundrechtlich garantierter Schutzinteressen geeignete gesetzgeberische Maßnahmen entgegensetzen beziehungsweise effektive private Selbstregulierung fördern.[111] Allerdings verpflichten die Grundrechte den Staat nicht zu Schutzvorkehrungen bestimmter Art oder bestimmten Ausmaßes.[112] Den staatlichen Organen verbleibt bei Erfüllung ihrer Pflichten zum Schutz der Grundrechte ein weiter Gestaltungsspielraum, um gegensätzliche Grundrechtspositionen ausgleichen und ihnen angemessene Geltung verschaffen zu können.[113] Die Organe entscheiden

---

105 So schon BVerfGE 1, 97 (104) - „Hinterbliebenenrente I"; bestätigend BVerfGE 7, 198 (204 f., 207) - Lüth.

106 Höfling, in: Sachs, GG, Art. 1 Rn. 82.

107 Die objektiv-rechtliche Dimension erstreckt die Wirkung von Grundrechten über das Verhältnis zwischen Staat und Grundrechtsträger hinaus auf Privatrechtsverhältnisse und staatliche Schutzaufträge zugunsten Privater, Gostomzyk, JuS 2004, 949 (949); Sachs, in: Sachs, GG, Vor Art. 1 Rn. 31 ff.; zur „transsubjektiven" Funktion Ladeur, DÖV 2007, 1 (8 f.).

108 Die Schutzpflichten bilden eine verbindende Klammer aller objektiv-rechtlichen Grundrechtsdimensionen, Dreier, in: Dreier, GG, Vorb. Rn. 102.

109 Dreier, Dimensionen der Grundrechte, S. 42 f.

110 Höfling, in: Sachs, GG, Art. 1 Rn. 46 mit Verweis auf Dürig, in: Maunz/Dürig (1958), Artikel 1 Rn. 316.

111 Im Rahmen dieser Schutzpflichten kommt dem Staat eine aktiv handelnde und ordnende Aufgabe zu. Die Staatsgewalt wird nicht zurückgedrängt, sondern vielmehr gefordert, BVerfGE 96, 56 (64) - Vaterschaftsauskunft; BVerfGE 115, 118 (152) - Luftsicherheitsgesetz -; Isensee, in: Isensee/Kirchhoff, Isensee/Kirchhof, Handbuch des Staatsrechts, Band V, § 111 Rn. 3; ferner Gostomzyk, JuS 2004, 949 (952, 954); Brohm, NJW 2001, 1 (6); zur staatlichen Regulierung privater Selbstregulierung Hoffmann-Riem, AöR 130 (2005), 5 (9).

112 Die Verfassung lässt die Umsetzung der staatlichen Schutzpflicht unbestimmt, BVerfGE 96, 56 (64) - Vaterschaftsauskunft.

113 BVerfGE 92, 26 (46) – Zweitregister.

autark, wie sie den Schutzpflichten mit verfassungsgemäßen Mitteln nachkommen.[114]

Staatliche Schutzpflichten zum Schutz der Grundrechte von Unternehmen werden verletzt, wenn überhaupt keine Schutzvorkehrungen getroffen werden oder die getroffenen Schutzvorkehrungen und Regulierungen gänzlich ungeeignet beziehungsweise völlig unzulänglich sind, um die durch die Grundrechte bezweckten Schutzziele zu erreichen.[115]

III. Wirkung des Grundrechtsschutzes zwischen Unternehmen

Wollen sich Unternehmen im unternehmerischen Geschäftsverkehr gegenüber anderen Unternehmen auf grundrechtlichen Schutz ihrer Daten berufen, müssen Grundrechte auch im Verhältnis zwischen den Unternehmen gelten.

Grundrechte können zwischen Privatrechtssubjekten unmittelbar oder mittelbar Wirkung entfalten.[116] Bei unmittelbarer Drittwirkung verpflichten die Grundrechte Privatrechtssubjekte zur Beachtung der grundrechtlich geschützten Positionen anderer Privatrechtssubjekte.[117] Käme sämtlichen Grundrechten eine unmittelbare Drittwirkung zu, würde die Geltung von Grundrechten für juristische Personen nach Artikel 19 Absatz 3 GG nicht nur eine Schutzberechtigung, sondern auch ein Verpflichtung zur Beachtung[118] derjenigen Grundrechte enthalten, die für Privatrechtssubjekte Wirkung entfalten können.[119]

114 BVerfGE 115, 118 (159 f.) – Luftsicherheitsgesetz; gleichwohl besteht stets eine Grundsatzbindung der verantwortlichen staatlichen Organe, Sachs, in: Sachs, GG, Vor. Art. 1 Rn. 35.

115 BVerfGE 77, 170 (214 ff.) – Lagerung chemischer Waffen; BVerfGE 88, 203 (251 ff.) – Schwangerschaftsabbruch II.

116 Guckelberger, JuS 2003, 1151, 1153 ff.

117 Eine unmittelbare Drittwirkung sieht beispielsweise Artikel 9 Absatz 3 Satz 2 GG für die Koalitionsfreiheit vor, vgl. Jarass, NJW 1989, 857 (858) in Fußnote 16.

118 Auch Artikel 1 Absatz 1 GG und dem nicht mehr zum typischen Grundrechtskatalog zählenden Artikel 48 Absatz 1 und 2 GG wird eine unmittelbare Drittwirkung zugestanden. Die Menschenwürde aus Artikel 1 Absatz 1 GG soll sowohl durch den Staat als auch durch jeden Privaten und jede gesellschaftliche Institution unantastbar sein. Sie hat eine aus dem Grundrechtskatalog herausgehobene Stellung als fundamentale Wertentscheidung der Verfassung, vgl. Kunig, in: v. Münch/Kunig, GG, Art. 1, Rn. 23, 33; Süsterhenn, in: Schick/Kahlenberg, S. 912. Vor der Kündigung eines Arbeitsverhältnisses bei Bewerbung um ein politisches Abgeordnetenmandat schützen Artikel 48 Absätze 1 und 2 GG unmittelbar, vgl. Guckelberger, JuS 2003, 1151 (1153 ff.).

119 Die unmittelbare Drittwirkung für jedes Grundrecht untersuchen wollend, Lücke, JZ 1999, 377 (387 f.), ablehnend Guckelberger, JuS 2003, 1151 (1153).

Gegen eine derartige unmittelbare Drittwirkung von Grundrechten spricht allerdings Artikel 1 Absatz 3 GG. Darin werden lediglich Gesetzgebung, vollziehende Gewalt und Rechtsprechung an die Grundrechte als unmittelbar geltendes Recht gebunden.

Argumentum e contrario ist eine unmittelbare Geltung der Grundrechte zwischen Privatrechtssubjekten durch die Verfassungsgeber grundsätzlich nicht intendiert worden. Sie ergibt sich für Privatrechtssubjekte ausnahmsweise, wenn das Grundgesetz sie ausdrücklich anordnet oder sie zwingendes Ergebnis der Auslegung der Verfassungsnormen ist.[120] Es würde sowohl der Systematik des GG als auch der durch Artikel 2 Absatz 1 GG gewährleisteten Privatautonomie widersprechen, wenn Privatrechtssubjekte untereinander unmittelbar an Grundrechte gebunden wären.[121]

Artikel 1 Absatz 3 GG enthält deshalb einen negativen Ausschluss unmittelbar bindender Anordnungen der Grundrechte für privatrechtlich geordneten Verbindungen.[122] Auch die verpflichtende Komponente für juristische Personen in Artikel 19 Absatz 3 GG eignet sich nicht als systematische Grundlage einer unmittelbaren Drittwirkung der Grundrechte.[123]

Grundrechte können im Verhältnis zwischen Unternehmen lediglich mittelbar Drittwirkung entfalten. Sie beeinflussen das Verhältnis zwischen Privatrechtssubjekten über die zivilrechtlichen Generalklauseln und deren ausfül-

---

120 Erichsen, Jura 1996, 527 (530); Stern, Staatsrecht, S. 1553; Guckelberger, JuS 2003, 1151 (1153).

121 Eine unmittelbare Grundrechtsbindung von Privatrechtssubjekten, eine Grundrechtsbindung aller gegenüber allen, würde zu erheblichen Freiheitsbeschränkungen führen. Privatrechtssubjekte würden durch die Bindung an die Grundrechte im Rahmen vertraglicher Vereinbarungen verpflichten, für alle Vertragspartner gleiche Vertragsbedingungen zu schaffen, um Artikel 3 Absatz 1 GG gerecht werden zu können. Die unmittelbare Drittwirkung würde damit die freie Gestaltbarkeit von Rechtsbeziehungen aufheben, Erichsen, Jura 1996, 527 (530); Pieroth/Schlink, Rn. 175; Dürig, in: Maunz/Dürig/Herzog/Scholz, GG, Art. 1 III, Rn. 129.

122 Höfling, in: Sachs, GG, Art. 1 Rn. 111.

123 Systematisch wäre eine solche Wirkung vor dem Grundrechtskatalog, beispielsweise in Artikel 1 Absatz 3 GG zu positionieren, wie es ansatzweise im Rahmen des Artikels 5 Absatz 1 Brandenburgische Verfassung erfolgt ist, die auch Dritte durch die Grundrechte in Einzelfällen bindet. Sollten die Grundrechte nach Artikel 19 Absatz 3 auch unmittelbar für inländische juristische Personen des Privatrechts gelten und diese zur Beachtung der Grundrechte verpflichten, wären argumentum a fortiori auch ausländische juristische Personen durch die sonst drohende Privilegierung zur Beachtung der Grundrechte zu verpflichten, Lücke, JZ 1999, 377 (377 f.); Guckelberger, JuS 2003, 1151 (1157).

lungsbedürftige Begriffe, beispielsweise *Gute Sitten* oder *Treu und Glauben*,[124] und füllen deren Interpretations- beziehungsweise Anwendungsspielraum aus.[125] Gleiches gilt für die Auslegung verwendeter Standardvertragsklauseln bei Rechtsgeschäften zwischen Unternehmen.[126]

Im unternehmerischen Geschäftsverkehr ergeben sich somit Auswirkungen des grundrechtlichen Schutzes von Daten durch die Auslegung zivilrechtlicher Normen und Vereinbarungen sowie durch legislative und selbstregulatorische Maßnahmen, die dazu bestimmt sind, Schutz der Grundrechtsgarantien zu ermöglichen.

III. Persönlichkeitsrechtsschutz für Daten

Ein grundrechtlicher Schutz für die Daten kann sich aus dem durch das Bundesverfassungsgericht aus Artikel 2 Absatz 1 GG in Verbindung mit Artikel 1 Absatz 1 GG entwickelten allgemeinen Persönlichkeitsrecht ergeben.[127] Grundsätzlich schützt es die engere persönliche Lebenssphäre und die Erhaltung ihrer Grundbedingungen.[128] Dem Einzelnen soll ein autonomer Bereich, ein Kernbereich privater Lebensgestaltung zur Entwicklung und Wahrung der Individualität, zustehen, in den nicht eingegriffen werden darf.[129] Um einen lückenlosen Grundrechtsschutz gewährleisten und neuartigen Gefährdungen begegnen zu können, erhält das allgemeine Persönlichkeitsrecht ein Recht auf Privatsphäre, ein Recht auf informationelle Selbstbestimmung und ein Recht auf Gewährleistung der Vertraulichkeit und Integrität informationstechnischer Systeme. Für die

---

124 BVerfGE 7, 198 (207) - Lüth; BVerfGE 34, 269 (280) - Soraya; BVerfGE 61, 1 (6) - CSU: NPD Europas; BVerfGE 73, 261 (263, 269) – Sozialplan; Dürig, in: Festschrift für Nawiasky, 1956, S. 157 (176 ff.); Köhler, in: Hefermehl/Köhler/Bornkamm, Unlauterer Wettbewerb, Einleitung, Rn. 1.45.

125 Gostomzyk, JuS 2004, 949 (951); Koch, in: Gedächtnisschrift für Jean d'Heur, S. 135 ff.

126 In concreto erfolgt die Auslegung am Maßstab von § 307 BGB, der nach § 310 BGB auch im Verhältnis zwischen Unternehmen gilt, Palandt/Heinrichs, BGB, § 307 Rn. 39.

127 So in ständiger Rechtsprechung das Bundesverfassungsgericht seit BVerfGE 34, 269 (281) - Soraya; in diesem Sinne auch BVerfGE 65, 1 (42 f.) - Volkszählung; BVerfGE 72, 155 (170) - Elterliche Sorge; eine Abkopplung des verfassungsrechtlichen Schutz des allgemeinen Persönlichkeitsrechts von bereits bestehenden Grundrechten fordernd Vogelsang, S. 127 f.

128 BVerfGE 54, 148 (153) - Eppler, BVerfGE 72, 155 (170) - Ererbtes Handelsgeschäft.

129 Sinn und Zweck des Grundrechts ist es, Elemente der Persönlichkeit zu gewährleisten, die nicht Gegenstand der besonderen Freiheitsgarantien der Grundrechte sind, diesen aber in ihrer konstituierenden Bedeutung für die Persönlichkeit nicht nachstehen, BVerfGE 79, 256, 268 - Kenntnis der eigenen Abstammung; BVerfGE 120, 274 (306) – BVerfGE 120, 274 (303) – Online-Durchsuchung.

Daten im B2B können sich insbesondere aus den letztgenannten Bestandteilen Schutzwirkungen ergeben.

1. Informationelle Selbstbestimmung

Das Recht auf informationelle Selbstbestimmung als Ausprägung des zum Schutz von Werten und Würde natürlicher Personen geschaffenen allgemeinen Persönlichkeitsrechts gewährleistet, unter den modernen Bedingungen der automatisierten Datenverarbeitung grundsätzlich selbst über die Preisgabe und Verwendung persönlicher Daten bestimmen zu können, und ermöglicht, in Selbstbestimmung als Glied einer freien Gesellschaft zu leben.[130] Es ist zwar primär als Abwehrrecht konzipiert, ihm kommt jedoch auch eine Ergänzungsfunktion zu, wenn Daten kommuniziert werden.[131]

Findet keine andauernde Kommunikation von Daten statt, gilt für die in der Herrschaftssphäre des Betroffenen gespeicherten Daten, auch für Verbindungsdaten über Telekommunikationsvorgänge zwischen vernetzten Computersystemen, das Recht auf informationelle Selbstbestimmung.[132] Durch die Digitalisierung und zunehmende Konvergenz der Übertragungswege, Dienste und Endgeräte hinterlässt Kommunikation – trotz Komprimierung des Informationsflusses - stets Spuren.[133] Die Menge und der hohe Aussagegehalt der anfallenden Ver-

---

130 BVerfGE 65, 1 (41 ff.) - Volkszählung; zur geistlich-sittlichen Dimension, Leßmann, ACP 170 (1970), 266 (270); Bezug nehmend auf das „Mensch-Sein" hinsichtlich des Schutzes Gounalakis/Rhode, Persönlichkeitsschutz im Internet, Rn. 186; Taeger, S. 57.

131 Ist zunächst neben der Abwehrfunktion des informationellen Selbstbestimmungsrecht gegen Eingriffe in den Persönlichkeitsbereich auch eine Kommunikationsfunktion diskutiert worden (so Taeger, S. 57), wurde durch die TK-Verbindungsdaten-Entscheidung des Bundesverfassungsgerichts klargestellt, dass dem Recht auf informationelle Selbstbestimmung im Vergleich zum Telekommunikationsgeheimnis eine Ergänzungsfunktion zukommt, BVerfGE 115, 166 (187) – Kommunikationsverbindungsdaten.

132 Eine besondere Schutzbedürftigkeit der Vertraulichkeit von Telekommunikationsumständen herrscht nicht nur während der räumlich distanzierten Kommunikation, sondern auch nach Beendigung des Übertragungsvorgangs, BVerfGE 115, 166 (188) – Kommunikationsverbindungsdaten.

133 Elektronische Endgeräte werden zum persönlichen Austausch, zur Abwicklung von Handelsgeschäften und zur Informationsbeschaffung und Verbreitung verwendet. Die bei der Nutzung entstehenden Verbindungsdaten werden nicht länger nur beim Telekommunikationsprovider, sondern auch bei den Endnutzern selbst weit über den Zeitpunkt der Kommunikationsverbindung gespeichert. Sie beinhalten Informationen über die beteiligten Kommunikationsanschlüsse, die Zeit und Dauer der der Nachrichtenübertragung und den Standort der Teilnehmer, vgl. BVerfGE 115, 166 (188) - Kommunikationsverbindungsdaten.

bindungsdaten erzeugen ein aussagekräftiges Bild über die Kommunikationsteilnehmer. Den Verbindungsdaten kommt dadurch immer mehr eine profilbildende Wirkung zu, vor der jedermann durch das Recht auf informationelle Selbstbestimmung geschützt werden soll.[134]

Das Recht auf informationelle Selbstbestimmung setzt deshalb unter den Bedingungen moderner Datenverarbeitung voraus, dass Grundrechtsträger frei über vorzunehmende und zu unterlassende Handlungen entscheiden können. Diese Planungs- und Entscheidungsmöglichkeit fehlt, wenn Grundrechtsträger nicht überschauen können, welche sie betreffenden Informationen in bestimmten Bereichen ihres sozialen Umfelds bekannt sind, und sie das Wissen ihrer Kommunikationspartner nicht einigermaßen abzuschätzen vermögen.[135]

Werden personenbezogene Daten zum Zwecke elektronischer Datenverarbeitung erhoben und gespeichert, sind diese Daten nicht nur überall und jederzeit abrufbar, sondern können auch im Rahmen integrierter Informationssysteme mit anderen Datensätzen verknüpft werden. Dadurch ergeben sich wiederum neue Nutzungsmöglichkeiten und neue Gefahren für das Recht auf informationelle Selbstbestimmung.[136]

2. Vertraulichkeit und Integrität informationstechnischer Systeme

Das Recht auf Gewährleistung der Vertraulichkeit und Integrität informationstechnischer Systeme bildet eine weitere Ausprägung des allgemeinen Persönlichkeitsrechts. Es schützt vor Eingriffen in informationstechnische Systeme, soweit der Schutz nicht bereits durch das Fernmeldegeheimnis oder das Recht auf informationelle Selbstbestimmung gewährleistet wird,[137] und schließt damit eine Lücke, die im Zuge des wissenschaftlich-technischen Fortschritts und der gewandelten Lebensverhältnisse entstanden ist.[138] Sie ergibt sich insbesondere

---

134 Rückschlüsse auf Art und Intensität von Beziehungen, Interessen, Gewohnheiten und Neigungen und auf jeweilige Kommunikationsinhalte sind möglich, BVerfGE 115, 166 (190) – Kommunikationsverbindungsdaten, vgl. auch BVerfGE 107, 299 (320) – Frontal.

135 BVerfG, MMR 2006, 531 (532) – Rasterfahndung, vgl. auch BVerfGE 65, 1 (42 f.) – Volkszählung.

136 BVerfGE 65, 1 (42) - Volkszählung; BVerfGE 113, 29 (45 f.) – Durchsuchung einer Rechtsanwaltskanzlei.

137 Das vom Bundesverfassungsrecht zur Abgrenzung weiterhin angeführt Recht auf Unverletzlichkeit der Wohnung genießt im vorliegenden Zusammenhang keine Relevanz.

138 BVerfGE 54, 148 (153) - Eppler; BVerfGE 65, 1 (41) - Volkszählung; BVerfGE 118, 168 (183) – Kontostammdaten; BVerfGE 120, 274 (303) – Online-Durchsuchung.

aus der stetig wachsenden Nutzung der Informationstechnologie, der weiten Verbreitung und technischen Leistungsfähigkeit hierfür verwendeter Geräte, sowie der Möglichkeit des Zugriffs auf Informationen und Kommunikation durch Vernetzungen des Internets.[139]

Besondere Gefahren, denen es bei zunehmender Vernetzung informationstechnischer Systeme zu begegnen gilt, ergeben sich aus der Verknüpfung des breiten Spektrums von Nutzungsmöglichkeiten dieser Systeme bei Erzeugung, Verarbeitung und Speicherung von Daten.[140] Gefahrenherde bestehen nicht nur durch bewusst angelegte und gespeicherte Daten, sondern auch durch Daten, die selbstständig von informationstechnischen Systemen über Nutzer der Systeme in Arbeitsspeichern und auf Festplatten verkörpert werden. Sie lassen auf bestimmte Verhaltensmuster der Nutzer schließen und müssen vor externer Zugriffnahme und Manipulation durch Dritte geschützt werden.

Ein Schutz durch das Recht auf Gewährleistung der Vertraulichkeit und Integrität informationstechnischer Systeme ist vor allem notwendig, wenn der Komplexitätsgrad technischer Systeme durchschnittliche Nutzer überfordert und diese keine adäquaten Selbstschutzmaßnahmen treffen können.[141]

3. Persönlicher Schutzbereich

Ist der grundrechtliche Schutz personenbezogener Daten natürlicher Personen unstrittig, stellt sich für den Bereich des B2B die Frage nach der persönliche Anwendbarkeit des allgemeinen Persönlichkeitsrechts auf juristische Personen zum Schutz derer „personenbezogener“ Daten.

Primäre verfassungsrechtliche Grundlage des allgemeinen Persönlichkeitsrechts ist die allgemeine Handlungsfreiheit des Artikel 2 Absatz 1 GG. Sie wird bei Sachverhalten, die die Würde eines Menschen betreffen, durch die fundamentale Wertentscheidung der Verfassung in Artikel 1 Absatz 1 GG zu einem allgemeinen Persönlichkeitsrechtsschutz.[142]

139 Kutscha, NJW 2008, 1042 (1043).

140 BVerfGE 120, 274 (304) – Online-Durchsuchung.

141 Hinsichtlich dieser Einschränkung des Verfassungsgerichts, BVerfGE 120, 274 (306) – Online-Durchsuchung, stellt sich die Frage, ob dieser für den privaten Nutzer eines informationstechnischen Systems zweifellos geltende Maßstab auf die geschäftliche Nutzung informationstechnischer Systeme im Rahmen des B2B anzuwenden ist.

142 BVerfGE 54, 148 (153) – Eppler; Starck, in: v. Mangoldt/Klein/Starck, GG, Art. 2 Abs. 1 I Rn. 55, 84 f.; mangels Möglichkeit der Einschränkung durch einfache Gesetze kann die Menschenwürde nicht primär konstituierend für das allgemeine Persönlichkeitsrecht sein, vgl. Leßmann, AcP 170 (1970), 266 (268); zur Anreicherung des Art. 2 GG zur extensiven Verwirklichung der Menschenwürde Jarass, in: Jarass/Pieroth, GG, Art. 1

Dieser besondere Schutz für natürliche Personen scheidet hingegen systematisch für juristische Personen aus, denn Artikel 1 Absatz 1 GG ist mangels korporativer Seite kein nach Artikel 19 Absatz 3 GG dem Wesen nach auf juristische Personen anwendbares Grundrecht.[143]

Trotz systematischen Ausschlusses könnten Unternehmen funktional einen persönlichkeitsrechtlichen Schutz ihrer Daten einfordern unter Berufung darauf, dass der bei ihnen erfolgende Zugriff auf personenbezogene Daten zugleich ein „Durchgriff" auf die Daten der bei ihnen beschäftigen oder anderweitig erfassten natürlichen Personen darstelle. Grundlage des beanspruchten Schutzes wären damit die Grundrechte der natürlichen Personen, nicht jedoch die der juristischen Person selbst.[144] Werden personenbezogene Daten im B2B verarbeitet, handelt es sich, gleichgültig ob es sich dabei um personenbezogene Daten von Mitarbeitern, Kunden oder sonstigen Dritten handelt, immer um Beeinträchtigungen, die in den Schutzbereich der Grundrechte natürlicher Personen fallen. Zumindest aus verfassungsrechtlicher Sicht bedarf es eines darüber hinausgehenden, den Unternehmen zustehenden funktionalen Schutzes aus allgemeinen Persönlichkeitsrechten der durch sie vereinigten natürlichen Personen nicht.[145]

Rn. 2; zur verbindenden Kombination der Grundrechte beim allgemeinen Persönlichkeitsrecht Kunig, in: v. Münch/Kunig, GG, Artikel 1 Rn. 24; anders BGHZ 98, 94 (97).

143 Jarass, NJW 1989, 857 (869); zum Erfordernis eines neu formulierten Grundrechts auf Datenstelle anstelle des Datenschutzes aus Recht auf informationelle Selbstbestimmung Kloepfer/Schärdel, JZ 2009, 453 (457).

144 Schmitt Glaeser, in: Isensee/Kirchhof, Handbuch des Staatsrechts, Band VI, § 129, Rn. 88.

145 Auch stünde den Unternehmen aus einem funktionsbezogenen informationellen Selbstbestimmungsrechts kein Recht zur Beherrschung der aus den Daten gewonnenen Informationen in seinem Datenpool zu, denn die Informationen sind, auch wenn sie an personenbezogene Daten anknüpfen, immer das Ergebnis einer eigensinnigen Konstruktion des Verwenders. Verwendungszusammenhänge und Informationsbildung können nicht durch die grundrechtlichen Abwehrrechte, sondern nur durch strukturelle Anforderungen an die Daten- und Informationsverarbeitung als Ausfluss objektiv-rechtlicher Grundrechtsgehalte geschützt werden. Darüber hinaus soll auch natürlichen Personen nach der Gemeinschaftsformel des Bundesverfassungsgerichts als gemeinschaftsgebundene Individuen kein absolutes, uneingeschränktes Herrschaftsrecht über „ihre" Daten zustehen, BVerfGE 65, 1 (44) - Volkszählung; Trute, in: Roßnagel, Handbuch Datenschutzrecht, 2.5., Rn. 19 f.; zivilrechtlich können sich Unternehmen hingegen auf die Fiktion eines funktionalen Persönlichkeitsschutzes in Form des Identitäts- oder Funktionsschutzes berufen, wenn ihr gesellschaftlicher Aufgaben- und Wirkungskreis es erfordert, besonders sensible Daten dem unbefugten Zugriff und der öffentlichen Erörterung zu entziehen, und kein überwiegendes Informationsinteresse der Öffentlichkeit entgegensteht, vgl. Gounalakis/Rhode, Persönlichkeitsschutz im Internet, Rn. 231 f.; Persönlichkeitsschutz mangels Menschenwürde juristischer Personen ablehnend und

4. Konsequenzen für den B2B

Durch das allgemeine Persönlichkeitsrecht gewährleistet die Rechtsordnung Bedingungen, unter denen jede natürliche Person selbstbestimmt am Kommunikationsprozess teilnehmen und so ihre Persönlichkeit entfalten kann, soweit dem Einzelnen ein informationeller Selbstschutz tatsächlich möglich und zumutbar ist.[146]

Möglichkeit und Zumutbarkeit informationellen Selbstschutzes fehlen im B2B, wenn Kommunikationsteilnehmer aus einer Position wirtschaftlicher Unterlegenheit heraus mit wirtschaftlich überlegenen Handelspartnern kommunizieren und geschäftlich tätig werden.

Der Staat steht dann in der Verantwortung, Voraussetzungen für eine sichere Kommunikationsteilhabe zu gewährleisten. Betroffenen kann staatlicher Schutz nicht unter Berufung auf eine nur scheinbare Freiwilligkeit der Preisgabe bestimmter Informationen versagt werden. Die aus dem allgemeinen Persönlichkeitsrecht folgende Schutzpflicht des Staates gebietet es staatlichen Stellen vielmehr, die rechtlichen Voraussetzungen für einen wirkungsvollen Selbstschutz bereitzustellen.[147]

Erfolgt die Preisgabe der Informationen jedoch freiwillig, beispielsweise als Folge eines zum Ausdruck gebrachten übereinstimmenden Parteiwillens, und ist ein sachgerechter Interessenausgleich anzunehmen, entbindet dies aus der staatlichen Schutzpflicht.[148]

Im B2B ergibt sich aus dem allgemeinen Persönlichkeitsrecht für den Staat die Aufgabe, sicherzustellen, dass die Preisgabe von personenbezogenen Daten im B2B freiwillig beziehungsweise im zumutbaren Rahmen erfolgt. Ferner muss der Staat Unternehmen schützen, deren Interesse am Schutz von Daten aufgrund

---

stattdessen Identitätsschutz befürwortend Isensee, in: Isensee/Kirchhof, Handbuch des Staatsrechts, Band V, § 118 Rn. 58; einen Funktionsschutz anstelle eines Persönlichkeitsschutzes für juristische Personen fordernd Kau, S. 101.

146 Da auch die Freiheit, persönlichen Informationen zu offenbaren, geschützt ist, obliegt es grundsätzlich dem Einzelnen selbst, seine Kommunikationsbeziehung zu gestalten und darüber zu entscheiden, ob er bestimmte Informationen preisgibt oder zurückhält, Auch ist es dem Einzelnen regelmäßig möglich und zumutbar, geeignete Vorsorgemaßnahmen zu treffen, um seine Geheimhaltungsinteressen zu wahren, BVerfG, MMR 2007, 93 (93) – Schweigepflichtentbindung.

147 BVerfGE 73, 118 (201) – 4. Rundfunkentscheidung; bestätigt in BVerfGE 97, 125 (146) Caroline von Monaco I; BVerfG, MMR 2007, 93 (93) – Schweigepflichtentbindung.

148 BVerfGE 81, 242 (254) - Handelvertreter; 114, 73 (89 f.) - Überschussermittlung; BVerfG, MMR 2007, 93 (93) – Schweigepflichtentbindung.

wirtschaftlicher Dominanz potentieller Handelspartner und damit verbundener Verhandlungsungleichgewichte erheblich erschwert wird.[149]

IV. Telekommunikationsgeheimnis für Daten im B2B

Neben den Persönlichkeitsrechtsschutz tritt der in Artikel 10 GG garantierte Schutz von Kommunikationsgrundrechten. Für den Schutz von Daten im B2B ist insbesondere das Telekommunikationsgeheimnis relevant.

1. Sachliche Anwendbarkeit

Das Telekommunikationsgeheimnis schützt bei unkörperlicher Übermittlung durch Telekommunikationsvorgänge Daten vor den Gefahren der räumlich distanzierten Kommunikation.[150] Es ist bei Übermittlungsvorgängen im Verhältnis zum allgemeinen Persönlichkeitsrecht vorrangig anwendbar,[151] wenn Übermittlungen von bestimmten Absendern zu bestimmten Empfängern erfolgen (Punkt-zu-Punkt-Übermittlungen).

Zwar wird vereinzelt - unter Berufung auf den mit der Internetkommunikation einhergehenden technologischen Wandel - das Telekommunikationsgeheimnis auch auf Massenkommunikation erstreckt, doch ist die Grundvoraussetzung individueller Kommunikation auch unter diesen Umständen nicht notwendigerweise aufzugeben, denn auch Internetkommunikation erfolgt grundsätzlich durch zielgerichtete Übertragungen.[152]

---

149 Die Konstituierung einer neuen Facette des Grundrechts, das Recht aus Schutz der Vertraulichkeit und Integrität informationstechnischer Systeme, kann an dieser rechtssystematischen Vorgehenswiese nichts ändern. Auch in diesem Falle kompensiert die staatliche Schutzgarantie grundsätzlich nur fehlendes Vertragsrecht, siehe schon BVerfG MMR 2007, 93 (94) – Schweigepflichtentbindung.

150 Vgl. BVerfGE 120, 274 (307) - Online-Durchsuchung; BVerfGE 106, 28 (36) – Mithörvorrichtung; 67, 157 (172) – G 10; BVerfGE 115, 166 (183 ff.) – Kommunikationsverbindungsdaten.

151 BVerfGE 67, 157 (171) - G10, BVerfGE 100, 313 (358) - Telekommunikationsüberwachung I; Schmidt, in: Umbach/Clemens, Grundgesetz, Art. 10, Rn. 19; Jarass, in: Jarass/Pieroth, GG, 2004, Art. 10, Rn. 2.

152 Im Gegensatz zur Massenkommunikation setzt die Übertragung von Daten im Internet stets eine Adressierung voraus. Vernetzte Rechner im Internet können nur dadurch erreicht werden, dass sie über eine individualisierbare IP-Adresse gezielt angesprochen werden. Auch bei dem als Surfen bezeichneten Aufruf von Internet-Seiten findet eine Kommunikation zwischen dem die Seite anfordernden und dem die Seite übertragenden Rechner statt. Selbst die Verteilung von Massen-E-Mails ist keine Massenkommunika-

Würde ein massenkommunikativer Charakter von Internetkommunikation angenommen, ignorierte dies die technologische Grundkonzeption und würde den Kommunikationsinhalt zur Grundlage der Bewertung machen. Dies ist jedoch bei hinreichender Würdigung des technologischen Grundkonzepts nicht angemessen, denn eine Kenntnisnahme des Inhalts wäre durch das bestehende Kommunikationsgeheimnis a priori verboten.[153]

Die Schutzrichtung des Grundrechts betrifft Inhalt[154] sowie Art und Weise der Kommunikation[155]. Jede Telekommunikation hinterlässt infolge der Digitalisierung Spuren, die gespeichert und ausgewertet werden können.

Um den Zugriff auf diese Daten zu verhindern, muss Artikel 10 GG auch die Vertraulichkeit der näheren Umstände eines Kommunikationsvorgangs schützen.[156] Geschützt werden Daten mit Informationen, wann und wie oft zwischen Kommunikationspartnern beziehungsweise Kommunikationseinrichtungen Telekommunikationsverkehr stattgefunden hat oder hätte stattfinden sollen.[157]

Nicht durch das Telekommunikationsgeheimnis geschützt werden hingegen Daten, die nach Abschluss eines Telekommunikationsvorgangs im Herrschaftsbereich adressierter Empfänger gespeichert sind. Bei diesen Daten wird unterstellt, dass der jeweilige Empfänger in der Lage ist, Schutzvorkehrungen gegen

---

tion, denn auch sie erfordert stets, dass die Vielzahl der Empfänger durch ihre E-Mail-Adresse individualisierbar ist, vgl. zur Ablehnung eines Kommunikationsgeheimnisschutzes für konventionelle Massenkommunikation Jarass, in Jarass/Pieroth, GG, Art. 10, Rn. 6; Bizer, in: Denninger/Hoffmann-Riem/Schneider/Stein, AK-GG, Art. 10, Rn. 52 und 64; Krüger/Pagenkopf, Sachs, GG, Artikel 10, Rn. 14a; Gusy, in: v. Mangoldt/Klein/Starck, GG, Art. 10 GG, Rn. 42 ff.

153 Vgl. hierzu die Ausführung von Gusy u.a. in einer Verfassungsbeschwerdeschrift gegen die Vorratsdatenspeicherung auf Seite 38, http://wiki.vorratsdatenspeicherung.de/images/Verfassungsbeschwerde_Vorratsdatenspeicherung.pdf (24.10.2009).

154 Unerheblich für die Eröffnung des Schutzbereiches ist, welche Übermittlungsart und welche Ausdrucksform genutzt wird. Neben Sprache, Bildern, Tönen und Zeichen werden auch alle sonstigen Daten geschützt, die sich digital übermitteln lassen, BVerfGE 120, 274 (307) – Online-Durchsuchung.

155 Somit sind sämtliche Kommunikationsdienste des Internets Bestandteile des Telekommunikationsgeheimnisses, BVerfGE 120, 274 (306) – Online-Durchsuchung; dies gilt insbesondere für E-Mail-Kommunikation BVerfGE 113, 348 (383) - Telekommunikationsüberwachung.

156 BVerfGE 115, 166 (182) – Kommunikationsverbindungsdaten; BVerfGE 67, 157 (172) – G 10; BVerfGE 85, 386 (396) - Fangschaltungen; BVerfGE 110, 33 (53) - Zollkriminalamt; BVerfGE 113, 348 (365) - Präventive Telekommunikationsüberwachung.

157 Sollen laufende Kommunikationsvorgänge im Rahmen einer sog. Quellen-Telekommunikationsüberwachung durch staatliche Einrichtungen überwacht werden, ist die Ermächtigung zur Durchführung dieser Maßnahme am Maßstab des Artikels 10 GG zu messen, BVerfGE 120, 274 (278 f.) - Online-Durchsuchung.

den heimlichen Datenzugriff zu treffen und zu verhindern, dass Ungefugte vom Inhalt und den Umständen des Telekommunikationsvorgangs Kenntnis nehmen.[158] Die grundrechtliche Schutzlücke, die außerhalb aktiver Kommunikationsprozesse entsteht, wird durch das allgemeine Persönlichkeitsrecht geschlossen.[159]

2. Persönliche Gewährleistung

Träger des Grundrechts aus Artikel 10 GG sind grundsätzlich auch juristische Personen und Personenvereinigungen des Privatrechts. Vorauszusetzen ist, dass sie aktiv am Kommunikationsprozess teilnehmen. Nur Absender und adressierte Empfänger von Daten können deshalb schutzberechtigt sein.[160]

Grundrechtlich verpflichtet wird ausschließlich der Staat, Vertraulichkeit des Fernmeldeverkehrs zwischen Unternehmen und Schutz vor Eingriffen Dritter in den geschützten Kommunikationsbereich zu gewährleisten.[161]

Das Bundesverfassungsgericht hat darauf verwiesen, dass die Kommunikationsrechte privaten, vor der Öffentlichkeit verborgenen Austausch von Informationen garantieren und damit der freien Entfaltung der Persönlichkeit und zugleich der Würde des Menschen dienen sollen.[162] Daraus lässt sich jedoch nicht schlussfolgern, die persönliche Anwendbarkeit der Kommunikationsgrundrechte setze zwingend einen Bezug zur Menschenwürde voraus.

---

158 Zu den Möglichkeiten eigener Schutzvorkehrungen außerhalb räumlich distanzierter Kommunikation, BVerfGE 115, 166 (183) – Kommunikationsverbindungsdaten; vgl. auch Hermes, in: Dreier, GG, Art. 10 Rn. 42; Gusy, in: v. Mangoldt/Klein/Starck, GG, Art. 10 Rn. 24; Bizer, in: Denninger/Hoffmann-Riem/Schneider/Stein, AK-GG, Art. 10 Rn. 67; Bär, MMR 2005, 523 (524); BVerfGE 120, 274 (308) – Online-Durchsuchung.

159 BVerfGE 120, 274 (307) – Online-Durchsuchung.

160 BVerfGE 100, 313 (356 f.) - Telekommunikationsüberwachung I; BVerfGE 106, 28 (43) - Mithörvorrichtung; Löwer, in v. Münch/Kunig, GG, Artikel 10 Rn. 6; Artikel 19, Rn. 13 ff.; Badura, in: Dolzer/Waldhoff/Graßhof, BK-GG, Artikel 10, Rn. 25; zur Partnerschaft im Kommunikationsprozess Gusy, in: v. Mangoldt/Klein/Starck, GG, Art. 10 Rn. 47, Art. 19 Rn. 17; Jarass, in: Jarass/Pieroth, GG, Art. 10, Rn. 10.

161 BVerfGE 106, 28 (37) - Mithörvorrichtung; Löwer, in: v. Münch/Kunig, GG, Art. 10 Rn. 14; Hermes, in: Dreier, GG, Art. 10 Rn. 83; zu den Schutzmechanismen im Rahmen des Art. 10 GG Groß, JZ 1999, 326 (333); eine staatliche Schutzpflicht ablehnend Krüger/Pagenkopf, in: Sachs, GG, Art. 10, Rn. 22.

162 BVerfGE 115, 166 (181) – Kommunikationsverbindungsdaten; BVerfGE 67, 157 (171) – G 10; BVerfGE 106, 28 (35) – Mithörvorrichtung; BVerfGE 110, 33 (53) – Zollkriminalamt.

3. Konsequenzen für den B2B

Auch bei der Übertragung geschäftlicher Daten zwischen Handelspartnern im B2B werden Daten während des räumlich distanzierten Kommunikationsprozesses durch den Vertraulichkeitsschutz des Artikels 10 GG vor möglicher Kenntnisnahme durch Dritte geschützt.[163] Unabhängig vom Umfeld der Übertragungsvorgänge, sei es auf B2B-Handelsplattformen oder im Rahmen direkter Übertragungen, tritt die Schutzwirkung des Fernmeldegeheimnisses in dem Moment ein, in dem Daten gezielt von einem Unternehmen an ein anderes Unternehmen gesendet werden. Die Momente des Absendens und Empfangens bilden die Grenzen des geschützten Kommunikationskorridors. Dritte sind während dieses Zeitraums der Telekommunikation von einer Kenntnisnahme auszuschließen.

V. Eigentumsgarantie für Daten im B2B

Schutz der Daten der Unternehmen kann sich auch aus der Eigentumsgarantie des Artikels 14 GG für juristische Personen des Privatrechts[164] in ihren unterschiedlichen Rechtsformen ergeben.[165] Sachlich richtet sich die Eigentumsgarantie nach der Charakteristik der Daten im B2B.[166]

1. Gewerbliche Schutzrechte

Neben materiellem Sacheigentum gewährt die verfassungsrechtliche Eigentumsgarantie auch immateriellen Rechtspositionen Schutz, sofern diese aufgrund eines Gesetzes entstanden sind und einen Vermögenswert darstellen.[167]

---

163 Der sachliche Schutzbereich erfasst insbesondere auch geschäftliche Daten, vgl. BVerfGE 67, 157 (172) - G10; Bizer, in: Denninger/Hoffmann-Riem/Schneider/Stein, AK-GG, Art. 10, Rn. 38; Jarass, in: Jarass/Pieroth, GG, Art. 10 Rn. 9.

164 BVerfGE 4, 7 (17) - Investitionshilfe; unzweifelhaft bei vollrechtsfähigen juristischen Personen des Privatrechts, vgl. Dreier, in: Dreier, GG, Art. 19 III, Rn. 44; zur AG BVerfGE 50, 290, 319 - Mitbestimmung; BVerfGE 66, 116 (130) - Springer/Wallraf; auch Stumpf, NJW 2003, 9 (10); zur GmbH BVerfGE 3, 359 (363) - Tatsachenfeststellung; auch bei teilrechtsfähigen Gesellschaften wird ein verfassungsrechtlicher Eigentumsschutz angenommen, vgl. Dreier, in: Dreier, GG, Art. 19 III Rn. 48 f.

165 Zur KG BVerfGE 97, 67 (76) - Schiffbauverträge; zur OHG BVerfGE 10, 89 (99) - Großer Erftverband; selbst bei BGB-Gesellschaften kann ein Grundrechtschutz bestehen, BVerfG, NJW 2002, 3533.

166 Vgl. zur Charakteristik der Daten die einleitenden und die nachfolgenden Ausführungen dieses Teils.

167 Die verfassungsmäßige Eigentumsgarantie gemäß Artikel 14 GG erfordert eine Zusammenschau der Status ausfüllenden Gesetze des zivilen und Öffentlichen Rechts, BVerfGE 58, 300 (336) – Nassauskiesung; auch Wieland, in: Dreier, GG, Art. 14 Rn.

Daten im B2B werden durch die Eigentumsgarantie geschützt, wenn ihnen ein vermögenswerter Aspekt anhaftet.[168] Nach Artikel 14 Absatz 1 Satz 2 GG hat der Gesetzgeber sachgerechte Maßstäbe festzulegen, die eine der Natur und der sozialen Bedeutung eines geschützten Rechts entsprechende Nutzung und angemessene Verwertung sicherstellen.[169] Der Gesetzgeber ist dieser Aufgabe durch die gesetzliche Definition ausschließlicher Rechtspositionen im gewerblichen Rechtsschutz nachgekommen.[170] Verfassungsrechtlicher Eigentumsschutz besteht deshalb für Daten, die Bestandteile gewerblicher Schutzrechte, wie Patent- oder Urheberrechte, sind.[171]

2. Betriebs- und Geschäftsgeheimnisse

Erfüllen Daten im B2B die Voraussetzungen gewerblicher Schutzrechte nicht, können sie gleichwohl unter die Eigentumsgarantie fallen, wenn sie als Betriebs- und Geschäftsgeheimnisse vermögenswerte Rechtspositionen im Sinne des Artikels 14 GG sind.[172]

Gegen eine verfassungsrechtliche Eigentumsgarantie für Betriebs- und Geschäftsgeheimnisse lässt sich einwenden, dass bei ihnen keine ausschließliche Zuordnung des vermögenswerten Ergebnisses schöpferischer Leistung im Wege privatrechtlicher Normierung, vergleichbar gewerblichen Schutzrechten, erfolgt.[173]

38; zu immateriellen vermögenswerten Positionen BVerfGE 36, 281 (291) – Patentanmeldungen; Taeger, S. 60.

168 Hinsichtlich der Urheberrechte, BVerfGE 31, 229 (239) - Schulbuchprivileg, und hinsichtlich der Patentrechte, BVerfGE 36, 281 (290) - Patentanmeldungen.

169 Die Institutsgarantie gewährleistet einen Grundbestand von Normen, der gegeben sein muss, um das Recht als "Privateigentum" bezeichnen zu können, BVerfGE 31, 229 (241) - Schulbuchprivileg.

170 Eine ausschließliche Rechtsposition ist beispielsweise nach § 15 UrhG für den Urheber gegeben. Auch Patentinhabern wird nach § 9 Satz 1 PatG die alleinige Befugnis zur Nutzung einer patentierten Erfindung eingeräumt. Diese Zuordnung der vermögenswerten Seite des Urheberrecht und Patentrechts lässt aber nicht den Schluss zu, jede nur denkbare Verwertungsmöglichkeit falle verfassungsrechtlich in den Schutzbereich der Eigentumsgarantie des Artikels 14 GG.

171 Absolute Rechte, die nach § 4 Absatz 1 MarkenG, §§ 8, 11 GebrMG und §§ 7, 9 GeschMG entstehen können, kommen für Daten im B2B nicht in Betracht.

172 Allerdings sind nicht alle Daten der Unternehmen im B2B den Betriebs- und Geschäftsgeheimnissen zuzuordnen, vgl. Schaar/Schultze, Jahrbuch, S. 1 (3 f.).

173 Es fehlt an einer ausschließlichen Zuordnung der Betriebs- und Geschäftsgeheimnisse zum Rechtsinhaber, wie sie bei geistigem Eigentum beispielsweise urheberrechtlich in § 15 UrhG und patentrechtlich in § 9 Satz 1 PatG gegeben ist, vgl. Wolff, NJW 1997, 98 (99), ferner Pfaff, BB 1974, 565 (567); Kraßer, GRUR 1977, 177 (189).

Betriebs- und Geschäftsgeheimnisse sind keine absoluten subjektiven Rechte.[174] Würde man den Schutzbereich der verfassungsmäßigen Eigentumsgarantie auf Betriebs- und Geschäftsgeheimnisse ausweiten, drohte eine erhebliche Konzentration des Privateigentums, weil Unternehmen sämtliche Daten als Betriebs- und Geschäftsgeheimnisse deklarieren und anderen Unternehmen die Nutzung darin enthaltener Informationen versagen könnten.[175]

Zwar werden Betriebs- und Geschäftsgeheimnisse durch das Lauterkeitsrecht vor vorsätzlichem Ausspähen geschützt[176] und können entgeltlich an Dritte überlassen werden,[177] doch bezweckt auch das Lauterkeitsrecht lediglich einen Schutz der Unternehmen vor unbefugter Verwertung und Offenbarung der Geheimnisse, ohne sie im Sinne der verfassungsmäßigen Eigentumsgarantie institutionalisieren zu wollen.

3. „Geronnene Vermögenswerte"

Nicht nur positive Normierungen, auch „Umformungen" subjektiver Rechte, beispielsweise Pflichten Verfügungsberechtigter, andere an bestimmten Informationen teilhaben zu lassen, können in den Schutzbereich des Grundrechts fallen.

Betriebs- und Geschäftsgeheimnisse betreffen den durch Einsatz von Kapital und Arbeit erwirtschafteten Vermögenswert. Sie sind funktional als *„geronnene Vermögenswerte"* den gewerblichen Schutzrechten gleichzustellen; beide bezwecken die Sicherung wirtschaftlicher Positionen und den Schutz von Freiheiten im vermögensrechtlichen Bereich.[178]

Zwar ist funktional eine Gleichstellung mit gewerblichen Schutzrechten möglich,[179] doch muss sich dieser Schutz auf den Vermögenswert beschränken. Der erwirtschaftete Vermögensmehrwert kann hingegen nicht geschützt werden,[180] denn die verfassungsrechtliche Garantie des Eigentums betrifft nicht die

---

174 Anders hinsichtlich Betriebs- und Geschäftsgeheimnissen in der Insolvenz BGHZ 16, 172 (175); zur dieser in der Insolvenz auch Zipperer, NZI 2002, 244 (246).

175 Der Gesetzgeber ist verpflichtet, einer Konzentration des Privateigentums entgegenzuwirken, vgl. Papier, in: Maunz/Dürig/Herzog/Scholz, GG, Art. 14 Rn. 16.

176 Es handelt sich um einen deliktischen Schutz, Wolff, NJW 1997, 98 (99).

177 RGZ 163, 1 (5 f.); BGHZ 17, 41 ff.

178 Schröder, UPR, 1985, 394 (396 f.); Breuer, NVwZ 1986, 171 (174); Berg, GewArch 1996, 177 (178).

179 BVerfGE 67, 100 - Flick-Untersuchungsausschuss; Breuer, in: Isensee/Kirchhof, Handbuch des Staatsrechts, Band VI, § 148 Rn. 26.

180 Wieland, in: Dreier, GG, Art. 14 Rn. 52; Berg, NVwZ 1996, 177 (178).

ökonomisch sinnvolle und rentable Nutzung der zu einem Unternehmen gehörenden Eigentumspositionen.[181]

Entsprechen die Betriebs- und Geschäftsgeheimnisse funktional gewerblichen Schutzrechten, setzt ein Schutz durch die Eigentumsgarantie des Artikels 14 GG gleichwohl voraus, dass die Geheimnisse als schutzfähige Rechtspositionen in der verfassungsgerichtlichen Rechtsprechung anerkannt werden.[182]

Anhaltspunkte bietet die Rechtsprechung des Bundesverfassungsgerichts zur Nutzung von Domain-Namen.[183] Inhaber von Domains erwerben zwar weder Eigentum noch ein sonstiges absolutes Recht, das wie ein Immaterialgüterrecht verdinglicht ist, sie erhalten aber ausschließlich das Recht, bestimmte Domains für ihre IP-Adressen zu verwenden.[184] Es handelt sich somit um ein relativ wirkendes, vertragliches Nutzungsrecht mit rechtlich geschütztem Vermögenswert, das dem jeweiligen Inhaber der Domain ebenso ausschließlich zugewiesen ist wie Eigentum an Sachen.[185]

Eine generelle Erweiterbarkeit des Schutzes auf funktionale Interessen lässt sich daraus jedoch nicht ableiten. Spezifische Entscheidungen für den Schutz funktional gleichwertiger Unternehmensdaten als vermögenswerte Rechte fehlen.[186]

Mangels entsprechender Rechtsprechung genießen sie nur dann einen Schutz durch die Eigentumsgarantie, wenn sie zugleich patentrechtliche oder urheberrechtliche Rechtspositionen bilden. Im Übrigen scheidet ein verfassungsrechtlicher Sonderrechtsschutz für sie aus. Auch wenn sie als Unternehmensdaten vermögenswerte Positionen des Unternehmens sind, fallen sie zumindest

---

181 BVerfGE 77, 84 (118) – Arbeitnehmerüberlassung.

182 Eine willkürliche Ausweitung des Schutzbereiches durch funktionale Erwägungen würde sonst zu unberechtigten Eigentumskonzentrationen führen.

183 Das Bundesverfassungsgericht hat sich zwar vom Erfordernis absoluter Rechte bei Domainnamen gelöst, BVerfG, NJW 2005, 589, 589 – Domain, es besteht mangels ausschließlicher gesetzlicher Zuordnung derweil kein verfassungsrechtlicher Eigentumsschutz des Nutzungsberechtigten aus dem Domainname sui generis, vgl. Birner, S. 43; für einen verfassungsrechtlichen Schutz durch ein absolutes Recht plädieren Koos, MMR 2004, 359 (360 ff.); Fezer, Markenrecht, Rn. 301.

184 Danach richten sich schuldrechtliche Ansprüche nur gegen den jeweiligen Vertragspartner; sie sind jedoch dem Forderungsinhaber wie Eigentum an einer Sache ausschließlich zugewiesen, BVerfG, NJW 2005, 589 (589) - Domain; Plaß, WRP 2000, 1077 (1079); Viefhus, MMR 2000, 286 (287); Kazemi/Leopold, MMR 2004, 287 (290), Nowrot, S. 9

185 Vgl. beispielsweise zur ständigen Rechtsprechung des Gerichts, BVerfGE 45,142 (179) - Rückwirkende Forderungen; ähnlich BVerfGE 42, 263 (294) - Contergan.

186 Für ein inhaltsbeschränkendes Informationseigentum plädierend Brammsen, DÖV 2007, 10 (17).

nicht unmittelbar in den Schutzbereich der verfassungsrechtlichen Eigentumsgarantie nach Artikel 14 GG.

4. Mittelbarer Schutz als Bestandteil des Gewerbebetriebs

Mittelbar kann sich ein Schutz der Unternehmensdaten durch das Recht am eingerichteten und ausgeübten Gewerbebetrieb ergeben.[187]

Die verfassungsgerichtliche Rechtsprechung lässt offen,[188] ob Artikel 14 GG auch eingerichtete und ausgeübte Gewerbebetriebe schützt.[189] Zivilrechtlich ist das Recht am eingerichteten und ausgeübten Geschäftsbetrieb hingegen durch die Rechtsprechung als sonstiges Recht im Sinne des § 823 Absatz 1 BGB anerkannt und schließt bestehende Regelungslücken für den gewerblichen Rechtsschutz.[190]

Bedenken gegen einen verfassungsrechtlichen Schutz von Daten durch das Recht am eingerichteten und ausgeübten Gewerbebetrieb richten sich darauf, dass eine Ausweitung des Eigentumsschutzes auf Daten droht, die nicht schon durch gewerbliche Schutzrechte in den Schutzbereich der Eigentumsgarantie einbezogen sind. Eigentumsrechtlich sollen Gewerbebetriebe nicht rechtlich, sondern tatsächlich die zum Vermögen eines Unternehmens gehörenden, eigenständigen Schutz genießenden Sachen und Rechte zusammenfassen. Gleichwohl wird das Recht am eingerichteten und ausgeübten Gewerbebetrieb im verfassungsrechtlichen Schrifttum grundsätzlich anerkannt.

Mit Rücksicht auf die hierzu ergangene verfassungsrechtliche Rechtsprechung werden jedoch auch im Schrifttum Chancen und tatsächliche Gegebenheiten als Mehrwerte der tatsächlichen Zusammenfassung eigentumsrechtlicher

187 Ein Gewerbebetrieb ist die Gesamtheit der sachlichen, persönlichen und sonstigen Mittel in allen ihren Erscheinungsformen und Ausstrahlungen, die in der Hand des Betriebsinhabers zu einem einheitlichen Organismus zusammengefasst werden.

188 BVerfGE 51, 193 (221 f.) - Weinbergrolle; BVerfGE 68, 193 (222 f.) - Zahntechniker-Innungen; 105, 252 (278) - Glykol; Jarass/Pieroth, GG, Artikel 14 GG, Rn. 10.

189 Auch wenn das Recht am eingerichteten und ausgeübten Gewerbebetrieb als schützenswertes Recht im Sinne des Artikel 14 GG anerkannt wird, kann sich der Schutz nur auf den durch Artikel 14 geschützten Bestand, also auf einen Schutz des Erworbenen beschränken. Erwartungen, Gewinnaussichten und allgemeine Gegebenheiten müssen aus dem Schutzbereich herausfallen, BVerfGE 68, 193 (222 f.) - Zahntechniker-Innungen; BVerfGE 77, 84 (118) - Arbeitnehmerüberlassung; BVerfGE 81, 208 (227 f.) - Bob Dylan; Jarass/Pieroth, GG, Artikel 14, Rn. 25; Papier, in: Maunz/Dürig/Herzog/Scholz, GG, Art. 14 Rn. 95.

190 BGHZ 38, 391 (395); BGHZ 45, 296 (307).

Gegenstände zu einem Unternehmen vom verfassungsrechtlichen Schutz ausgenommen.[191]

Entscheidend ist, ob geschäftliche Daten aus verfassungsrechtlicher Sicht Gewerbebetrieben zugerechnet werden können. Wird die infrastrukturelle Lage eines Gewerbebetriebs, der „Kontakt nach außen“, als Bestandteil des verfassungsrechtlich geschützten Gewerbebetriebs anerkannt, wäre es inkonsequent, Daten über den Kundenstamm und über Geschäftsverbindungen, damit Grundlagen des kommunikativen Kontakts eines Unternehmens nach außen, nicht in den Schutz einzubeziehen.

Existente Daten über Geschäftsverbindungen und Kundenstämme müssen folglich, auch ohne vermögenswerte Rechte darzustellen, mittelbar durch das Recht am eingerichteten und ausgeübten Gewerbebetrieb verfassungsrechtlich Schutz genießen.

5. Konsequenzen für den B2B

Stellen Daten im B2B vermögenswerte Ergebnisse schöpferischer Leistung dar, erzeugt die Verfügungsgewalt der Urheber grundrechtliche Eigentumsgarantie.[192]

Einordnungsprobleme ergeben sich durch die fließend verlaufende Grenze zwischen bloßen Chancen und schützenswerten Eigentumsbestandteilen des Unternehmens für Geschäftsverbindungen, Kundenstämme und Marktstellung.[193]

Obgleich nach einer streng dogmatischen Sichtweise das fehlende subjektive Recht an Betriebs- und Geschäftsgeheimnissen einem verfassungsrechtlichen Eigentumsschutz entgegensteht, sind aufgrund der für den B2B geltenden Rahmenbedingungen Betriebs- und Geschäftsgeheimnisse aus funktionaler Sicht dem Schutzbereich der Eigentumsgarantie zuzurechnen, wenn sie ein gewisses Maß an Wesentlichkeit für ein Unternehmen besitzen.[194] Auch müssen die Daten über bestehende Geschäftsverbindungen und Kundenstämme, trotz fehlenden Schutzes für bestehende Geschäftsverbindungen und Kundenstämme „als sol-

191 BVerfGE 51, 193 (221 f.) – Weinbergsrolle; Papier, in: Maunz/Dürig, GG, Art. 14, Rn. 95 ff.; Kimminich, in: Dolzer/Waldhoff/Graßhof, BK-GG, Artikel 14, Rn. 77 ff.; Jarass, in: Jarass/Pieroth, GG, Art. 14 Rn. 10; differenzierend Bryde, in: v. Münch/Kunig, GG, Art. 14, Rn. 19

192 Wolff, NJW 1997, 98 (99); vgl. auch BVerfGE 31, 229 (239) – Schulbuchprivileg.

193 So gegen einen Schutz Wieland, in: Dreier, GG, Art. 14 Rn. 52; befürwortend hingegen Engel, AöR 118 (1993), 169 (190 f., 216 ff.); nach strenger Sichtweise spricht auch bei Kundenstämmen und Geschäftskontakte gegen einen eigentumsrechtliche Schutz die darin zwangsläufig enthaltene Verdienstchance, Leisner, in: Isensee/Kirchhof, Handbuch des Staatsrechts, Band VI, § 149 Rn. 110.

194 BVerfGE 36, 281 (291) - Patenterteilung; Taeger, S. 63 f.

che",[195] über das Recht am eingerichteten und ausgeübten Gewerbebetrieb Eigentumsschutz genießen.[196] Nicht unter die Eigentumsgarantie fallen jedoch Daten, die Unternehmen erst noch gewinnen möchten.

VI. Unternehmerische Betätigungsfreiheit und Daten im B2B

Ein Schutz für die Datengewinnung eines Unternehmens kann sich durch Betätigungsfreiheit aus Artikel 12 GG ergeben.[197]

Artikel 12 GG schützt Tätigkeiten, soweit sie auf Dauer angelegt sind und der Schaffung und Erhaltung einer Lebensgrundlage dienen,[198] somit auch die Erwerbszwecken dienende freie unternehmerische Betätigung im wirtschaftlichen Wettbewerb.[199]

Zwar spricht der Wortlaut des Artikels 12 GG dafür, grundrechtliche Betätigungsfreiheit ausschließlich der natürlichen Person des Unternehmers durch den Verweis auf lediglich natürlichen Personen anhaftende Staatsangehörigkeit zu-

195 BVerfGE 51, 193 (221 f.) - Weinbergsrolle.

196 Gegen einen Schutz der bestehenden Geschäftsverbindungen und des Kundenstamms als solche, Jarass, in: Jarass/Pieroth, GG, Art. 14, Rn. 25; anderer Ansicht diesbezüglich Papier, in: Maunz/Dürig/Herzog/Scholz, GG, Art. 14, Rn. 95; Wendt, in: Sachs, GG, Art. 14, Rn. 48.

197 Wird nach Artikel 14 Absatz 1 GG nur das Erworbene als Ergebnis der Betätigung geschützt, fallen der Erwerb und die Betätigung selbst in den Schutzbereich der in Artikel 12 GG garantierten Berufsfreiheit, Wittig, in: Festschrift für Gebhard Müller, S. 575 (590).

198 BVerfGE 7, 377 (397) – Apotheken-Urteil; BVerfGE 54, 301 (313) - Buchführungsprivileg; BVerfGE 68, 272 (281) - Bauvorlageberechtigung; Scholz, in: Maunz/Dürig/Herzog/ Scholz, GG, Art. 12, Rn. 18; Jarass, in: Jarass/Pieroth, GG, Art. 12 Rn. 3; Gubelt, in: v. Münch/Kunig, GG, Art. 12, Rn. 8.

199 Zum freien Wettbewerb zwischen Anbietern und Nachfragern als eines der Grundprinzipien der bestehenden Wirtschaftsverfassung BVerfGE 32, 311 (317) - Steinmetz; BVerfGE 46, 120 (137 f.) - Direktruf; vgl. auch Scholz, in: Maunz/Dürig/Herzog/Scholz, GG, Art. 12, Rn. 79, 115, 123 f., 135 f.; Hefermehl/Köhler/Bornkamm, Unlauterer Wettbewerb, Allg. Rn. 70; ferner zur sachlichen Anwendbarkeit BVerwGE 71, 183 (189) – Transparenzlisten; trotz Ablehnung der personellen Anwendbarkeit der Berufsfreiheit mangels personalen Inhalts der Daten grundsätzlich die sachliche Anwendung auf den Erwerbsvorgang, der im Rahmen seiner verwaltungsrechtlichen Prüfung jedoch nicht einschlägig ist, bejaht Berg, GewArch 1996, 177 (178).

kommen zu lassen, [200] doch müssen im Rahmen von Tätigkeiten, die Erwerbszwecken dienen, beispielsweise beim Betrieb von Gewerben, auch Unternehmen als juristische Personen und Personenvereinigungen des Privatrechts geschützt werden.[201]

Entsprechend der natürlichen Personen eingeräumten Berufsausübungsfreiheit gewährt Artikel 12 GG Unternehmen die Freiheit freier wirtschaftliche Betätigung.[202]

Da wirtschaftliche Betätigungsfreiheit nur erlaubte wirtschaftliche Betätigung schützt,[203] lässt sich aus Gründen des Allgemeinwohls die wirtschaftliche Betätigungsfreiheit von Unternehmen beschränken,[204] soweit dadurch nicht ein Schutz vor Konkurrenz droht.[205]

Durch die unternehmerische Betätigungsfreiheit des Artikels 12 GG kann mithin nur der rechtmäßige Erwerb von Daten im Wettbewerb Schutz genießen,

---

200 Juristische Personen sind nach dieser ablehnenden Ansicht lediglich Organisationsmittel im Rahmen der beruflichten Betätigung eines Unternehmers, vgl. Rittstieg, in: Denninger/Hoffmann-Riem/Schneider/Stein, AK-GG, Art. 12, Rn. 167.

201 BVerfGE 30, 292 (312) - Erdölbevorratung; BVerfGE 50, 290 (363) – Mitbestimmung; BVerfGE 53, 1 (13) - Schulbücher; BVerfGE 65, 196 (210) – Betriebliche Unterstützungskasse; BVerwGE 75, 109 (114) - Subventionsbetreuer; a.A. Rittstieg, in: Denninger/Hoffmann-Riem/Schneider/Stein, AK-GG, Art. 12 Rn. 167.

202 BVerfG NJW 1994, 1784 –Jahresabschlussanalyse.

203 BVerfGE 7, 377 (397) – Apotheken-Urteil; BVerfGE 13, 97 (106) - Handwerksordnung; BVerfGE 14, 19 (22) – Verkauf aus Warenautomaten; BVerfGE 32, 311 (316) - Grabsteinwerbung; BVerfGE 37, 1(18) - Weinwirtschaftsabgabe; BVerfGE 42, 374 (385) – Begriff der Säumnis.

204 Diese Freiheit darf jedoch nach Artikel 12 GG beschränkt werden, wenn vernünftige Gründe des Allgemeinwohls dies rechtfertigen. Regelungen über die Berufausübung oder wirtschaftliche Betätigung sind indessen verfassungswidrig, wenn sie dem Bestandsschutz dienen und dadurch die zulässigen Grenzen von Inhalt und Schranken des Eigentums im Sinne des Artikel 14 Absatz 1 Satz 2 GG überschreiten, BVerfGE 58, 137 (145) - Pflichtexemplar; BVerfGE 79, 174 (192) - Straßenverkehrslärm. Unlauterer Wettbewerbs ist dementsprechend im Rahmen des UWG zu untersagen, BVerfGE 32, 311 (317) - Grabsteinwerbung; BVerfGE 96, 899 (899) – Werbeverbot für Apotheker; Baumbach/Hefermehl, Wettbewerbsrecht, Allg. Rn. 53.

205 Wettbewerb zeichnet sich gerade durch das ständigen Ringen und Messen der Kräfte einzelner Unternehmen aus mit dem Zweck, sich gegenüber den Mitbewerbern zu behaupten. Konkurrenzschutzregelungen sind daher sachlich nicht zu rechtfertigen und dürfen auch nicht als Nebenwirkung einer im Übrigen zulässigerweise die wirtschaftliche Betätigungsfreiheit einschränkenden Regelung auftreten. Ausnahmen bestehen im Hinblick auf die Nebenwirkung nur bei absoluter Unvermeidbarkeit der konkurrenzschützenden Wirkung einer im Übrigen zulässigen Beschränkung, BVerfGE 7, 377, 408 – Apotheken-Urteil; BVerfGE 11, 168 (188) – Taxi-Beschluss, vgl. auch BGH, GRUR 1963, 277 (278) - Maris.

sofern die Erlangung von Daten durch Unternehmen im B2B nicht auf unlautere Weise erfolgt.

VII. Wirtschaftliche Handlungsfreiheit und Daten im B2B

Grundsätzlich können sich juristische Personen auch auf ihre wirtschaftliche Handlungsfreiheit aus Artikel 2 Absatz 1 GG berufen. Die Sperrwirkung des Artikels 12 GG beschränkt den Schutz im wirtschaftlichen Bereich allerdings auf die Vertragsfreiheit und damit auf die Möglichkeit vertraglicher Vereinbarungen zum Schutz von Unternehmensdaten.[206]

Die Vertragsfreiheit wird nicht unbeschränkt gewährleistet.[207] Unternehmen können vertragliche Regelungen zum Schutz unternehmensbezogener Daten treffen, soweit diese nicht unterschiedliche Kräfteverhältnisse zwischen den Vertragspartnern ausnutzen, beispielsweise Vertragspartnern die Beteiligung am Wettbewerb versagen oder deren Handlungs- und Wahlfreiheit über die Maßen beeinträchtigen.[208]

VIII. Zusammenfassung

Zusammenfassend ergibt sich zum Schutz der Daten im B2B, dass Unternehmen als juristische Personen nach Artikel 19 Absatz 3 GG zwar auch Träger von

---

206 Zur Anwendbarkeit auf juristische Personen BVerfGE 50, 290 (319) - Arbeitnehmermitbestimmung; zum Verhältnis zwischen Artikel 2 GG und Artikel 12 GG im wirtschaftlichen Bereich sowie zum verbleibenden Schutzbereich des Artikels 2 GG, Hefermehl/ Köhler/Bornkamm, Unlauterer Wettbewerb, Allg. Rn. 49 ff.; zur Abschluss- und Gestaltungsfreiheit und der Möglichkeit der Dokumentation des unternehmerischen Willens, BVerwG, NJW 1955, 962 (963) – Kleingarten.

207 Strittig ist, ob sich die Vertragsfreiheit durch das Rechtsstaatsprinzip oder die „verfassungsmäßige Ordnung“ im Sinne des Artikels 2 Absatz 2 GG begrenzen lässt. Sie soll allerdings nur eine Freiheit im Rahmen der Rechtsordnung sein, Flume, Festschrift Deutscher Juristentag, 1960, S. 136 ff.; Baumbach/Hefermehl, Wettbewerbsrecht, Allg. Rn. 49.

208 Die Vertragsfreiheit ist vor allem außerhalb des unantastbaren Bereichs persönlicher Entfaltungsfreiheit einzuschränken, wenn zu befürchten ist, dass es aufgrund unterschiedlicher Kräfteverhältnisse der Vertragsbeteiligten zu einseitig belastenden oder übervorteilenden Vereinbarungen kommt. Es handelt sich dabei um staatliche Einschränkungen der freien wirtschaftlichen Betätigung zur Schaffung einer gerechteren Sozialordnung, BVerfGE 6, 32 (36 ff.) - Elfes; BVerfGE 81, 242 (255) – Handelsvertreter; ferner Hesse, S. 37 f.

Grundrechten sind, sie sich unmittelbar auf ihre Grundrechte jedoch nur gegenüber staatlichen Hoheitsträgern berufen können.

Im Binnenverhältnis zwischen den Unternehmen entfalten die Grundrechte nur durch Ausformungen und Auslegungen einfacher Gesetze, zivilrechtlicher Generalklauseln und vertraglicher Abreden Wirkung.

Für die in Frage kommenden Grundrechte gelten Einschränkungen.

Datenschutz aus Persönlichkeitsschutz beschränkt sich immer auf den Schutz der Daten natürlicher Personen.[209] Er schützt nur unternehmensbezogene Daten, die neben einem Bezug zu Unternehmen zugleich auch einen Bezug zu natürlichen Personen aufweisen.[210]

Bei der Übertragung von Daten zwischen Handelspartnern werden diese durch Artikel 10 GG vor einer Kenntnisnahme durch Dritte besonders geschützt.

Sind Daten Gegenstand gewerblicher Schutzrechte, garantiert Artikel 14 GG das Eigentum der Unternehmen an diesen vermögenswerten Rechten.

Im Besitz eines Unternehmens befindliche Daten über die Geschäftsverbindungen und den Kundenstamm genießen im Rahmen des Rechts am eingerichteten und ausgeübten Gewerbebetrieb lediglich mittelbar Eigentumsschutz durch Artikel 14 Absatz 1 GG.

Die unternehmerische Betätigungsfreiheit des Artikels 12 GG schützt den Erwerb von Daten, freilich nur, soweit er rechtmäßig im Wettbewerb erfolgt.

Daneben verbleibt Unternehmen gemäß Artikel 2 GG die wirtschaftliche Handlungsfreiheit, ihren Willen zum Schutz ihrer Daten rechtsgestalterisch auszudrücken. Da die rechtsgestalterischen Möglichkeiten der Unternehmen durch die Umstände des B2B begrenzt sind, wird nachfolgend untersucht, in welcher Form durch den Regulierungsrahmen die Voraussetzungen für einen Schutz von Daten im B2B bestehen beziehungsweise in welchem Maße Veränderungen erforderlich sind.

---

209 So auch Zipperer, NZI 2002, 244 (246); Berg, GewArch 1996, 177 (178).

210 BVerfGE 65, 1 (1) - Volkszählung ; vgl. auch Taeger, S. 56.

Teil 3: „Datenschutz“ für Unternehmensdaten

Lassen Daten im B2B Rückschlüsse auf natürliche Personen oder Unternehmen zu, ergeben sich für ihre Verwendung besondere Bedingungen, wobei aus grundrechtlichen und systematischen Erwägungen zwischen vorgehaltenen und zwischen Unternehmen übertragenen Daten zu unterscheiden ist.

I. Schutz vorgehaltener personenbezogener Daten

Hinsichtlich vorgehaltener Daten der Unternehmen ist fraglich, ob und welches Datenschutzrecht anwendbar ist, welche Voraussetzungen für den Schutz bestehen und welche besonderen Bedingungen für den Umgang mit diesen Daten im Rahmen des elektronischen Handels gelten.

1. Anwendbares Datenschutzrecht

Das anwendbare Datenschutzrecht richtet sich nach dem Verarbeitungszusammenhang. Der Gesetzgeber hat zum Schutz von Daten - neben dem Bundesdatenschutzgesetz (BDSG) - mit dem Telemediengesetz (TMG) besondere Regelungen für Telemedien im Internet getroffen.[211] Soweit speziellere Normen des Telemediendatenschutzes Anwendung finden, verdrängen sie allgemeine Vorschriften des Bundesdatenschutzgesetzes.[212]

Telemediendienste sind nach § 1 Absatz 1 TMG alle elektronischen Informations- und Kommunikationsdienste mit Ausnahme der Telekommunikationsdienste und des Rundfunks.[213] Sie müssen für eine individuelle Nutzung von kombinierbaren Daten, wie Zeichen, Bildern oder Tönen, bestimmt sein und ih-

---

211 Das Telemediengesetz (TMG) ist in diesem Bereich am 1.7.2007 an die Stelle des vormals geltenden Teledienste-Datenschutzgesetzes (TDDSG) getreten.

212 Nach § 11 TMG schützt das Gesetz personenbezogene Daten der Nutzer von Telemedien bei der Erhebung, Verarbeitung und Nutzung dieser Daten durch die Anbieter entsprechender Dienste.

213 Telekommunikationsdienste sind gemäß § 3 Nr. 24 TKG Dienste, die ganz in der Übertragung von Signalen über Telekommunikationsnetze bestehen (reine Telekommunikationsdienste), nicht aber Dienste, die sowohl eine telemedienrechtliche als auch eine telekommunikationsrechtliche Komponente haben, Dienste, die telekommunikationsgestützt sind nach § 3 Nr. 25 TKG, und Rundfunk im Sinne von § 2 Absatz 1 Rundfunkstaatsvertrag, Roßnagel, NVwZ 2007, 743 (744); Eckhardt, in Heun: TKG, Kapitel L, Rn. 137, 140.

nen muss eine Übermittlung mittels Telekommunikation zugrunde liegen.[214] Dazu zählen auch Angebote von Waren und Dienstleistungen in elektronisch abrufbaren Datenbanken mit interaktivem Zugriff und unmittelbarer Bestellmöglichkeit,[215] somit das typische E-Commerce-Szenario, welches ohne Medienbruch den direkten Vertrieb von Waren und Dienstleistungen im Internet gestattet.[216]

Die Handelssituation im B2B, in deren Rahmen Waren und Dienstleistungen zwischen Einkäufern und Lieferanten gehandelt werden, scheint Dienste in diesem Sinne zu erfordern.[217] Allerdings muss bedacht werden, dass den Regelungen des TMG die europäische *E-Commerce-Richtlinie zur Verbesserung des Verbraucherschutzes in den neuen Diensten* zugrunde liegt.[218]

Der Gesetzgeber setzt aus diesem Grund für die Anwendbarkeit des Gesetzes in § 11 TMG zwingend ein Diensteanbieter-Nutzer-Verhältnis voraus.[219] Zwar können sowohl natürliche als auch juristische Personen Diensteanbieter im Sinne des § 2 Satz 1 Nr. 1 TMG sein,[220] sofern sie eigene oder fremde Telemedien zur Nutzung bereithalten oder den Zugang zu ihrer Nutzung vermitteln, doch scheiden juristische Personen als Nutzer dieser Dienste aus. Nutzer sind nach § 11 Absatz 2 TMG ausschließlich natürliche Personen.

Werden natürliche Personen im E-Commerce tätig, gelten für sie die Regelungen des TMG nicht, wenn sie Teledienste lediglich im Rahmen ihrer berufli-

---

214 Aus der Gesetzeshistorie lässt sich ableiten, dass trotz der insofern missverständlichen gesetzlichen Regelung nicht der Vertrieb auf Datenträgern erfasst sein soll, vgl. Roßnagel, NVwZ 2007, 743 (744).

215 Schaar, RDV 2003, 59 (60).

216 Diese Fallgruppe war in der vormaligen Gesetzesfassung in § 2 Absatz 2 Nr. 5 TDG explizit erwähnt, vgl. Tettenborn, in: Engel-Flechsig/Maennel/Tettenborn, Beck´scher IuKDG-Kommentar, § 2 TDG Rn. 82 und 63. Die Neuregelung beinhaltet die Fallgruppe nicht mehr. Gleichwohl wird die Anwendbarkeit auf das E-Commerce-Szenario in der Gesetzesbegründung genannt, vgl. BT-Drucks. 16/3078, S. 13; Bender/Kahlen, MMR 2006, 590 (591).

217 Engels/Jürgens/Kleinschmidt, K&R 2008, 65 (66 f.).

218 Richtlinie 2000/31/EG des Europäischen Parlaments und des Rates vom 8. Juni 2000 über bestimmte rechtliche Aspekte der Dienste der Informationsgesellschaft, insbesondere des elektronischen Geschäftsverkehrs, im Binnenmarkt ("Richtlinie über den elektronischen Geschäftsverkehr"), Amtsblatt der EG Nr. L 178 vom 17/07/2000, S. 1 – 16.

219 Im B2B treten die Unternehmen sowohl als Anbieter als auch als Nachfrager, somit stets als Nutzer der Dienste, auf, Waldenberger, in: Roßnagel, Recht der Multimedia-Dienste, § 3 Rn. 12; Kaminski, in: Kaminski/Henßler/Kolaschnik/Papathoma-Baetge, Rechtshandbuch E-Business, 1. Kapitel, Rn. 46.

220 Nach § 2 Satz 2 TMG gilt dies auch für Personengesellschaften, sofern sie zumindest teilrechtsfähig sind.

chen Tätigkeit (§ 11 Absatz 1 Nr. 1 TMG) beziehungsweise zur Steuerung von Arbeits- und Geschäftsprozesse (§ 11 Absatz 1 Nr. 2 Var. 1 TMG) verwenden.

Handeln im Rahmen beruflicher und dienstlicher Tätigkeit nach § 11 Absatz 1 Nr. 1 TMG steht einer Anwendung des Telemediendatenschutzrechts auf den B2B nur in beschränktem Maße entgegen. Nehmen natürliche Personen im Rahmen ihrer beruflichen Tätigkeit am B2B teil, nutzen sie gleichwohl keine Teledienste zu beruflichen oder dienstlichen Zwecken, denn diese Ausnahme betrifft lediglich die Nutzung von Telediensten, die ihnen von ihren Arbeitgebern zur Verfügung gestellt werden.[221]

Findet im B2B eine Vernetzung der Systeme verschiedener Unternehmen statt, sind in Anspruch genommene Teledienste der Mitarbeiter eines Unternehmens für Bestellvorgänge oder sonstige geschäftliche Aktivitäten im B2B doch weiterhin den Unternehmen zuzurechnen, die mit den jeweiligen Arbeitgebern der Mitarbeiter in geschäftlichen Kontakt treten.

Wenn Mitarbeiter eines Unternehmens über ihren Internetbrowser sowohl Teledienste eines B2B-Handelspartners für Warenbestellungen oder Warenveräußerungen als auch Teledienste des eigenen Unternehmens für unternehmensinterne Kommunikation und Information nutzen können, gilt es nach den spezifischen Telediensten zu unterscheiden. § 11 Absatz 1 Nr. 1 TMG schließt die Anwendbarkeit der Regelungen des TMG nur für Teledienste des eigenen Unternehmens aus.

Ein unbeschränkter Ausschluss des Telemediendatenschutzrechts für den Bereich des B2B ergibt sich jedoch durch die Ausnahme einer Steuerung von Geschäftsprozessen nach § 11 Absatz 1 Nr. 2 Var. 1 TMG. Für geschäftliche Kommunikation zwischen Unternehmen gilt danach grundsätzlich nicht das TMG.[222] Im B2B tätige natürliche Personen können nicht das gleiche Schutzniveau beanspruchen wie Verbraucher im B2C.[223]

Es handelt sich bei den Vorschriften des TMG um reines Verbraucher-Datenschutzrecht[224], das sich auf die Handelssituation im B2B nicht übertragen

221 Vgl. Schaar, RDV 2003, 59 (61).

222 Ferner wird die unternehmensübergreifende Verknüpfung von Produktionsprozessen angeführt, wie sie unter anderem zwischen Hersteller und Zulieferer in der Automobilindustrie bei vollständig elektronisch stattfindendem E-Procurement stattfindet, BT-Drucksache 14/6098, S. 27; Kaminski, in: Kaminski/Henßler/Kolaschnik/Papathoma-Baetge, Rechtshandbuch E-Business, 1. Kapitel, Rn. 46.

223 Dies ergibt sich aus besonderer Schutzbedürftigkeit, die auf europäischer Ebene zur E-Commerce-Richtlinie und auf nationaler Ebene zu den besonderen Datenschutzregelungen im vierten Abschnitt des TMG geführt haben.

224 So schon Geis, CR 2002, 667 (667), der lediglich einen Schutz der Endverbraucher im Rahmen des vorangegangenen TDDSG annahm.

lässt.[225] Für den Schutz der Daten natürlicher Personen, die als Unternehmer oder Mitarbeiter von Unternehmen im B2B zum Zwecke der Vertragsabwicklung handeln, gelten daher, trotz des gegeben technischen Umfelds, die allgemeinen Datenschutzvorschriften des BDSG.[226]

2. Personenbezug der Daten

Die datenschutzrechtliche Relevanz der Daten im B2B hängt von deren Funktion[227] und - insbesondere - deren Personenbezug ab.

Personenbezogen sind Daten, wenn sie Einzelangaben über persönliche oder sachliche Verhältnisse einer bestimmten oder bestimmbaren natürlichen Person enthalten (§ 3 Absatz 1 BDSG).[228] Die Einzelangaben können zur Vermittlung oder Verfügbarkeit von Kenntnissen[229] und deren Identifikation dienen.[230]

---

225 Schaar, Datenschutz im Internet, Rn. 671.

226 Sie schützen als Auffangregelung Daten in Teledienste, wenn die Bezugssubjekte nicht als Verbraucher, sondern als Vertreter von Unternehmen im E-Business die Dienste in Anspruch nehmen. Auch durch die Neuregelung des Telemediendatenschutzes wird das Spezialitäts-Generalitäts-Verhältnis zwischen Telemedien- und Allgemeindatenschutz nicht aufgehoben, v. Lewinski, in: Gramlich/Kröger/Schreibauer, Rechtshandbuch B2B Plattformen, § 16 Rn. 42; Schaar, RDV 2003, 59 (63 f.), vgl. ferner zur rechtlichen Einordnung Wächter, in: Moritz/Dreier, Rechtshandbuch E-Commerce, D Rn. 671; Rieß, in: Bartsch/Lutterbeck, Neues Recht für neue Medien, S. 291; a.A. jedoch Arlt, MMR 2007, 683 (684), der ein Heranziehen der Regelungen des BDSG im Regulierungsbereich des TMG verneinen will.

227 Zu den verschiedenen Datenarten wird auf den technischen Epilog verwiesen.

228 Als personenbezogene Angaben gelten der Name, die Kundennummer, sowie persönlich zugeteilte oder selbst gewählte Berechtigungskennzeichen, wie Kennwörter, persönliche Identifikationsnummern (PINs) oder Transaktionsnummern. Auch Angaben über die wirtschaftliche Betätigung einer Person, beispielsweise deren berufliche Position oder deren Arbeitgeber, werden geschützt. Angaben über privatrechtliche Beziehungen, welche Inhalt oder Abwicklung eines Vertrages und die Wahl des Vertragspartners betreffen, können ebenso in den geschützten Bereich der persönlichen oder sachlichen Verhältnisse einer Person fallen, vgl. auch Erwägungsgrund 26 der EG-Datenschutzrichtlinie; Dammann, in: Simitis, BDSG, § 3 Rn. 10 f.

229 Dammann, in: Simitis, BDSG, § 3 Rn. 5.

230 Rechtlich umstritten ist der Personenbezug dynamischer IP-Adressen im Internet, jedoch ist es auch in diesem Fall durch die Zusammenführung von Informationen ohne größeren Aufwand möglich, eine Identifikation der Internet-Nutzer zu erreichen, so AG Berlin Mitte, K&R 2007, 600; kritisch zur generellen Annahme eines Personenbezugs dynamischer IP-Adressen, Eckhardt, K&R 2007, 602 (603), der eine Differenzierung zwischen Access-Providern und Content-Providern vornehmen möchte; diesem widersprechend Pahlen-Brandt, K&R 2008, 288 (290).

Personenbezug fehlt hingegen, wenn personenbezogene Daten so verändert werden, dass die darin enthaltenen Einzelangaben über persönliche oder sachliche Verhältnisse nicht oder nur mit unverhältnismäßig hohem Aufwand an Zeit, Kosten und Arbeitskraft einer bestimmten oder bestimmbaren natürlichen Person zugeordnet werden können (zum Beispiel bei Anonymisierung im Sinne des § 3 Absatz 6 BDSG).[231]

Im Rahmen des B2B werden Daten mit Informationen über die Handelsteilnehmer zur Feststellung ihrer Berechtigung erhoben. Benutzernamen und Passworte bestimmen im Handel über Plattformen Zugangsberechtigungen und Handelsbefugnisse. Erfolgen Geschäftsabschlüsse zwischen Unternehmen, müssen Daten über das Geschäft sowie die Zahlungs- und Liefermodalitäten ausgetauscht werden.

Handelt es sich um Daten, die Einzelheiten über am B2B beteiligte Unternehmen mitteilen, weisen sie zwar Merkmale von Einzelangaben im Sinne des § 3 BDSG auf, doch ist fraglich, ob sie schutzfähige personenbezogene Daten im Sinne der Norm sind.

Der Gesetzgeber hat Daten über juristische Personen bewusst nicht in den Anwendungsbereich des BDSG aufgenommen.[232] Unternehmen selbst können dementsprechend keinen gesetzlichen Schutz für Daten beanspruchen, die Informationen zu ihrer juristischen Person enthalten. Die Daten können freilich in den Anwendungsbereich der datenschutzrechtlichen Normen fallen, wenn sie zugleich auch Angaben über natürliche Personen, beispielsweise über Unternehmensangehörige, enthalten.[233]

Handeln Personen für Unternehmen im Rahmen von B2B-Handelsgeschäften, berechtigen und verpflichten sie die vertretenen Unternehmen.[234] Werden indessen nicht nur die vertretenen Unternehmen, sondern auch die vertretenden Personen oder sonstige Mitarbeiter benannt, lassen die Daten ob ihres Personenbezugs den Rückschluss zu, dass diese natürlichen Personen

231 Die Vorgaben des BDSG zum Schutz personenbezogener Daten sind jedoch zu beachten, wenn die Erhebung der Daten nicht vollständig anonym erfolgt, Simitis, in: Simitis, BDSG, § 4a Rn. 62.

232 Begründung des Regierungsentwurfs, BT-Drucksache 7/1027, S. 19 unter Abschnitt 3.9.4; vgl. zur Rechtspraxis OLG Karlsruhe, RDV 1987, 142 (142); auch auf europäischer Ebene sollen die Datenschutzregelungen nicht dem Schutz juristischer Personen dienen, vgl. hierzu Erwägungsgrund 24 der EG-Richtlinie 95/46/EG.

233 Ausschließlich unternehmensbezogene Daten sind die Firma und Adresse eines Unternehmens, wohingegen die Zugehörigkeit einer Person zu einem Unternehmen und ihre Funktion innerhalb des Unternehmens – trotz ihres Unternehmensbezugs- als personenbezogene Daten zu qualifizieren sind, Dammann, in: Simitis, BDSG, § 3 Rn. 19, 43.

234 Nicht die Person des Handelnden, sondern vielmehr das vertretene Unternehmen steht dabei im Vordergrund, vgl. Gola, MMR 1999, 322 (328).

bei den genannten juristischen Personen beschäftigt oder in sonstiger Weise mit diesen verbunden sind.[235]

3. Datenverarbeitungsvorgänge im B2B

Sind Daten mit Personenbezug im B2B gegeben, greifen verschiedene Verarbeitungs- und Verwendungsformen in die grundrechtliche Schutzsphäre ein.

a. Datenerhebung

Der erste Eingriff erfolgt durch die Erhebung von Daten.[236] Findet elektronischer Geschäftsverkehr zwischen Unternehmen im Internet statt, werden neben unternehmensbezogenen Daten stets auch Daten mit Informationen über handelnde Personen, Adressen und Handelsberechtigungen erhoben.[237] Erfordert der Handel den Besuch einer Internet-Seite, werden Unternehmen Daten erheben, aus denen sich ergibt, welcher Mitarbeiter eines Unternehmens über welchen Rechner in ihrem elektronischen Produktkatalog welche Produkte wie lange angesehen und welche Kaufentscheidungen er getroffen hat.[238]

Der Abwicklung eines Handelsgeschäfts im B2B gehen damit mannigfaltige Datenerhebungsprozesse voraus.

---

235 Personenbezug besteht auch dann, wenn die an einem B2B-Handelsgeschäft beteiligten Unternehmen Einzelkaufleute sind, Eichler, CI 2000, 145 (147 f.).

236 Nach § 3 Absatz 3 BDSG werden Daten erhoben, wenn sie über einen Betroffenen beschafft werden. Dies erfordert ein von einem zielgerichteten Willen getragenes, aktives Handeln einer Person, vgl. Scheja, in: Leupold/Glossner, IT-Recht, Teil 4 Rn. 42.

237 Findet ein B2B-Handel über eine Handelsplattform statt, erfolgt die Erhebung der Daten in zwei Schritten. Zunächst werden personenbezogene Daten von Nutzern erhoben, die eine Nutzungsberechtigung beantragen, um sich in die Plattform einzuloggen. Diese Datenerhebung ist der eigentlichen Plattformnutzung vorgelagert, sie bleibt bei der datenschutzrechtlichen Untersuchung der Plattform außer Betracht. Danach beginnt mit Eingabe des Benutzernamens und des Passworts durch Betreten der Handelsplattform die zweite Phase der Datenerhebung. Die während dieser Nutzung der Plattform erhobenen Daten lassen sich durch die Verknüpfung mit Benutzernamen und Passworten eindeutig einzelnen Nutzern zuordnen. Es handelt sich um personenbezogene, speziell nutzerbezogene Daten, die aus technisch-administrativen Gründen für die Sicherung von Eingaben und Einstellungen der Nutzer auf der Plattform protokolliert werden. Das daraus entstehende Nutzungsprotokoll enthält ebenfalls auf die Nutzer zurückführbare Daten, beispielsweise deren IP-Adresse.

238 Die Identifizierung des Rechners erfolgt dabei anhand der einmalig vergebenen IP-Adresse, vgl. zur Möglichkeit eines Webtrackings des Einkaufsverhaltens bei Unternehmensangeboten im Internet, Steidle/Pordesch, DuD 2008, 324 (326).

b. Datennutzung

Datennutzung betrifft die Verwendung des personenbezogenen Informationsgehalts von Daten.[239] Werden Daten im Rahmen stattfindender Geschäftsaktivitäten zwischen Geschäftspartnern übermittelt, enthalten diese, unter anderem, personenbezogene Daten über Einkäufer beziehungsweise Lieferanten. Unternehmen können aus diesen Daten bestimmte Schlüsse über das Einkaufsverhalten ihrer Handelspartner ziehen. Auch erfolgt eine Nutzung, wenn Unternehmen Profile der für Geschäftspartner im B2B handelnden Personen erstellen und diese für eigene Zwecke, beispielsweise für Marketingzwecke, verwenden, um dadurch die Nachfrage zu fördern.[240]

c. Datenverarbeitung im engeren Sinne

Neben der Erhebung und Nutzung erfolgt eine spezifische Verarbeitung personenbezogener Daten von Handelspartnern durch Speicherung, Veränderung, Übermittlung, Sperrung und Löschung.[241]

aa. Speicherung

Werden Daten der B2B-Handelspartner zum Zwecke ihrer weiteren Verarbeitung oder Nutzung durch Unternehmen auf Datenträgern erfasst, aufgenommen oder aufbewahrt, handelt es sich um eine Datenspeicherung (§ 3 Absatz 4 Nr. 1 BDSG), unabhängig von der Dauer der Fixierung der Daten auf den Datenträgern.[242]

---

239 Datennutzung erfasst jedwede Verwendung personenbezogener Daten, soweit es sich um keine Verarbeitung handelt, § 3 Absatz 5 BDSG, Dammann, in: Simitis, BDSG, § 3 Rn. 195.

240 Die Nutzung von Daten betrifft die Verwendung zur Korrespondenz mit den Betroffenen, beispielsweise durch Adressierung von E-Mails und Rechnungen. Ebenfalls in den Bereich der Datennutzung fällt das Kopieren und Auswerten der personenbezogenen Daten zur Feststellung eines bestimmten Einkaufsverhaltens sowie die Mitteilung der Daten an den Betroffenen, Dammann, in: Simitis, BDSG, § 3 Rn. 201.

241 Es handelt sich dabei um die gesetzliche Einordnung nach § 3 Absatz 4 BDSG.

242 Datenspeicherung bezeichnet folglich jeden Vorgang der Fixierung von Daten im B2B, unabhängig davon, ob er temporär oder permanent erfolgt.

bb. Veränderung

Erfolgt eine inhaltliche Umgestaltung der Daten von Handelspartnern derart, dass sich der Informationsgehalt durch Modifikation der Semantik ändert, handelt es sich um Datenveränderungen im Sinne des Datenschutzrechts.[243]

Keine Veränderungen von Daten gehen mit lediglich äußerlichen Umgestaltungen einher, die den Informationsgehalt jedoch unberührt lassen, wie beispielsweise bei der Verlagerung von Unternehmensdaten auf andere Serverbereiche oder Durchführung von Datenkompressionen.[244]

Werden einzelne Daten zusammengeführt und erzeugen dadurch einen neuen Informationsgehalt, ist dies nur dann als relevante Datenveränderung anzusehen, wenn die neue Gesamtinformation eine andere ist als die Summe der sich zuvor aus den Daten ergebenden Teilinformationen.[245]

Datenveränderungen erfolgen im B2B durch Zusammenführung von Daten in Profilen, die aus verschiedenen Daten der Handelspartner erstellt werden. Sie lassen Rückschlüsse auf bestimmte Handlungsweisen der Handelspartner zu, die aufgrund einzelner Daten nicht möglich wären.[246]

cc. Übermittlung

Relevante Datenübermittlungen erfolgen, wenn Informationen über Verhaltensweisen der B2B-Händler an Dritte weitergegeben werden.[247]

Bei der schlichten Bekanntgabe der Information aus personenbezogenen Daten durch Mitarbeiter eines Handelspartners scheidet hingegen eine Datenüber-

---

243 Bezugspunkt einer Datenveränderung ist stets die Einzelangabe, das einzelne Datum. So liegt keine Datenveränderung vor, wenn personenbezogene Daten durch ein neues Datum ergänzt werden. Es handelt sich dann vielmehr um eine Datenspeicherung, Dammann, in: Simitis, BDSG, § 3 Rn. 135, 138.

244 Gleiches gilt für die Verwendung von Abkürzungen oder Synonymen, die Verschlüsselung von Informationen sowie das Anonymisieren von Daten. Daten werden in diesen Fällen reduziert, aber nicht substituiert, Schaffland/Wiltfang, BDSG, § 3 Rn. 69; Dammann, in: Simitis, BDSG, § 3 Rn. 135 ff.

245 Wird ein Datum gelöscht und anstelle des vorherigen Datums ein neues gespeichert, ist dies ebenfalls keine Datenveränderung, sondern vielmehr eine Datenlöschung mit anschließender Neuspeicherung. Eine Datenveränderung ist nur gegeben, wenn ein bereits gespeichertes Datum inhaltlich verändert wird, vgl. Dammann, in: Simitis, BDSG, § 3 Rn. 141.

246 Besonders problematisch ist die Bildung von Profilen durch unternehmensübergreifende Datenzusammenführung, Roßnagel, in: Roßnagel/Banzhaf/Grimm, Datenschutz im Electronic Commerce, S. 210.

247 Dieses Problem genießt in der E-Commerce-Praxis hohe Relevanz und hat zu einer entsprechenden Erweiterung des gesetzlichen Schutzniveaus geführt, vgl. zum neuen Datenschutz für die Wirtschaft im BDSG Duhr/Naujok/Danker/Seiffert, DuD 2003, 1 ff.

mittlung aus, denn dieser Verarbeitungsschritt erfordert stets eine vorangehende Speicherung oder Verarbeitung der Daten.

Die Bekanntgabe der Informationsinhalte kann jedoch eine Datenübermittlung sein, wenn man sich bei der Speicherung der Daten von Dritten betriebener Server bedient (Outsourcing). In diesen Fällen ist zu unterscheiden zwischen lediglich technisch erfolgender Übermittlung von Daten und Bekanntgabe der in Daten enthaltenen Informationen.

Erfolgt reines Outsourcing, werden technisch Daten zwar durch Speicherung auf externe Server übermittelt, eine Bekanntgabe des informativen Inhalts an den speichernden Dritten erfolgt gewöhnlich jedoch nicht.

Beschränkt sich die Tätigkeit des Dritten freilich nicht auf die schlichte Bereitstellung von Rechnerleistung, sondern erstreckt sich auf die Abwicklung der B2B-Geschäftsprozesse, und muss der Dritte deshalb den Informationswert der Daten zur Kenntnis nehmen,[248] werden ihm personenbezogene Daten übermittelt.

dd. Sperrung

Jedes Unternehmen kann eine Kenntnisnahme der Informationen in gespeicherten personenbezogenen Daten durch Sperrung verhindern, indem Daten so gekennzeichnet werden, dass sie von jeglicher weiteren Verarbeitung oder Nutzung ausgeschlossen sind.

Die Notwendigkeit einer Sperrung personenbezogener Daten ergibt sich gerade bei Geschäften zwischen Unternehmen im B2B aus gesetzlichen Datenaufbewahrungsverpflichtungen.[249] Ist eine Sperrung von Daten aufgrund dieser Umstände zwingend erforderlich, müssen im B2B tätige Unternehmen Daten archivieren und durch Verschlüsselung vor Kenntnisnahme schützen.

Zugangsrestriktionen, die B2B-Teilnehmern einen Zugriff auf bestimmte Daten verwehren, genügen nicht den Anforderungen einer Datensperrung. Es handelt sich in diesen Fällen lediglich um Daten, die für eine Verarbeitung oder Nutzung durch Dritte nicht bestimmt sind, wohingegen durch Datensperrung generell ein Zugriff auf die Daten ausgeschlossen werden soll.

---

248 Allerdings wird oftmals davon auszugehen sein, dass es sich bei Outsourcing-Partnern nicht um Dritte, sondern vielmehr um im Lager der jeweiligen B2B-Teilnehmer stehende Personen handelt, bei denen dann eine Bekanntgabe an Dritte wiederum ausscheidet.

249 Beispielsweise ergibt sich aus § 257 Absatz 4 HGB die Verpflichtung, Inhalts-, Abrechnungs- und Bestandsdaten zu sperren, anstatt sie zu löschen, Roßnagel, in: Roßnagel/Banzhaf/Grimm, Datenschutz im Electronic Commerce, S. 233.

ee. Löschung

Werden Daten im B2B nicht länger benötigt und bestehen keine Aufbewahrungsgebote, dürfen beziehungsweise müssen Unternehmen diese Daten löschen. Bei der Datenlöschung werden gespeicherte personenbezogene Daten unkenntlich gemacht und dadurch irreversibel eine Gewinnung von Information aus ihnen unterbunden (§ 3 Absatz 4 Nr. 5 BDSG).[250]

Eine Löschung von Daten muss nach Beendigung einer Geschäftsbeziehung zwischen B2B-Handelspartnern erfolgen. Unternehmen haben die Nutzerkonten und darin enthaltene personenbezogene Daten der Mitarbeiter oder beteiligter Personen jeweiliger Handelspartner von ihren Servern zu entfernen. Gleiches gilt für kooperierende Handelspartner. Auch sie müssen Daten über Bestellungen und Transaktionen löschen, soweit sie nicht zur Vorhaltung der Daten aus den genannten Gründen verpflichtet sind.

d. Datenverarbeitung im Auftrag

Ein Sonderfall der Datenverarbeitung im B2B ist die Auftragsdatenverarbeitung. Lassen B2B-Teilnehmer ihre Datenverarbeitung durch Dritte vornehmen oder greifen sie bei der Abwicklung ihrer B2B-Geschäftsprozesse auf Dienste von Handelsplattformen externer Anbieter zu, handelt es sich datenschutzrechtlich um Datenverarbeitung, die B2B-Teilnehmer als „Herren der Daten“ weiterhin zu verantworten haben.[251]

Die Auftragnehmer übernehmen bei dieser Datenverarbeitung im Auftrag nur Hilfs- und Unterstützungsfunktionen.[252] Der Hauptzweck ihres Auftrags richtet sich auf die Erhebung, Verarbeitung und Nutzung von Daten für andere.[253] Sie erfüllen die Rolle eines „Serviceunternehmens“ und damit die eines Werkzeugs beauftragender B2B-Teilnehmer.[254]

---

250 Dammann, in: Simitis, BDSG, § 3 Rn. 180.

251 Der B2B-Teilnehmer als Auftraggeber ist in diesem Fall für die Einhaltung der Vorschriften des Bundesdatenschutzgesetzes und anderer Vorschriften über den Datenschutz verantwortlich, § 11 Absatz 1 BDSG. Erfolgt die Erhebung, Verarbeitung und Nutzung von Daten auf unzulässige Weise, richten sich die Ansprüche auf Auskunft, Berichtigung, Sperrung, Löschung sowie Schadensersatz gegen ihn. Den Dritten als Outsourcing-Auftragnehmer treffen die Datenschutzvorgaben nach § 11 Absatz 4 BDSG der Norm nur eingeschränkt, vgl. Hoeren, in: Roßnagel, Handbuch Datenschutzrecht, Kapitel 4.6., Rn. 94; ferner Gounalakis/Drebes, S. 119 f., 133 f.

252 Es handelt sich um eine Auslagerung einer Hilfsfunktion für die Aufgaben und die Geschäftszwecke des Auftraggebers als verantwortliche Stelle, Wuermeling/Felixberger, CR 1997, 230 (232); Walz, in: Simitis, BDSG, § 11 Rn. 18.

253 Der Auftragnehmer leistet dem Auftraggeber weisungsgebundene Unterstützung und der Auftraggeber bestimmt die Zwecke und Mittel der Datenverarbeitung durch sein

Durch Auftragsdatenverarbeitung tritt keine datenschutzrechtliche Entlastung, sondern stattdessen eine Mehrbelastung der B2B-Teilnehmer ein. Sie bleiben für datenschutzrechtlich relevante Handlungen der Auftragsdatenverarbeiter weiterhin verantwortlich und müssen sich diese zurechnen lassen (§ 3 Absatz 7 BDSG).[255]

Auftraggeber müssen sich davon überzeugen, dass durch die Verlagerung der Datenverarbeitung auf externe Auftragnehmer keine technischen oder organisatorischen Mängel bei Auswahl und Verarbeitung der Daten auftreten, die den Datenschutz gefährden können (§ 11 Absatz 2 BDSG).[256]

Wird hingegen die Datenverarbeitung vollends auf ein Outsourcing-Unternehmen übertragen, überschreitet dies die Grenze bloßer Auftragsdatenverarbeitung hin zur Funktionsübertragung.[257] Die Privilegierung des Auftragsdatenverarbeiters als „Diener der Datenverarbeitung" eines voll verantwortlichen Auftraggebers muss dann entfallen.[258] Funktionsübertragung ist immer dann gegeben, wenn Outsourcing-Unternehmen bei der Datenverarbeitung - neben Zwecken Dritter - auch eigene Zwecke verfolgen.[259]

Wenn Auftragsdatenverarbeiter sowohl Daten im Auftrag als auch im eigenen Interesse verarbeiten, sind die einzelnen Datenverarbeitungsprozesse datenschutzrechtlich in Auftragsdatenverarbeitung oder Funktionsübertragung zu trennen (§ 11 Absatz 4 Nr. 2 BDSG).[260]

---

eingeräumtes Weisungsrecht, mit Verweis auf die Abgrenzung durch die Datenschutzaufsichtsbehörden Hoeren, in: Roßnagel, Handbuch Datenschutzrecht, Kapitel 4.6., Rn. 98.

254 Wronka, RDV 2003, 132 (132).

255 Sutschet, RDV 2004, 97 (98).

256 Hinsichtlich der Auftraggeberpflichten beim IT-Outsourcing, Heckmann, MMR 2006, 280 (282); allgemeiner Wronka, RDV 2003, 132 (132 f.)

257 Der Hauptzweck der Dienstleistung des Outsourcing-Unternehmens liegt dann in der Erfüllung einer über die Erhebung, Verarbeitung und Nutzung von Daten für einen Dritten hinausgehenden Gesamtaufgabe, Hoeren, in: Roßnagel, Handbuch Datenschutzrecht, Kapitel 4.6., Rn. 97 f.; Walz, in: Simitis, BDSG, § 11 Rn. 18; Wronka, RDV 2003, 132 (133); Sutschet, RDV 2004, 97 (97).

258 Der Auftragsdatenverarbeiter benötigt in diesem Falle eine eigene Legitimation für sein datenschutzrechtlich relevantes Handeln.

259 Eul, in: Roßnagel, Handbuch des Datenschutzrechts, 7.2, Rn. 12 f.

260 Dabei kann ein geringfügiger Teil des Geschäftsbetriebs auf die Auftragsdatenverarbeitung entfallen, während der überwiegende Anteil des Geschäftsbetriebs in der eigenen Datenverarbeitung besteht, Wronka, RDV 2003, 132 (133 f.). Durch die mangelhafte Kontrolle bei Auftragsdatenverarbeitung durch Call-Center wurden durch eine Gesetzesnovelle verschärfte Bedingungen für die Einhaltung der datenschutzrechtlichen Bestimmungen bei Auftragsdatenverarbeitung zum 1.9.2009 eingeführt, vgl. BR-Drucksache 4/1/09, S. 8

Bei B2B-Handelsgeschäften richtet sich die Verantwortlichkeit für die Datenverarbeitungsvorgänge nach der Typik der jeweiligen Geschäftsprozesse.

Greifen Handelspartner bei der Verarbeitung von Daten auf Dienste externer Dienstleister zurück, werden sie ihrer Verantwortlichkeit für den Umgang mit personenbezogenen Daten lediglich entbunden, wenn eine Funktionsübertragung auf externe Datenverarbeiter erfolgt.[261] Verarbeiten die externen Datenverarbeiter lediglich Daten im Auftrag der Unternehmen, sind die B2B-Teilnehmer indessen weiterhin für die Datenverarbeitungsprozesse verantwortlich.[262]

4. Verwendung von Daten für eigene Geschäftszwecke

Grundsätzlich dürfen Unternehmen im B2B personenbezogene Daten nicht verwenden. In Ausnahmefällen wird die Verwendung personenbezogener Daten jedoch durch gesetzliche Erlaubnis oder ausdrückliche Einwilligung der Betroffenen gestattet (§ 4 Absatz 1 BDSG).[263] Unternehmen ist es im Rahmen von B2B-Geschäftsbeziehungen unter Einhaltung der gesetzlich genannten Bedingungen erlaubt, Daten natürlicher Personen für eigene Geschäftszwecke zu verwenden (§ 28 BDSG).

---

261 Aufgrund des überwiegenden Eigeninteresses der Handelspartner und der damit notwendigerweise verbundenen Weisungsbefugnis ist dies in der Regel nicht der Fall.

262 Keine Datenverarbeitung im Auftrag findet bei der Analyse der Aktivitäten auf einer Internet-Seite durch Web-Tracking-Dienste, wie beispielsweise Google Analytics, statt. Die Datenverarbeitung erfolgt in diesem Fall nicht auf Weisung des Internet-Seiten-Betreibers, sondern in Erfüllung eigener Datenerhebungsinteressen des Tracking-Dienst-Betreibers. Selbst wenn der Betreiber der Internet-Seite von dieser Analyse profitiert, kann nur von einer Funktionsübertragung, nicht jedoch von einer Auftragsdatenverarbeitung für das beteiligte Unternehmen ausgegangen werden, vgl. Steidle/Pordesch, DuD 2008, 324 (328).

263 Das Gesetz sieht für die typische Datenverwendungszwecke gesetzliche Ermächtigungen in §§ 28 ff. BDSG vor. § 28 BDSG ist die zentrale Gesetzesvorschrift für die Verwendung personenbezogener Daten im nicht-öffentlichen Bereich. Sie regelt die Datenverarbeitung für eigene geschäftliche Zwecke (§ 28 Absatz 1 Satz 1 BDSG). § 29 BDSG, der sich an den Vorgaben des § 28 BDSG orientiert, regelt hingegen die Datenverarbeitung von Unternehmen, die geschäftsmäßig Daten zu Übermittlungszwecken erheben, verarbeiten und nutzen, Simitis, in: Simitis, BDSG, § 28 Rn. 1; Mallmann, in: Simitis, BDSG, § 29 Rn. 1; mit Hinweis auf die eingefügte Datenerhebung durch die Novelle des BDSG Duhr/Naujok/Danker/Seiffert, DuD 2003, 1 (6).

a. Eigene Geschäftszwecke

Vorauszusetzen ist, dass die Daten für eigene Geschäftszwecke der B2B-Teilnehmer verwenden werden.[264] Auch darf ihre Verarbeitung lediglich Hilfsmittel zur Erreichung eines anderen wirtschaftlichen Zwecks sein, also nicht selbst das geschäftliche Interesse bilden.[265]

Ob eine Verarbeitung von Daten für eigene geschäftliche Zwecke erfolgt, lässt sich nur im jeweiligen Einzelfall durch eine Negativabgrenzung feststellen, in der zu prüfen ist, ob Datenverarbeitung nicht auch geschäftlichen Zwecken eines anderen Unternehmens dient. Verarbeiten Unternehmen gleichzeitig Daten für eigene und fremde Geschäftszwecke, muss hinsichtlich der gesetzlichen Zulässigkeit der jeweiligen Verarbeitungsprozesse unterschieden werden.[266]

b. Vertragliche oder vertragsähnliche Zweckbestimmung

Die Verarbeitung von Daten für eigene geschäftliche Zwecke der B2B-Unternehmen ist zu vertraglichen oder vertragsähnlichen Zwecken zulässig (§ 28 Absatz 1 Satz 1 Nr. 1 BDSG).

Vertragliche Vereinbarungen zwischen datenverarbeitenden B2B-Unternehmen und betroffenen Mitarbeitern anderer Unternehmen können die Zwecke zulässiger Datenverarbeitung bestimmen. Gewöhnlich werden jedoch im B2B zwischen betroffenen natürlichen Personen und datenverarbeitenden Unternehmen unmittelbar weder Vertragsverhältnisse noch vertragsähnliche Verhältnisse begründet, aus denen sich Zweckbestimmung und Legitimation der Datenverarbeitung ergeben könnten.[267]

Unmittelbar bestehen Verträge zwischen den B2B-Handelspartnern und zwischen den Unternehmen und ihren Mitarbeitern. Dadurch entstehen mittelbar auch vertragliche Beziehungen zwischen den Nutznießern und den Betroffenen der Datenverarbeitung, sofern sich aus den Arbeitsverträgen der Mitarbeiter ergibt, dass Mitarbeiter typischerweise mit B2B-Vorgängen im Unternehmen betraut sind und mit einer Weitergabe ihrer personenbezogenen Daten rechnen müssen.[268]

---

264 Dies ist das entscheidende Abgrenzungskriterium zur geschäftsmäßigen Datenverarbeitung im Sinne des § 29 BDSG.

265 Gola/Schomerus, BDSG, § 28 Rn. 4.

266 Die Verarbeitung für eigene Zwecke erfolgt nach den Vorgaben des § 28 BDSG, wohingegen sich die Verarbeitung für fremde Zwecke nach den Vorgaben des § 29 BDSG beziehungsweise des § 30 BDSG richtet, Gola/Schomerus, BDSG, § 29 Rn. 1.

267 Gola/Schomerus, BDSG, § 28 Rn. 13.

268 Ihnen verbleibt die Möglichkeit des Widerspruchs gegen zukünftige Datenweitergabe an andere Unternehmen, vgl. Ehmann, NZA 1993, 241 (247).

Jedoch dürfen auch in diesem Fall Unternehmen keine Daten erheben, verarbeiten und nutzen, die bei Gelegenheit anfallen und sich nicht mit der vertraglichen oder vertragsähnlichen Zweckbestimmung ihres B2B-Geschäfts decken.[269]

Welche Daten im Rahmen der Zweckbestimmung eines Vertragesverhältnisses zwischen Handelspartnern gespeichert werden dürfen, ergibt sich aus der jeweiligen Vertragssituation und den zwischen den Vertragsparteien vereinbarten Rechten und Pflichten.[270] Grundsätzlich dürfen erforderliche Daten über die Vertragsparteien, über die wesentlichen Inhalte der vertraglichen Einigung sowie über die Kontrollierbarkeit der ordentlichen Abwicklung des Vertrages gespeichert werden.[271]

Um Datenverarbeitungsprozesse im B2B zu erleichtern, sollten vertragliche Übereinkünfte zwischen Unternehmen detailliert bestimmen, welche Personen in welcher Funktion berechtigterweise für die jeweiligen Unternehmen handeln dürfen und wie sie in die Abwicklung der Verträge involviert sein sollen.

Bestehen im B2B regelmäßig Geschäftsbeziehungen zwischen bestimmten Unternehmen, können die jeweiligen Berechtigungen zur Datenverwendung für eigene geschäftliche Zwecke in Einzelverträgen und rahmenvertraglichen Vereinbarungen definiert werden.

Bei Ad-hoc-Geschäftsverbindungen zwischen Unternehmen, die zuvor nicht in geschäftlichem Kontakt standen, beispielsweise auf B2B-Handelsplattformen, ergibt sich eine Berechtigung zur Verarbeitung der Daten zu geschäftlichen Zwecken nach § 28 BDSG nur, wenn Unternehmen im Einzelfall entsprechende Vereinbarungen nachweisen können.[272]

c. Wahrung berechtigter Interessen

Ergibt sich keine Legitimation aus vertraglicher oder vertragsähnlicher Zweckbestimmung, kann die Datenverarbeitung rechtmäßig erfolgen, wenn kein Grund zu der Annahme besteht, dass schutzwürdige Interessen der Betroffenen die berechtigten Interessen der B2B-Teilnehmer an der Verwendung der Daten für eigene geschäftliche Zwecke überwiegen (§ 28 Absatz 1 Satz 1 Nr. 2 BDSG).

---

269 Nach den Vorgaben der EG-Datenschutzrichtlinie muss die Datenerhebung, -nutzung oder -verarbeitung für die Erfüllung des Vertrages erforderlich sein. Unzulässig wäre demnach eine Verwendung von Versanddaten zum Zwecke der Werbung, Markt- oder Meinungsforschung, vgl. Duhr/Naujok/Danker/Seiffert, DuD 2003, 1 (6).

270 Gola/Schomerus, BDSG, § 28 Rn. 17.

271 Schaffland/Wiltfang, BDSG, § 28 Rn. 20 f.

272 Die technische Umsetzbarkeit von Vereinbarungen zwischen B2B-Handelspartnern bei adhoc-Geschäftsverbindungen wird in einem nachfolgenden Abschnitt erörtert werden.

Berechtigte Interessen der B2B-Teilnehmer an der Erhebung, Verarbeitung und Nutzung von Daten bestehen, wenn diese aus wirtschaftlichen oder ideellen Gründen die Daten erheben, verarbeiten und nutzen wollen und sich dies aus vernünftigen Erwägungen und durch die Sachlage rechtfertigen lässt.[273]

Zwischen eigenen Interessen und den schutzwürdigen Interessen der von der Datenverarbeitung betroffenen Mitarbeiter eines Handelspartners müssen an der Datenverarbeitung interessierte Unternehmen im B2B abwägen.[274] Art, Inhalt und Aussagekraft der Daten sind an den Aufgaben und Zwecken zu messen, denen ihre Verarbeitung dienen soll. Nur wenn diese streng am Verhältnismäßigkeitsgrundsatz orientierte Abwägung ergibt, dass durch die Verarbeitung der Daten schutzwürdige Belange des Betroffenen nicht unzumutbar beeinträchtigen werden, ist gesetzlich eine Verarbeitung der Daten durch die Unternehmen gestattet (§ 28 BDSG).[275]

d. Allgemein zugängliche Daten

Die Notwendigkeit einer Abwägung entfällt, wenn Daten allgemein zugänglich sind. In diesem Fall ist ihre Erhebung, Verarbeitung und Nutzung in der Regel erlaubt (§ 28 Absatz 1 Satz 1 Nr. 3 BDSG). Eine Verarbeitung muss allerdings dann unterbleiben, wenn den berechtigten Interessen an der Verarbeitung und Nutzung personenbezogener Daten überwiegende schutzwürdige Interessen der Betroffenen entgegenstehen.[276] In diesem Fall müssen B2B-Unternehmen intensive Einzelfallprüfungen vornehmen, bevor sie Daten verarbeiten dürfen.[277]

Allgemein zugängliche Daten stammen stets aus Informationsquellen, die sowohl ihrer technischen Ausgestaltung als auch ihrer Zielsetzung nach dazu bestimmt sind, einem nicht individualisierten Personenkreis Informationen zu vermitteln.[278] Dies ist stets der Fall, wenn Daten auf Internet-Seiten von Unter-

---

273 Dabei kann es sich um jedes von der Rechtsordnung oder dem gesunden Rechtsempfinden gebilligte Interesse handeln, Auernhammer, BDSG, § 28 Rn. 18; Schaffland/Wiltfang, BDSG, § 28 Rn. 85; Gola/Schomerus, BDSG § 28 Rn. 33.

274 Nach § 1 Absatz 1 BDSG besteht der Schutzzweck des BDSG darin, die einzelne natürliche Person vor Beeinträchtigung ihres Persönlichkeitsrechts in Gestalt ihrer informationelle Selbstbestimmung, ihres wirtschaftlichen Rufes und ihrer freien Lebensgestaltung zu schützen, vgl. zur Wechselwirkung der widerstreitenden Interessen Schaffland/Wiltfang, BDSG, § 28 Rn. 86 ff.

275 BGH, NJW 1986, 2505 (2505).

276 Gola/Schomerus, BDSG, § 28 Rn. 44.

277 Dörr/Schmidt, BDSG, § 28 Rn. 32.1.

278 Danach sind Zeitungen, Zeitschriften, Rundfunk, Fernsehen, von jedermann zu erwerbende Publikationen und grundsätzlich auch das Internet allgemein zugängliche Quellen, Simitis, in: Simitis, BDSG, § 28 Rn. 189; Gola/Schomerus, BDSG, § 28 Rn. 45.

nehmen oder in öffentlichen Teilen des Internets zugänglich gemacht werden. Befinden sich personenbezogene Daten in besonders geschützten Bereichen des Internets, die nur einer begrenzten Teilnehmerzahl unter besonderen Zugangsvoraussetzungen zugänglich sind, muss gleichwohl von allgemein zugänglichen Daten ausgegangen werden, wenn der Kreis der Zugangsberechtigten veränderlich ist und sich nicht permanent auf identische Mitglieder beschränkt.[279]

Allgemeine Zugänglichkeit personenbezogener Daten von Mitarbeitern anderer B2B-Teilnehmer besteht für verschiedene Unternehmen einer Handelsgemeinschaft (Business Community).[280]

Ist jedoch der Beitritt einer solchen Gemeinschaft daran geknüpft, dass neue Mitglieder als natürliche Personen, nicht jedoch als Repräsentanten juristischer Personen, Mitglieder werden, steht am B2B teilnehmenden Unternehmen selbst der Zugang zu diesen geschlossenen Benutzergruppen nicht offen, so dass sie darin zirkulierende Daten aus Gründen allgemeiner Zugänglichkeit nach § 28 BDSG nicht verwenden dürfen.

e. Zweckkonkretisierung

Zweckkonkretisierung ist Grundvoraussetzung jeder zulässigen Datenverarbeitung. Sollen im Rahmen der gesetzlichen Erlaubnis Daten verarbeitet und genutzt werden, müssen Unternehmen bereits bei der Erhebung der Daten festlegen, für welche geschäftlichen Zwecke die Daten im B2B verarbeitet und genutzt werden sollen (§ 28 Absatz 1 Satz 2 BDSG).[281]

Treffen die Handelspartner keine ausdrücklichen Regelungen zur beabsichtigten Verarbeitung und Verwendung, müssen sich die Verarbeitungs- und Ver-

---

279 Dies ist insbesondere bei den Business-Communities im Rahmen der sog. Web 2.0-Dienste der Fall. Im Rahmen der sog. Web 2.0-Business-Communities (xing.com, linked.com etc.) kann sich eine Legitimation für eine Verwendung der personenbezogenen Daten auch durch die Mitgliedschaft der Mitarbeiter eines Unternehmens ergeben, wenn Mitarbeiter von Unternehmen neben Adressdaten auch ihre Funktion im und Zugehörigkeit zum Unternehmen einspeisen, vgl. zur datenschutzrechtlichen Zulässigkeit der Erstellung und Verwendung von Nutzungsprofilen in solchen Communities Bauer, MMR 2008, 435 (437 f.).

280 Sie zeichnen sich durch eine bestimmte Teilnehmeranzahl aus, vgl. Meyer/Specht/Friemel, in: Bräutigam/Leupold, Online-Handel, A II, 47; Ernst, in: Spindler/Wiebe, Internet-Auktionen und Elektronische Marktplätze, Kapitel 1 Rn. 2.

281 Dieses Erfordernis der „konkreten Festlegung“ impliziert eine schriftliche Dokumentation, Gola/Schomerus, BDSG, § 28 Rn. 48. Es genügt insofern nicht, dass die Gründe des § 28 Absatz 1 Satz 2 kategorisch vorliegen, sie müssen konkret festgelegt werden, so zu sehr ausweitend Simitis, der Absatz 1 Satz 2 aufgrund der vorauszusetzenden Kategorien in Absatz 1 Satz 1 als überflüssigen Gesetzestext ablehnt, vgl. Simitis, in: Simitis BDSG, § 28 Rn. Rn. 206.

wendungszwecke zumindest aus den untereinander vereinbarten Rechten und Pflichten ergeben.[282]

Datenschutzrechtlich setzt jede Datenerhebung voraus, dass die Daten erhebenden Unternehmen bewerten, welche Daten erforderlich sind, um den von den Parteien beabsichtigten Vertragszweck zu fördern, und welche Daten ausgeschlossen werden können, ohne den Vertragszweck zu gefährden.[283]

f. Konzerninterner Datenaustausch

Zwar findet die Konkretisierung des Verarbeitungszwecks bereits bei Erhebung der Daten statt, doch können diese Zwecke geändert und erweitert werden, ohne dass Daten erneut erhoben werden müssen.

Das BDSG gestattet eine Übermittlung und Nutzung der Daten auch für andere Zwecke, wenn dies der Wahrung berechtigter Interessen datenverarbeitender Unternehmen dient oder die Daten allgemein zugänglich sind (§ 28 Absatz 2 BDSG). Ferner ermöglicht es Übermittlungen oder Nutzungen der Daten zu anderen gesetzlich anerkannten Zwecken (§ 28 Absatz 1 Satz 1 Nr. 1-4 BDSG), wenn dieser beabsichtigten Verwendung keine schutzwürdigen Interessen der Betroffenen entgegenstehen (§ 28 Absatz 3 BDSG).

Wurden Daten ausschließlich für bestimmte Zwecke von Verträgen oder vertragsähnlicher Vertrauensverhältnisse gespeichert,[284] kann gleichwohl eine Übermittlung und Nutzungen im B2B nach § 28 Absatz 3 Satz 1 Nr. 1 BDSG erfolgen,[285] weil aus Forderungsabtretungen oder Gründen notwendigen konzerninternen Datenaustauschs ein berechtigtes Interesse Dritter an den Daten besteht, das die Interessen der Betroffenen überwiegt.[286]

---

282 Ergibt sich die Rechtsfertigung der Datenverwendung aus dem Vertragsverhältnis zwischen den Handelspartner, muss sich die Zweckbestimmung unmittelbar und mittelbar aus diesem ergeben, Gola/Schomerus, BDSG, § 28 Rn. 15.

283 Die organisatorische Selbstregulierung des Verwendungszwecks entsprechend der Anlage zu § 9 BDSG kann im Rahmen der Datenschutz-Policy beziehungsweise des Datenschutz-Verhaltenskodexes des Unternehmens erfolgen. Die Modalitäten der Feststellung des Verwendungszwecks als Frage der organisatorischen Selbstregulierung wird gesondert erörtert. vgl. hierzu Kapitel 6.

284 Listenmäßige Übermittlungen und Nutzungen dieser Daten zum Zwecke der Werbung verstoßen in diesem Fall immer gegen das berechtigte Interesse des Betroffenen, Simitis, in: Simitis, BDSG, § 28 Rn. 249.

285 Die am Vertragszweck ausgerichtete Verarbeitung erzwingt eine restriktive Auslegung, denn die Regelung soll nicht als Auffangklausel zur Überwindung der sonst bestehenden Verarbeitungsgrenzen dienen, Simitis, in: Simitis, BDSG, § 28 Rn. 209.

286 Wird eine Forderung aus einem B2B-Geschäft abgetreten, muss der Zessionar Kenntnis von den Daten des Schuldners erlangen können, jedoch besteht zwischen ihm und dem Schuldner des B2B-Geschäfts keine eigenständigen vertraglichen Beziehung, die eine

Konzerninterner Datenaustausch kann notwendig sein, wenn einzelne Unternehmen eines Konzerns keine eigenen vertraglichen Beziehungen zu einem B2B-Vertragspartner eines Schwesterunternehmens des Konzerns unterhalten[287] und es ihnen unmöglich ist, notwendige Informationen auch ohne Verwendung der durch das Schwesterunternehmen erhobenen Daten zu erlangen.[288] In diesem Fall ist die Konzernverbindung als homogene Datenschutzzelle zu betrachten, die eine konzernweite Datenverwendung legitimiert.[289]

Werden bestimmte personenbezogene Daten im Rahmen eines B2B-Geschäfts durch eines der verbundenen Unternehmen erhoben, ist nicht generell von einem Konzerninteresse auszugehen, das es gestatten würde, die gewonnenen Daten an alle verbundenen Unternehmen weiterzuleiten.[290] Grundsätzlich bestehen nur berechtigte Interessen desjenigen Konzernunternehmens, das Daten für spezifische Zwecke erhebt. Nur in Ausnahmefällen lässt sich ein Interesse anderer Unternehmen eines Konzerns an den erhobenen Daten rechtfertigen.[291]

Bevor Unternehmen im B2B Daten an Schwesterunternehmen des Konzerns übermitteln dürfen, müssen sie zwingend prüfen, ob diese die Daten nicht auch unmittelbar vom Betroffenen erheben könnten. Falls dies unmöglich ist, müssen sich Unternehmen bei der Datenübermittlung auf Daten beschränken, die vom verbundenen Unternehmen tatsächlich für berechtigte Interessen benötigt werden.[292]

Datenerhebung nach § 28 Absatz 1 Satz 1 Nr. 1 BDSG gestatten würde. Ist das Interesse des Zessionars an den Daten des Schuldners berechtigt, ist die Übermittlung nach § 28 Absatz 3 Satz 1 Nr. 1 BDSG gerechtfertigt, Simitis, in: Simitis, BDSG, § 28 Rn. 210.

287 Die Rechtmäßigkeit der Verwendung bemisst sich an der Notwendigkeit der personenbezogenen Daten für den Dritten, vgl. Gola/Schomerus, § 28 Rn. 13; Beckhusen, 144; Simitis, in: Simitis, BDSG, § 28 Rn. 214; anderes hingegen VG Düsseldorf, NJW 1985, 1794 (1795); Schaffland/Wiltfang, BDSG, § 28 Rn. 110.

288 Simitis, in: Simitis, BDSG, § 28 Rn. 211.

289 Büllesbach, CR 2000, 1 (11); Kilian/Scheja, BB 2002, Beilage 3, 19 (20); Ruppmann, S. 29 ff.; Wesselhöft, S. 186 ff.; Niedermeier/Schröcker, RDV 2001, 90 (96 ff.).

290 v. Sponeck, CR 1991, 600 (600); Bizer, Datenschutz, S. 191; Lambrich/Cahlik, RDV 2002, 287 (291).

291 Beispielsweise bei Daten, die im Rahmen eines B2B-Geschäft über einen Lieferanten des Unternehmens erhoben wurden, wenn sich dadurch Lieferkapazitäten abschätzen und Engpässe im Warenzufluss vermeiden lassen, vgl. Franzen, in: Oetker/Preis, Europäisches Arbeits- und Sozialrecht, B 5300, Rn. 56; Simitis, in: Simitis, BDSG, § 28 Rn. 212.

292 Simitis, in: Simitis, BDSG, § 28 Rn. 215.

Ist jedoch offensichtlich, dass berechtigte Interessen der Betroffenen einer Datenweitergabe entgegenstehen, darf keine Datenübermittlung erfolgen.[293]

Bislang fehlen Möglichkeiten der Einflussnahme der Betroffenen auf diese Abwägungsentscheidung der Unternehmen. Unternehmen können selbst dann noch auf berechtigte Interessen eines verbundenen Konzernunternehmens verweisen, wenn sich die Betroffenen der Übermittlung und Nutzung widersetzen.[294]

5. Verwendung von Daten als Handelsgegenstand

Die Verwendung von Daten als Handelsgegenstand entspricht nicht der typischen B2B-Handelssituation.[295] Datenhandel nach § 29 BDSG setzt voraus, dass der Hauptgeschäftszweck einer Unternehmung darin besteht, gezielt Daten über natürliche Personen zu gewinnen und diese nicht nur im Einzelfall, sondern in einer Vielzahl von Fällen in veränderter oder unveränderter Form an Dritte zu übermitteln.[296]

Werden personenbezogene Daten hingegen nur bei Gelegenheit sonstiger Geschäftsaktivität an Dritte weitergegeben, lässt sich keine gesetzliche Rechtfertigung aus zulässigem Datenhandel nach § 29 BDSG herleiten. Die gesetzliche Zulässigkeit der Datenverarbeitung richtet sich in diesen Fällen stets nach den Voraussetzungen der Verarbeitung von Daten für geschäftliche Zwecke nach § 28 BDSG.[297]

Verarbeiten externe Datenverarbeiter Daten für B2B-Teilnehmer im Auftrag (§ 11 BDSG), fehlt es bereits an einer für § 29 BDSG notwendigen Übermitt-

293 Besteht Grund zur Annahme, dass berechtigte Interessen des betroffenen Handelspartners der Übermittlung entgegenstehen, scheidet die Übermittlung der Daten aus, Simitis, in: Simitis, BDSG, § 28 Rn. 214.

294 Unter Hinweis auf die fehlende Einflussnahmemöglichkeit der Betroffenen Simitis, in: Simitis, BDSG, § 28 Rn. 209.

295 Die Norm ist grundsätzlich auf den B2B anwendbar, denn sie erfasst neben den genannten Regelbeispielen auch weitere Branchen und Unternehmen, wenn sie von ihrer Art her den genannten Fallgruppen entsprechen und mit ihnen einen „kleinsten gemeinsamen Nenner“ bilden, Ehmann, in: Simitis, BDSG, § 29 Rn. 2; auch Simitis, in: Simitis, BDSG, § 28 Rn. 98.

296 Die Geschäftsmäßigkeit der Datenverarbeitung, also eine auf eine gewisse Dauer angelegte Datenverarbeitungstätigkeit, ist somit zwingende Voraussetzung für eine Anwendbarkeit des § 29 BDSG, Gola/Schomerus, § 29 Rn. 4; zur Einordnung Simitis, in: Simitis, BDSG, § 28 Rn. 98.

297 Gola/Schomerus, § 29 Rn. 5

lung von Daten,[298] denn Auftragsdatenverarbeiter unterstützen lediglich weisungsgebunden die Geschäftszwecke der beauftragenden B2B-Unternehmen.[299]

Fälle der Datenübermittlung an Unternehmen, die Datenverarbeitungsvorgänge für eine Vielzahl von Unternehmen ausführen,[300] können den Regelungsbereich des § 29 BDSG betreffen. Allerdings ist eine solche Funktionsübertragung bei Handelsgeschäften zwischen Unternehmen im B2B unüblich.[301] Datenverarbeitung durch Dritte erfolgt vielmehr stets im Auftrag, nach Weisung und in Verantwortung der beauftragenden Handelsunternehmen.[302]

6. Einwilligung der Betroffenen in die Datenverwendung

Ergibt sich für Unternehmen aus den einschlägigen gesetzlichen Vorschriften keine Legitimation ihrer beabsichtigten Datenverarbeitung im B2B (§ 28 BDSG), dürfen sie personenbezogene Daten nur erheben und verwenden, wenn die Betroffenen auf einen Schutz ihrer personenbezogenen Daten ausdrücklich verzichten und einer Verwendung ihrer Daten zustimmen (§ 4 BDSG). Aus dem Tätigwerden der Betroffenen für Unternehmen und der Schnelligkeit der Handelsgeschäfte im B2B ergeben sich besondere Anforderungen an ihre Einwilligung in die Datenverarbeitung.[303]

---

298 Vgl. Simitis, in: Simitis, BDSG, § 29 Rn. 104.

299 Eul, in: Roßnagel, Handbuch des Datenschutzrechts, Kapitel 7.2., Rn. 12.

300 Schneider, Handbuch des EDV-Rechts, B 199 f.

301 § 29 BDSG könnte daher nur zu Geltung kommen, wenn eine Funktionsübertragung stattfinden würde, wobei maßgeblich weniger die Komplexität der übertragenen Aufgabe, sondern vielmehr die Weisungsunabhängigkeit des B2B-Unternehmens ist, vgl. Simitis, in: Simitis, BDSG, § 29 Rn. 106.

302 Zwar scheidet für den vorliegend untersuchten Fall des Datenaustauschs zwischen Unternehmen im Zusammenhang mit B2B-Handelsgeschäften eine Berechtigung der Datenverwendungsprozesse durch § 29 BDSG a priori aus, doch soll nicht in Abrede gestellt werden, dass § 29 BDSG durchaus für Datenverarbeitungsvorgänge von Unternehmen anwendbar ist, deren Geschäftszweck sich ausschließlich darauf richtet, andere Unternehmen mit personenbezogenen Daten zu beliefern. In diesem Fall würde § 29 BDSG grundsätzlich nur das Daten sammelnde Unternehmen legitimieren, vgl. Schneider, Handbuch des EDV-Rechts, B Rn. 199 f.

303 Im Rahmen des B2B stattfindende Datenbevorratung durch Data Warehouse und Data Mining verstößt gegen den datenschutzrechtlichen Zweckbindungsgrundsatz, wenn die Vielzahl der mit diesen Konzepten verfolgten Verarbeitungszwecke durch eine informierte Einwilligung der Betroffenen nicht abzudecken ist und eine Rechtfertigung durch gesetzliche Erlaubnisnormen ausgeschlossen ist. Bei komplexen und multifunktionalen Systemen genügen nur mehrere Einwilligungsakte den Transparenzerfordernissen, Petri/Kieper, DuD 2003, 609 (613).

a. Entscheidungsautonomie

Die Betroffenen müssen frei entscheiden können, ob sie der Verwendung ihrer Daten zustimmen wollen. Unternehmen dürfen wirtschaftliche Machtpositionen gegenüber wirtschaftlich abhängigen Unternehmen nicht ausnutzen, um datenschutzrechtliche Einwilligungen der Mitarbeiter zu erzwingen.[304]

Weitere Probleme ergeben sich im Rahmen eines B2B-Geschäfts durch die Koppelung der Einwilligung in die Verarbeitung personenbezogener Daten mit weiteren vertraglichen Abreden.[305]

Die Koppelung ist unzulässig, wenn ihr ein gesetzliches Verbot entgegensteht, dass die sonst gewährte Vertragsautonomie außer Kraft setzt. Das Bundesdatenschutzgesetz erfordert in § 4a Absatz 1 Satz 1 BDSG eine freie Entscheidung der Betroffenen. Es soll verhindert werden, dass Leistungen mit dem Zugriff auf für die Leistungserbringung nicht benötigte Angaben gekoppelt werden und so Dritte auf die Erteilung des Einverständnisses einwirken können.[306]

Zwar können Betroffene frei darüber entscheiden, ob sie der Verwendung ihrer personenbezogenen Daten zustimmen, allerdings haben Unternehmen die Möglichkeit, Vertragsschlüsse von der Erteilung einer Einwilligung abhängig zu machen, solange ihnen keine marktbeherrschende Stellung zukommt.[307]

b. Aufklärung der Betroffenen

Möchten Unternehmen mit Einverständnis der Mitarbeiter ihrer Handelspartner im B2B deren Daten verwenden, sind die Betroffenen hinreichend über die

---

304 Petri, RDV 2007, 153 (155); mit Beispielen aus dem Bank- und Versicherungswesen Schapper/Dauer, RDV 1987, 169 (170).

305 Zum datenschutzrechtlichen Koppelungsverbot Schaar, MMR 2001, 644 (647 f.); Elschner, in: Hoeren/Sieber, Handbuch Multimedia-Recht, Teil 22.1 Rn. 142.

306 Die geforderte Freiwilligkeit der Einwilligung im BDSG generalisiert das multimedia- beziehungsweise telekommunikationsrechtlich kodifizierte und –unter Einschränkungen- nunmehr auch datenschutzrechtlich geforderte Koppelungsverbot. Dieses erfasst indessen keine Daten, deren Erhebung, Verarbeitung und Nutzung beruhend auf gesetzlichen Erlaubnistatbeständen gestattet ist. In diesem Fall ist die Einwilligung des Betroffenen hingegen entbehrlich und eine Verarbeitung der Daten kann auf Grundlage des § 28 BDSG erfolgen, vgl. hierzu Simitis, in: Simitis, BDSG, § 4a Rn. 65.

307 Für Mitarbeiter eines Unternehmens im B2B können sich aus der Verweigerung der Einwilligung in die Verarbeitung personenbezogener Daten ferner arbeitsrechtliche Konsequenzen im Verhältnis zu eigenen Arbeitgebern ergeben, zur Handlungsfreiheit der Unternehmen Holznagel/Sonntag, in: Roßnagel: Handbuch des Datenschutzrecht, 4.8, Rn. 54.

Tragweite ihrer Erklärung zu informieren (§ 4a Absatz 1 Satz 2 BDSG).[308] Es reicht nicht aus, wenn sie lediglich pauschal einer Datenverwendung zustimmen.[309] Die Einwilligung ist nur wirksam, wenn die Betroffenen vor der Erhebung den konkreten Zweck der Verarbeitung ihrer personenbezogenen Daten sowie Namen und Anschrift der für die Datenverarbeitung Verantwortlichen erfahren. Auch müssen sie vor der Datenverarbeitung über den Umfang und die Dauer der Datenverwendung sowie Möglichkeiten und Bedingungen der Übertragung der Daten ins Ausland in Kenntnis gesetzt werden.[310]

Eine rechtzeitige und umfassende Information der im B2B Handel treibenden Personen über notwendige Datenerhebungen und Datenerfassungen ist im Rahmen dauerhafter Geschäftsbeziehungen zwischen Handelspartnern möglich. Sie gestaltet sich hingegen schwierig, wenn Unternehmen spontan Geschäfte abschließen, ohne je zuvor in geschäftlichen Kontakt getreten zu sein. Auch in diesen Fällen haben Daten erhebende Unternehmen dafür Sorge zu tragen, dass vor jedem B2B-Geschäftsabschluss Personen der beteiligten Unternehmen über die datenschutzrechtliche Implikation des Datentransfers informiert werden. Selbst bei Ad-hoc-Geschäftsabschlüssen darf die erforderliche Sensibilität im Umgang mit personenbezogenen Daten nicht durch den engen Zeitkorridor untergraben werden.

Obgleich das Telemediengesetz nicht für Handelsaktivitäten im B2B gilt, sind die in § 13 TMG geregelten Anforderungen an informierte Einwilligungen zum Schutz betroffener Personen in elektronischen Handelssituationen zumindest dem Rechtsgedanken nach heranzuziehen. Sie sind dahingehend zu erweitern, dass generell einer Datenverwendung im Rahmen einer Geschäftsbeziehung zugestimmt werden kann, sofern die Betroffenen zuvor hinreichend konkret über mögliche Datenverwendungen innerhalb dieser Geschäftsbeziehung informiert werden.

---

308 Die Information muss rechtzeitig und umfassend erfolgen und es dem Betroffenen ermöglichen, Anlass, Ziel und Folgen der Verarbeitung abzuschätzen, Simitis, in: Simitis, BDSG, § 4a Rn. 67 und ders., DuD 2000, 714 (721 f.); ebenso Roßnagel/ Pfitzmann/ Garstka, Modernisierung des Datenschutzrechts, S. 92.

309 Petri, RDV 2007, 153 (156 f.).

310 Der Betroffene muss wissen, auf welche Daten sich seine Einwilligung erstrecken wird, welche Daten gespeichert und wohin sie übermittelt werden dürfen, BGHZ 95, 362 (368). Die Informationsverpflichtung der für die Datenverarbeitung verantwortlichen Stelle erstreckt sich auf alle sonstigen für eine zutreffende Beurteilung des Datenverarbeitungsvorgangs und seiner Konsequenzen erforderlichen Informationen sowie, auf Nachfrage, auf die Konsequenzen einer Nichterteilung der Einwilligung, BGHZ 95, 362 (368), OLG Karlsruhe, NJW-RR 1988, 304; OLG Hamm, NJW-RR 1986, 931.

c. Befugnis zur Einwilligung

Zwar kann generell der Verwendung personenbezogener Daten auch in der B2B-Handelssituation zugestimmt werden, doch hat die Einwilligung in die Datenverarbeitung stets höchstpersönlich durch die Betroffenen zu erfolgen, auch wenn diese dem Daten verarbeitenden Unternehmen stets als Mitarbeiter eines B2B-Geschäftspartners gegenübertreten.[311]

Eine Übertragung der Einwilligungsbefugnis von den Mitarbeitern auf die Unternehmen ist auch im Rahmen einer Betriebs- und Dienstvereinbarung ausgeschlossen. Mitarbeiter können ihre Arbeitgeber in solchen Vereinbarungen nicht ermächtigen, Absprachen mit Handelspartnern über die zulässige Verwendung ihrer personenbezogenen Daten zu treffen.

Betriebs- und Dienstvereinbarungen können ausschließlich das Innenverhältnis zwischen Arbeitgeber und Arbeitnehmer regeln.[312] Im Außenverhältnis eines Unternehmens zu B2B-Geschäftspartnern werden derartige Vereinbarungen Mitarbeiter weder verpflichten noch berechtigen.

Auch können allgemeine Geschäftsbedingungen eines Unternehmens keine Zustimmung der Mitarbeiter zur Verwendung ihrer personenbezogenen Daten enthalten. Weder wären derartige Bedingungen hinreichend transparent im Sinne der §§ 305 ff. BGB, noch würden sie dem datenschutzrechtlichen Gebot der Zweckbindung von Datenverwendungen genügen.[313]

Darüber hinaus betreffen im Rahmen des B2B vereinbarte allgemeine Geschäftsbedingungen ausschließlich das Rechtsverhältnis zwischen den beteiligten Unternehmen als eigenständige juristische Personen. Werden Geschäftsbedingungen durch Mitarbeiter von B2B-Unternehmen angenommen, geschieht dies stets zur Erfüllung beruflicher Aufgaben in Vertretung eines Unternehmens, enthält jedoch keine Willenserklärung im Eigeninteresse der Mitarbeiter.

d. Form der Einwilligung

Grundsätzlich hat eine datenschutzrechtliche Einwilligung vorab in schriftlicher Form zu erfolgen.[314] Mitarbeiter der am B2B beteiligten Unternehmen müssen deshalb vor Abschluss elektronischer Handelsgeschäfte, bei denen personenbe-

311 Gegen die Höchstpersönlichkeit der Einwilligung Gola/Schomerus, BDSG, § 4a Rn. 9; a.A. Simitis, in: Simitis, BDSG, § 4 Rn. 32 ff.

312 Gola/Schomerus, BDSG, § 4a Rn. 9.

313 Zur Zweckbindung der Datenverwendung Gola/Schomerus, BDSG, § 4a Rn. 8.

314 Ein nachträgliches Einverständnis genügt den Anforderungen nicht; die ohne Einwilligung des Betroffenen bis zum Zeitpunkt des Einverständnisses erfolgende Datenerhebung und -verwendung wäre rechtswidrig, OLG Köln, NJW 1993, 793 (793); Simitis, in: Simitis, BDSG, § 4a Rn. 32.

zogene Daten erhoben und verarbeitet werden sollen, durch schriftliche Erklärung auf den Schutz ihrer personenbezogenen Daten für die konkreten Zwecke des Handelspartners verzichten.[315]

Lässt sich eine schriftliche Einwilligungserklärung jedoch durch den Umfang der Unternehmung oder die Spontanität der Handelsvernetzung nicht erwirken, stellt sich die Frage der Zulässigkeit elektronischer Einwilligungen. Weder bürgerlich-rechtliche Vorschriften[316] noch Vorschriften des BDSG[317] schließen eine elektronische Datenschutzeinwilligungserklärung grundsätzlich aus, sofern sie mit Einverständnis des Erklärungsempfängers erfolgt.

Die elektronische Form einer solchen Einwilligungserklärung wäre gewahrt, wenn betroffene Personen den datenverarbeitenden Unternehmen im B2B elektronische Dokumente übermitteln würden, die ihren Namen und eine Erklärungen über die Einwilligung in die Verwendung ihrer personenbezogenen Daten zu den beabsichtigten Zwecken enthielten.[318] Ferner müssten die übermittelten Dokumente vor dem Versand mit qualifizierten elektronischen Signaturen versehen werden.[319]

---

315 Schriftliche Einwilligungen durch Rahmenvereinbarungen, beispielsweise zum Beitritt einer B2B-Handelsplattform, wären nur Einzelkaufleuten möglich, die neben ihre Funktion im Handel gleichzeitig auch die betroffenen natürlichen Personen der Datenverwendungen im B2B sind, vgl. Simitis, in: Simitis, BDSG, § 4a Rn. 35.

316 Zur Wahrung der Schriftform genügen nach §§ 126 Absatz 3, 126a BGB auch elektronische Erklärungen, sofern diese durch spezielle gesetzliche Vorschriften nicht untersagt werden. Soll die handschriftliche Erklärung durch eine formgültige elektronische Erklärung ersetzt werden, ist nach § 126 Absatz 3 BGB das Einverständnis der Erklärungsempfänger einzuholen. Es handelt sich bei § 126 Absatz 3 BGB um eine Kann-Vorschrift, die das Einverständnis des Erklärungsempfängers voraussetzt. Das Einverständnis des Erklärungsempfängers bedarf keiner besonderen Form; es kann auch schlüssig durch die Teilnahme am Online-Handel erklärt werden. Auch bei elektronischer Form führen Formverstöße nach §§ 125, 126 BGB zur Unwirksamkeit der Erklärung, Gola/Schomerus, BDSG, § 4a Rn. 13; Spindler/Schuster, Recht der elektronischen Medien, § 4a BDSG, Rn. 6; Palandt/Heinrichs, BGB, § 126a Rn. 6.

317 § 4a BDSG schließt Einwilligungserklärungen in elektronischer Form nicht grundsätzlich aus, vgl. mit Hinweis auf die offene Formulierung der EG-Datenschutzrichtlinie BGH, NJW 2008, 3055 (3056) – Payback.

318 Grundsätzlich gilt für Urkunden, dass eine Zusammengehörigkeit erkennbar sein muss durch einheitliche grafische Gestaltung, inhaltlichen Zusammenhang des Textes oder vergleichbare Merkmalen, BGHZ 136, 357 (357); auch Palandt/Heinrichs, BGB, § 126 Rn. 4; § 126a Rn. 7

319 Es ist nicht erforderlich, dass der Aussteller die Erklärung selbst signiert. Die Form der elektronischen Signatur wird auch dann gewahrt, wenn ein Dritter der Erklärung mit Zustimmung des Ausstellers signiert. In diesem Fall wird vermutet, dass die Erklärung mit Zustimmung des Berechtigten erfolgt. Wird eine Erklärung mit einer elektronischen

Tatsächlich steht der Wahrung der elektronischen Form jedoch die geringe Verbreitung elektronischer Signaturen entgegen.[320] Vor allem bei Vertragsschlüssen unerfahrener Handelspartner ergibt sich im B2B das Bedürfnis, Einwilligungen in die Verwendung personenbezogener Daten durch unsignierte E-Mails erteilen zu können.

Datenschutzrechtliche Einwilligungen sind außerhalb der Schriftform nicht ausgeschlossen, wenn besondere Umstände, beispielsweise Eilbedürftigkeit oder langjährige Geschäftsbeziehungen dies rechtfertigen (§ 4a Absatz 1 Satz 3 BDSG).[321]

Kommt es zu spontanen oder erstmaligen Handelszusammenkünften, können sich Unternehmen allerdings gerade nicht auf langjährige Geschäftsbeziehungen stützen. Besondere Eilbedürftigkeit der Handelsgeschäfte als Rechtfertigungsgrund für den Verzicht auf die Einhaltung der grundsätzlich vorgesehenen Schriftform für datenschutzrechtliche Einwilligungen scheidet in diesen Fällen ebenfalls meistens aus.

Ein Kompromiss zwischen der grundsätzlichen Formpflicht und dem Bedürfnis nach einer praxisfreundlichen Erklärungsform lässt sich im B2B dadurch erzielen, dass die gesetzlichen Vorgaben, die für datenschutzrechtliche Einwilligungen bei Einsatz von Telemedien im TMG und Telekommunikation im TKG sowie für den Adresshandel im BDSG entwickelt wurden, auch auf datenschutzrechtliche Einwilligungen im Rahmen des B2B angewendet werden.

Entsprechend § 13 Absatz 2 TMG, § 94 TKG und § 28 Absatz 3a BDSG müssen auch im B2B Betroffene ihre Einwilligungen in die Datenverarbeitung elektronisch erklärt können, wenn sichergestellt ist, dass sie bewusst und eindeutig einwilligen, die Einwilligungen hinreichend protokolliert werden sowie ihr Inhalte jederzeit abrufbar und in Gänze für die Zukunft widerrufbar sind.[322]

Signatur signiert, gilt für sie die Beweiskraft privater Urkunden gemäß § 371 a Absatz 1 Satz 2 ZPO.

320 Zwar wurde Vorgänger der elektronischen Signatur bereits durch das Signaturgesetz im Jahre 1997 anerkannt, doch haben sich elektronische Signaturen bisher bei rechtlich erheblichen Kommunikationsvorgängen, auch aufgrund der Komplexität des Signaturverfahrens, nicht durchsetzen können.

321 So ist vor allem bei langjährigen Geschäftsbeziehungen eine fortdauernde „stillschweigende“ Einwilligung anzunehmen, Simitis, in: Simitis, BDSG, § 4a Rn. 45 ff.; Gola/Schomerus, BDSG, § 4a Rn. 13.

322 Willigen Mitarbeiter eines B2B-Unternehmens in die Verarbeitung ihrer personenbezogenen Daten ein und verzichten damit auf Teile ihres grundrechtlichen Schutzes, müssen sie vom Unternehmen die Möglichkeit eingeräumt bekommen, diesen Verzicht zu widerrufen. Es wäre daher unzulässig, wenn Unternehmen das Widerrufsrecht ihrer Mitarbeiter durch eine vorab erfolgende Verzichtserklärung einschränken würden. Jedoch endet in zeitlicher Hinsicht die Möglichkeit des Widerrufs der Einwilligung in die

Dementsprechend muss auch im B2B eine Einwilligung durch ein elektronisches Double-Opt-In-Verfahren möglich sein, solange dabei zum Schutz der Betroffenen das Gebot optischer Hervorhebung hinreichend gewahrt bleibt.[323]

Fehlt es jedoch sowohl an formgebundenen als auch an anderweitig rechtlich anerkannten Erklärungsformen, muss die Einwilligung der Betroffenen unwirksam und die sich anschließende Datenerhebung und –verarbeitung außerhalb legitimer geschäftlicher Zwecke durch das datenschutzrechtliche Verbot mit Erlaubnisvorbehalt rechtswidrig sein.[324]

7. Determinanten der Datenverarbeitung im B2B

Dürfen Unternehmen im B2B personenbezogene Daten erheben und verwenden, haben sie gewisse Datenschutzgrenzen zu achten.

a. Direkte und informierte Erhebung

Danach sind sie grundsätzlich zu einer Direkterhebung bei den Betroffenen verpflichtet (§ 4 Absatz 2 BDSG).

Datenverarbeitung mit Beginn des beabsichtigten Datenverarbeitungsprozesses; vgl. zur Widerrufbarkeit der Einwilligung Simitis, in: Simitis, BDSG, § 4a Rn. 90 ff.; zur grundsätzlichen Pflicht der Protokollierung personenbezogener Verarbeitungsprozesse Wedde, DuD 2007 (752) und Meier, Computer und Arbeit 1/2008, 7 (7); zur Novelle des BDSG in Bezug auf den Adresshandel, BT-Drucksache 16/12011, S. 29 f.

323 Entgegen hierzu bereits ergangener Rechtsprechung, die für eine Einwilligung nach § 4a BDSG keine aktive Erklärung des Betroffenen forderte und auch Opt-Out-Verfahren zuließ, wird aufgrund der BDSG-Novelle in Reaktion auf missbräuchlichen Datenhandel auch für die Einwilligung von Mitarbeitern in Unternehmen zu fordern sein, dass ihre Einwilligungen gesondert von anderen Erklärungen und ausdrücklich zu erklären sind, wodurch nur noch Double-Opt-In-Verfahren zulässig sein dürften, BT-Drucksache 16/12011, S. 30; RP Darmstadt, 16. Tätigkeitsbericht 2002, Hessische Landtag-Drucksache 16/1680, S. 32; Zscherpe, MMR 2004, 723 (723); gegen die Erforderlichkeit einer aktiven Erklärung durch Double-Opt-In hingegen BGH, NJW 2008, 3055 (3057) – Payback; zur datenschutzrechtlichen Verwendbarkeit von Cookies im Internethandel, Ihde, CR 2000, 413 (413 ff.); ihren Einsatz für die Einwilligungserteilung mangels Transparenz ablehnend, Lapp, ITRB 2001, 113 (114).

324 Sie kann ausnahmsweise dann rechtmäßig sein, wenn sie in anonymisierter Form keine Rückschlüsse auf die Betroffenen zulässt. Die bloße Absicht der Anonymisierung im Datenverwendungsprozess entbindet das Daten verarbeitenden B2B-Unternehmen allerdings nicht von der grundsätzlichen Verpflichtung, eine formwirksame Einwilligung des Betroffenen einzufordern. Diese entfällt nur dann, wenn schon im Moment der Datenerhebung diese nicht mehr dem Betroffenen zugeordnet werden können, Weichert, in: Kilian/Heussen, Computerrechts-Handbuch, Teil 13, Rn. 58 f.

Indirekte Erhebung ist nur zulässig, wenn zwingende gesetzliche Vorgaben, überwiegende Erfordernisse zur Erreichung des Geschäftszwecks und unverhältnismäßig hoher Aufwand einer Direkterhebung entgegenstehen. Datenverarbeitungsinteressen der Unternehmen müssen grundrechtliche Interessen der betroffenen Mitarbeiter ihrer Handelspartner überwiegen (§ 4 Absatz 2 Satz 2 BDSG).

Ein Grund für den Vorrang direkter Erhebung besteht darin, dass Unternehmen Betroffene vor Erhebung ihrer Daten über Identität, beabsichtigte Verarbeitungszwecke sowie mögliche Kategorien von Empfängern grundsätzlich zu unterrichten haben (§ 4 Absatz 3 Satz 1 Nr. 3 BDSG).[325]

Dies gilt im B2B für erhobene und übermittelte Daten, die von Mitarbeitern, die in Handelsaktivitäten eingebunden sind, eingesehen werden müssen, um Handel betreiben zu können.

b. Zweckbindung

Jede Verarbeitung personenbezogener Daten im B2B muss vorab festgelegten, klar erkennbaren Zwecken dienen.[326]

Auch Datenverarbeiter, die im Auftrag von B2B-Teilnehmern handeln, sind datenschutzrechtlich verpflichtet, Daten nur im Rahmen der mit den Betroffenen vereinbarten Zwecke zu verarbeiten (§ 28 Absatz 5 BDSG).[327] Wurden Daten ausschließlich für Zwecke der Datenschutzkontrolle, der Datensicherung oder der Sicherstellung eines ordnungsgemäßen Betriebs der Datenverarbeitungsanlagen gespeichert, dürfen sie auch nur für diese verwendet werden (§ 31 BDSG).

In zeitlicher Hinsicht sind Unternehmen im B2B zur Verwendung erhobener Daten von Mitarbeitern ihrer Handelspartner nur so lange berechtigt, wie es der Vertragszweck oder die individuelle Abrede zulässt.[328]

Da sich die Zweckbindung im B2B stets nach der vorher angezeigten Verwendungsabsicht richtet und von diesem Verwendungszweck nicht abgewichen

---

325 Gola/Schomerus, BDSG, § 4 Rn. 29 ff., 32.

326 Das verfassungsrechtlich gewährleistete Recht auf informationelle Selbstbestimmung soll im Technikrecht durch eine zweckgebundene Datenverarbeitung, die unter anderem auch Möglichkeiten zur Pseudonymisierung und Anonymisierung beinhalten muss, geschützt werden. Erforderlich ist eine Trennung zwischen personenbezogenen Daten und Identifikationsinformationen, vgl. BVerfGE 65, 1 (45) – Volkszählung.

327 Vgl. hierzu die auch die Festlegungen in § 11 Abs. 3 BDSG seit der BDSG-Novelle vom 1.9.2009.

328 Danach haben die Unternehmen die Daten gegen Zugriffnahme zu sperren beziehungsweise zu löschen (§ 35 BDSG).

werden darf, ist Datenverwendung jenseits der Zweckbindung rechtswidrig und verletzt stets die Schutzinteressen betroffener Mitarbeiter der Handelspartner.[329]

c. Datenvermeidung und Datensparsamkeit

Unternehmen dürfen im B2B nicht mehr Daten speichern, als für die angezeigten Verwendungszwecke benötigt werden (§ 3a BDSG).[330] Datenvermeidung und Datensparsamkeit als Leitprinzipien des Datenschutzrechts verpflichten zur Löschung nicht länger benötigter Bestands- und Verkehrsdaten.[331] Datenverarbeitungssysteme sind deshalb so zu gestalten, dass keine oder so wenig personenbezogene Daten wie möglich über Mitarbeiter eines Unternehmens im B2B erhoben, verarbeitet oder genutzt werden.[332] Soweit es in einem verhältnismäßigen Rahmen möglich ist, müssen B2B-Teilnehmer personenbezogene Daten anonymisieren und pseudonymisieren,[333] um Gefahren für das informationelle Selbstbestimmungsrecht der Betroffenen zu reduzieren (§ 3a Satz 2 BDSG).[334]

---

329 Unternehmen im B2B muss im Falle einer Erhebung personenbezogener Daten vor Abschluss eines Handelsgeschäfts beteiligte natürliche Personen im Herrschaftsbereich des Geschäftspartners, von denen sie Daten erheben oder verarbeiten, auf den Zweck der beabsichtigten Datenverwendung hinweisen.

330 § 3a BDSG bildet ein wesentliches Element des sog. Systemdatenschutzes, der neben der Annahme, dass der Rückgriff auf den grundrechtlichen Schutz personenbezogener Daten zu einer individuellen, persönlichkeitsbezogenen Konstruktion des Datenschutzes führt, auch fordert, dass sich Datenschutz nicht nur auf die sich daraus ergebenden Grundsätze beschränken darf, sondern auch eine strukturelle Funktion erfüllen muss, vgl. Simitis, in: Mörsberger, Datenschutz im sozialen Bereich, S. 27.

331 Vgl. beispielsweise die gesetzliche Regelung in § 93 TKG.

332 Nur auf diese Weise könnten datenschutzrelevante Akkumulationseffekte, die sich aus unproblematischen einzelnen Datenverarbeitungsvorgängen ergeben, erfasst werden. Durch Systemdatenschutz werden diejenigen technischen und organisatorischen Vorkehrungen getroffen, die zur Förderung des Schutzes eines Rechts auf informationelle Selbstbestimmung rechtlich geboten sind, wobei dies nicht nur technische Maßnahmen wie Firewalls und Verschlüsselung, sondern auch organisatorische Regelungen betrifft, die Vorgänge der Informationserhebung und –verarbeitung in einer sozialverträglichen Weise ordnen, vgl. Podlech, in: Festschrift Grüner, S. 451 (452).

333 Frühzeitige Anonymisierung und Pseudonymisierung, Datenschutzaudits und Datenschutz-Gütesiegel treten neben die Datensparsamkeitserfordernisse. Systemdatenschutz ergänzt die ohnehin gesetzlich geforderten technischen und organisatorischen Maßnahmen, vgl. ULD, https://www.datenschutzzentrum.de/systemdatenschutz/index.htm (24.10.2009).

334 Vgl. BT-Drucksache 14/4329, S. 29.

d. Vertraulichkeit und Sicherheit der Daten

Mitarbeiter von B2B-Unternehmen dürfen Daten nur im Rahmen ihrer Befugnisse erheben, verarbeiten oder nutzen (§ 5 BDSG). Auch für die Zeit nach Ende ihrer Beschäftigung im Unternehmen müssen sie förmlich zur Geheimhaltung verpflichtet werden.

Unterlassen Unternehmen eine förmliche Verpflichtung ihrer Mitarbeiter, gilt für diese zwar das Datengeheimnis nach § 5 BDSG nicht; es gelten jedoch gleichwohl die Sanktionsnormen der §§ 44, 45 BDSG für unberechtigtes öffentliches Zugänglichmachen personenbezogener Daten, sofern sich Mitarbeiter nicht darauf berufen können, von der Pflicht zur Geheimhaltung der Daten nicht gewusst zu haben.

Unternehmen selbst ist jedes Fehlverhalten der in ihren Diensten im B2B tätigen Mitarbeiter als organisatorischer Mangel zuzurechnen. Sie verletzen bei einem Fehlverhalten der Mitarbeiter ihre technischen und organisatorischen Pflichten im Umgang mit personenbezogenen Daten nach § 9 BDSG.[335]

e. Bestandsschutz

Da die Verwendung von Daten durch B2B-Unternehmen zwangsläufig mit Grundrechtsbeschränkungen Betroffener einhergeht, müssen diese aus Gründen des Interessenausgleichs, trotz gesetzlicher oder ausdrücklich erklärter Gestattung, weiterhin Möglichkeiten zur Einflussnahme auf die Daten haben (§ 6 BDSG).

Auch im Falle berechtigter Datenverarbeitung können Betroffene weiterhin Auskunft über verarbeitete personenbezogene Daten einfordern (§§ 19, 34 BDSG). Sie sind ferner berechtigt, Berichtigung, Sperrung oder Löschung ihrer personenbezogenen Daten zu verlangen (§§ 20, 35 BDSG).[336]

Verarbeiten Unternehmen Daten, müssen sie betroffenen Personen stets mitteilen können, welche Daten sie von ihnen erhoben und verarbeitet haben.[337] Werden personenbezogene Daten falsch gespeichert, sind speichernde Unter-

---

335 Das Gesetz unterscheidet in einer Anlage zur Norm zwischen verschiedenen Kontrollpflichten, auf deren rechtliche Relevanz für den B2B an anderer Stelle eingegangen werden wird.

336 Vertragsklauseln, die einen Verzicht auf die beschriebenen Rechte enthalten, werden im Rahmen der Klauselkontrolle nach § 305 ff. BGB, die nach § 310 BGB eingeschränkt auch für Unternehmensgeschäfte gilt, verworfen.

337 Es handelt sich um ein System differenzierter Transparenz, dass B2B-Teilnehmer hinsichtlich personenbezogener Daten zur Benachrichtigung, Auskunft und Einsichtsgewährung verpflichtet, Dix, in: Simitis, BDSG, § 6 Rn. 3.

nehmen verpflichtet, diese umgehend zu berichtigen oder zu löschen.[338] Die Löschungsobliegenheit wird durch eine Pflicht zur Sperrung ersetzt, wenn gesetzliche beziehungsweise individualvertragliche Datenaufbewahrungspflichten, schutzwürdige Interessen der Betroffenen oder übermäßiger Aufwand einer Löschung entgegenstehen.[339]

Erheben und verarbeiten Unternehmen personenbezogene Daten im B2B, haben sie die entsprechenden Vorkehrungen zu treffen, um eine Einhaltung dieser Verarbeitungsgrenzen zugunsten verbliebener Rechte betroffener Mitarbeiter von Handelspartnern zu gewährleisten.

8. Zwischenergebnis

Für personenbezogene Daten, die im B2B erhoben und verarbeitet werden, gelten die Vorschriften des Bundesdatenschutzgesetzes. Datenverarbeitung ist unter den Voraussetzungen der gesetzlichen Erlaubnisregelung des § 28 BDSG zu geschäftlichen Zwecken zulässig. Möchten Unternehmen Daten außerhalb ihrer geschäftlichen Zwecke erheben und verarbeiten, hängt die Rechtmäßigkeit ihres Verhaltens von einer wirksamen Einwilligung der Betroffenen ab, die unter bestimmten Voraussetzungen auch in elektronischer Form erteilt werden kann.

Die Verantwortlichkeit für die Datenverarbeitung verbleibt im B2B stets bei den Unternehmen, die die Datenverarbeitung initiieren. Weicht das grundsätzlich bestehende Verarbeitungsverbot für personenbezogene Daten einer gesetzlichen oder individuellen Erlaubnis, dürfen Unternehmen bei Erhebung und Verarbeitung personenbezogener Daten diese nur in den Grenzen gesetzlicher Datenschutzbestimmungen verwenden.

II. Schutz übertragener Daten

Jedoch kann sich der Schutz nicht auf die Daten beschränken, die bei den Unternehmen im B2B vorgehalten werden.

Durch die Notwendigkeit einer Übertragung von Daten zwischen Handelspartnern kommt es im B2B zu einer Erweiterung des Schutzes. Während sich das allgemeine Datenschutzrecht an die Inhalte der Daten bindet und lediglich

338 Eine Pflicht zur Löschung besteht nach § 35 Absatz 2 BDSG, wenn die Speicherung der Daten unzulässig, die Kenntnis von Daten für eigene Verarbeitungszwecke nicht mehr erforderlich oder eine fortgesetzte Speicherung der Daten bei geschäftlicher Verarbeitung zum Zwecke der Übermittlung nicht länger erforderlich ist. Sie verschärft die Berichtigungspflicht nach § 35 Absatz 1 BDSG.

339 Insbesondere kaufmännische Aufbewahrungsfristen des § 257 HGB können eine Sperrung von Daten erfordern, Ernst/Schmittmann, RDV 2006, 189 (189); BFH, DStR 2007, 2156.

einen Schutz der Daten natürlicher Personen zulässt, die im B2B für Unternehmen tätig werden, bezweckt der telekommunikationsrechtliche Datenschutz den Schutz der technischen Übertragung aller vertraulichen Daten zwischen Teilnehmern einer Kommunikation.

1. Abgrenzung von Datenschutz- und Telekommunikationsrecht

Die Abgrenzung der Anwendbarkeit von Datenschutz- und Telekommunikationsrecht erfolgt durch Unterscheidung der Kommunikationsebenen im Dreischichtenmodell. Nach diesem sind bei Distanzkommunikation mehrere Ebenen des Datenaustauschs zu unterscheiden.[340] Datenaustausch erfolgt durch den Aufbau der Kommunikationsbeziehung auf der Verbindungsebene, den Transport von Inhaltsdaten auf der Transportebene und schließlich bei Übertragung der Inhaltsdaten selbst auf der Inhaltsebene.[341]

Während für die Transport- und Inhaltsebene die Vorschriften des BDSG oder des TMG gelten, wird der Schutz der Daten auf der Verbindungsebene durch das Telekommunikationsgesetz bestimmt.[342] Da telemedienrechtliche Vorschriften bei Geschäftstätigkeit zwischen Unternehmen nicht gelten, wird Datenschutz in den unterschiedlichen Schichten durch das BDSG und das TKG geregelt.[343] Kommt es zu Überschneidungen der Regelungsbereiche, verdrängen

340 Tinnefeld/Schuster, DuD 2005, 78 (79 f.).

341 Hingegen für eine Abgrenzung nach dem OSI-Referenzmodell Schütz, Kommunikationsrecht, Rn. 180 f.

342 Sowohl das Telemedienrecht als auch das Telekommunikationsrecht weisen Normen zum Schutz von Daten auf. Überschneidungen der Regelungsbereiche des Telekommunikations- und Telemedienrechts scheiden nach dem Willen des Gesetzgebers aus. Dienste im Internet sind entweder den Telekommunikationsdienste oder den Telemediendienste zuzuordnen, vgl. zur Abgrenzung Fetzer, in: Arndt/Fetzer/Scherer, TKG, Vorbemerkung § 91 ff., Rn. 9.

343 Nach dem gesetzlichen Ausschluss des § 1 Absatz 1 Satz 1 Alternative 1 TMG soll es keine Hybriddienste geben, die mehreren Schichten zugeordnet werden können. Die Norm stellt klar, dass die inhaltsbezogenen Datenschutzregelungen des Gesetzes nicht für Telekommunikationsdienste nach § 3 Nr. 24 TKG gelten sollen. Allerdings widerspricht dieser strenge Abgrenzung § 11 Absatz 3 TMG. Die Telekommunikationsdienste des § 3 Nr. 24 TKG sind danach auch Telemedien nach dem TMG sein, jedoch schränkt das Gesetz dahingehend ein, dass trotz des damit gegebenen Hybridcharakters der Telekommunikationsdienste, beispielsweise von E-Mail, die datenschutzrechtlichen Vorgaben des TMG nur eingeschränkt gelten sollen, die Datenschutzvorgaben des TKG hingegen in vollem Umfang zur Anwendung gelangen. In Zweifelsfällen ist weiterhin eine parallele Anwendung der inhaltsbezogenen und übertragungsbezogenen Regelwerke TMG beziehungsweise BDSG und TKG geboten, Fetzer, in: Arndt/Fetzer/Scherer,

die einschlägigen Vorschriften des TKG die Vorschriften des Datenschutzrechts, die im Übrigen stets als Auffangregelungen anwendbar bleiben.[344] Sobald Daten nach einer Übertragung im Herrschaftsbereich des Empfängers wieder zu Inhalten werden, gelten für sie wieder vorrangig die Regelungen des BDSG.

2. Wirkung des Fernmeldegeheimnisses im B2B

Auch bei Distanzkommunikation der Handelspartner im B2B besteht das Bedürfnis, eine Vertraulichkeit zu erzeugen, die mit individueller Kommunikation durch beiderseitige Anwesenheit an einem Handelsplatz vergleichbar ist.[345]

Vertraulichkeitsschutz wird im Rahmen des Telekommunikationsumfelds dadurch für B2B-Unternehmen erweitert, dass die in §§ 88 ff. TKG umgesetzten grundrechtlichen Vorgaben des Fernmeldegeheimnisses auch auf Daten im B2B anzuwenden sind.[346]

Das in den Normen umgesetzte grundrechtliche Fernmeldegeheimnis betrifft die technische Verbindungsebene des Telekommunikationsvorgangs und dessen nähere Umstände.[347] Geschützt werden all jene Daten, die zwischen Beteiligten eines möglichen B2B-Handelsgeschäftes während der Kontaktaufnahme und bei Vertragsabschluss übertragen werden.

Daten, die Telekommunikationsanbieter der Kommunikation aus technischen Gründen beifügen, sind nicht Inhalt der Telekommunikation zwischen den Handelspartnern, können jedoch als nähere Umstände der Telekommunikation geschützt werden.[348]

TKG, Vorbemerkung § 91 ff., Rn. 9; zu gemischten Diensten vgl. Heun, in: Heun, TKG, A Rn. 48.

344 Gola/Schomerus, BDSG, § 1 Rn. 24; Fetzer, in: Arndt/Fetzer/Scherer, TKG, Vorbemerkung § 91 ff., Rn. 10.

345 BVerfGE 100, 313 (316) – Telekommunikationsüberwachung I; bestätigt durch BVerfGE 115, 166 (182) – Kommunikationsverbindungsdaten.

346 Das verfassungsrechtlich garantierte Fernmeldegeheimnis bezweckt daher, jede Art der individuellen Nachrichtenübertragung vor einer Offenbarung gegenüber Dritten zu schützen, Tinnefeld, in: Roßnagel, Handbuch Datenschutzrecht, Kapitel 4.1, Rn. 34; vgl. zur Reichweite des Fernmeldegeheimnisses die verfassungsrechtlichen Ausführungen in Kapitel 3, IV.

347 Es handelt sich dabei um alles, was während des Telekommunikationsvorgangs ausgesandt, übermittelt oder empfangen wird, auch Steuersignale, BVerfGE 120, 274 (307) – Online-Durchsuchung; Zerres, in: Scheuerle/Mayen, TKG, § 88 Rn. 11.

348 Hierzu zählen die Verkehrsdaten (§§ 3 Nr. 30, 96 TKG) und sonstige Umstände, die den jeweiligen Telekommunikationsvorgang individualisierbar machen. Der Schutz erstreckt sich auf die beteiligten Personen, die beanspruchten Telekommunikationsdienstleistung, verwendete Kennungen, sowie Beginn und Ende der jeweiligen Kommunikati-

Keinen Schutz gewährt das Fernmeldegeheimnis allerdings für Bestandsdaten der Teilnehmer des Kommunikationsprozesses, denn diese werden bereits für die Begründung, inhaltliche Ausgestaltung, Änderung oder Beendigung eines Vertragsverhältnisses über Telekommunikationsdienste vor Beginn jeglicher Telekommunikationsvorgänge erhoben (§§ 3 Nr. 3, 95 TKG).[349]

War die Reichweite geschützter Kommunikationsprozesse, insbesondere deren Beginn und Ende, lange umstritten, ist nunmehr anerkannt, dass keine durch das Fernmeldegeheimnis geschützte Kommunikation mehr besteht, sobald sich Inhalte und Umstände der Kommunikation im Herrschaftsbereich der Empfänger beziehungsweise Sender befinden.[350] Kommunikationsvorgänge sind daher immer abgeschlossen, sobald Daten an den Endgeräten einer Telekommunikationsanlage eintreffen.[351]

3. „Datenschutz" für unternehmensbezogene Daten

Aus der Reichweite des Fernmeldegeheimnisses selbst ergeben sich besondere Auswirkungen für den gesondert geregelten Telekommunikations-Datenschutz in §§ 91 ff. TKG und dessen Anwendbarkeit im B2B-Umfeld.

Erfolgt Telekommunikation zwischen B2B-Teilnehmern, schützt Telekommunikations-Datenschutz personenbezogene Daten der an der Telekommunikation beteiligten natürlichen Personen und – abweichend von deren Exklusivität im BDSG – auch unternehmensbezogene Daten teilnehmender Unternehmen (§ 91 Absatz 1 Satz 1 TKG).

Personenbezogene Daten stehen Einzelangaben über juristische Personen gleich, sofern sie in den Schutzbereich des Fernmeldegeheimnisses fallen (§ 91

---

onsverbindung, BVerfGE 67, 157 (172); 85, 386 (396); Bock, in: Beck´scher TKG Kommentar, § 88 Rn. 14; vgl. auch M. Haß, in: Manssen, Telekommunikations- und Multimediarecht, § 85 aF TKG Rn. 13.

349 Bestandsdaten werden bereits vor Beginn der Telekommunikationsvorgänge vorausgesetzt, betreffen das Vertragsverhältnis zu den Anbietern der Telekommunikation und beziehen sich nicht auf konkrete Telekommunikationsvorgänge zwischen den Handelspartnern. Sie können jedoch als Inhaltsdaten telekommunikationsrechtlich geschützt werden, wenn sie zur Begründung des Vertrages über die Inanspruchnahme von Telekommunikationsdiensten mittels Telekommunikation übertragen werden, Bock, in: Beck´scher TKG-Kommentar, § 88 TKG, Rn. 14.

350 In diesem Fall sind die Daten außerhalb des laufenden Kommunikationsprozesses, BVerfGE 115, 166 (183) – Kommunikationsverbindungsdaten - und die Anmerkung von Eckhardt, DuD 2006, 365 (366).

351 Eine Ausweitung des Schutzes kann ausnahmsweise erfolgen, wenn Aufzeichnungen der laufenden Kommunikation erfolgen, vgl. Eckhardt, in: Heun, TKG, L, 25.

Absatz 1 Satz 2 TKG).[352] Für diese Einzelangaben der Unternehmen gelten nach dem TKG besondere Erlaubnistatbestände, die einen Rückgriff auf Regelungen des BDSG ausschließen.[353]

Bei Verkehrsdaten im B2B lässt sich deshalb inhaltlich nicht zwischen personenbezogenen Daten natürlicher Personen und Einzelangaben juristischer Personen, Unternehmen, unterscheiden. Beide Datenarten werden gleichermaßen durch das Fernmeldegeheimnis vor einer Kenntnisnahme durch Unbefugte geschützt.[354]

4. Telekommunikation bei B2B

Telekommunikationsrechtlicher Datenschutz besteht im B2B jedoch nur für den technischen Vorgang des Aussendens, Übermittelns und Empfangens von Signalen mittels Telekommunikationsanlagen (§ 3 Nr. 22 TKG).[355] Hierunter fällt nicht nur Sprachtelefonie, sondern auch die Übertragung von Daten und Kommunikation durch Fax, E-Mail und Internet[356] mittels optischer oder elektromagnetischer Signale,[357] beispielsweise, wenn Nachrichten in Computernetzen und Online-Diensten des Internets durch IT-Systeme gesendet, übermittelt oder empfangen werden.[358]

---

352 Gramlich, in: Manssen, Telekommunikations- und Multimediarecht, § 89 aF TKG Rn. 31.

353 Büchner, in: Büchner/Ehmer/Geppert, Beck´scher TKG-Kommentar, § 89 aF Rn. 14.

354 Für den Schutz der personenbezogenen Daten gelten die geschilderten Einschränkungen. Bestandsdatenschutz besteht auch im Bereich der Telekommunikation nur dann, wenn die Bestandsdaten Angaben über natürliche Personen enthalten beziehungsweise den Rückschluss auf diese Personen zulassen. Dies bedingt, dass die Angabe über eine natürliche Person, die nur in ihrer Eigenschaft als Organ einer juristischen Person erfasst ist, keinen Schutz genießen. Ist die juristische Person mit einer natürlichen Person identisch, z.B. in Form einer Ein-Mann-GmbH, sind die Angaben über die juristische Person geschützt, Robert, in: Geppert/Piepenbrock/Schütz/Schuster, Beck´scher TKG-Kommentar, § 91 Rn. 15; Gola/Schomerus, BDSG, § 3 Rn. 11.

355 Signale sind physikalische Darstellungen von Informationen, insbesondere von Daten, vgl. Meinberg/Grabe, K&R 2004, 409 (412) in Fn. 45.

356 Etling-Ernst, TKG, § 3 aF Rn. 22; Wuermeling/Felixberger, CR 1997, 230 (233); Mengel, BB 2004, 2014 (2014).

357 Also nach § 3 Nr. 23 TKG mittels technische Einrichtungen oder Systeme, die als Nachrichten identifizierbare elektromagnetische oder optische Signale senden, übertragen, vermitteln, empfangen, steuern oder kontrollieren können.

358 Auch die bei Internet-Service-Providern installierten Geräte, beispielsweise die Router, Gateway-Rechner und sonstige Endgeräte, sind rechtlich Telekommunikationsanlagen, Meinberg/Grabe, K&R 2004, 409 (412); Dietz/Richter, CR 1998, 528 (530); Schick, NJW-CoR 1998, 486 (487); Wuermeling/Felixberger, CR 1997, 230 (233).

Im B2B-Handel werden Daten zwischen Verkäufern und Käufern durch Fernkommunikation übertragen. Den traditionellen „Handschlag“ der Händler auf realen Markplätzen ersetzt im B2B ein „elektronischer Handschlag“ mittels elektronisch kommunizierter Erklärungen der Handelspartner unter Verwendung des Internets. Datenübertragung im B2B ist typische Telekommunikation.

5. Telekommunikationsrechtliche Verantwortlichkeit

Das Telekommunikationsgesetz verpflichtet Unternehmen zur Gewährleistung des Datenschutzes, wenn sie ganz oder teilweise mit oder ohne Gewinnerzielungsabsicht für Dritte die im B2B genutzten Telekommunikationsdienste erbringen oder an der Erbringung derartiger Dienste mitwirken (§ 3 Nr. 6 und Nr. 10 TKG).[359] Grundsätzlich trifft diese Verpflichtung nur die externen Telekommunikationsdiensteanbieter, doch können auch am B2B als Händler oder Einkäufer teilnehmende Unternehmen in die Verantwortung gezogen werden.

a. Konzernverbund

Im Bereich des B2B hat das Element der Drittbezogenheit eines Telekommunikationsdienstes eine besondere Bedeutung, wenn nicht die Plattform eines Dritten für den B2B genutzt wird, sondern Unternehmen selbst die für die B2B-Handelsgeschäfte notwendigen Telekommunikationsdienste erbringen.

Sind beispielsweise mehrere Unternehmen zu einem Konzern verbunden und leistet eines der verbundenen Unternehmen Telekommunikationsdienste, um anderen Konzernunternehmen B2B-Handelsgeschäfte mit Unternehmen außerhalb des Konzernverbundes zu ermöglichen, ist bereits von Drittbezogenheit der Telekommunikationsdienstleistungen auszugehen.[360]

Allerdings sind auch im Konzernverbund ausschließlich die Unternehmen telekommunikationsrechtlich verantwortlich, die Telekommunikationsdienste erbringen, nicht jedoch verbundene Unternehmen, die selbige Telekommunikationsdienste für Aktivitäten im B2B in Anspruch nehmen.

b. Geschlossene Netzwerke

Auch aus dem Betrieb kleinerer, nicht öffentlicher Netzwerke, wie Unternehmensnetze (Corporate Networks) und geschlossene Benutzergruppen, ergeben

---

359 Dabei nimmt die Gewinnerzielungsabsicht lediglich eine Indizrolle ein. Die Nachhaltigkeit des Angebots ist nur bei Erbringung von Telekommunikation im Einzelfall auszuschließen, vgl. Eckhardt, in: Heun, TKG, § 88 Rn. 17.

360 Eckhardt, in: Heun, TKG, § 88 Rn. 18.

sich für B2B-Unternehmen telekommunikationsrechtliche Datenschutzpflichten, sofern diese Drittbezug aufweisen.[361]

Geschlossene Benutzergruppen mit Drittbezug im Sinne des Telekommunikationsrechts beschränken sich nicht auf einzelne Unternehmen, sondern erstrecken sich auf mehrere, miteinander durch B2B-Geschäftstätigkeiten verbundene Netzwerke von Unternehmen. Sie sind durch gesellschafts- oder schuldrechtliche Dauerbeziehungen beziehungsweise dauerhafte Verbindungen verknüpft, im Rahmen derer sie gemeinsame berufliche, wirtschaftliche oder hoheitliche Ziele verfolgen.[362] Es handelt sich hierbei beispielsweise um verbundene Unternehmen nach § 15 AktG und Netze zwischen Unternehmen und Zulieferern.

Ein Drittbezug fehlt hingegen solchen Unternehmensnetzen, die sich ausschließlich auf unternehmens- beziehungsweise konzerninterne Kommunikation beschränken, ohne zwischen den Teilnehmern und beliebigen anderen Teilnehmern außerhalb der geschlossenen Benutzergruppe Kommunikationsverbindungen aufzubauen.[363] Besteht die Gemeinsamkeit von Kommunikationsteilnehmern lediglich darin, den gleichen Kommunikationsdiensteanbieter zu nutzen oder eine beliebige Untergruppe der Allgemeinheit zu bilden, ist keine geschlossene Benutzergruppe gegeben.[364]

Abgesehen von spontanen Handelsvernetzungen, liegen Bestellungen der Handelspartner in der Regel gewisse schuldrechtliche Rahmenvereinbarung zugrunde. Selbst wenn Handelspartner keine gemeinsamen wirtschaftlichen Ziele verfolgen, gehen die Handelsbeziehungen der Unternehmen doch über das hinaus, was sich lediglich als gemeinsame Nutzung von Telekommunikationsinfrastruktur bezeichnen lässt.

---

361 In diesen sind die handelnden Personen eines Netzwerks bestimmt oder zumindest bestimmbar, BT-Drucks. 15/2316, S. 60 zu § 6 Absatz 1 TKG; vgl. Ohlenburg, K&R 2003, 265 (267).

362 Lässt das Telekommunikationsgesetz den Begriff der geschlossenen Benutzergruppe unbestimmt, so ergibt sich doch eine Definition aus §§ 4, 6 der Verordnung zur Öffnung von Märkten für Dienstleistungen sowie zur Regelung von Inhalt, Umfang und Verfahren der Verleihung im Bereich der Telekommunikation - Telekommunikations-Verleihungsverordnung (TVerleihV), BGBl. 1995 I, S. 1434; Schütz, in: Geppert/Piepenbrock/ Schütz/Schuster, Beck'scher TKG-Kommentar, § 6 Rn. 46.

363 Diese geschlossenen Benutzergruppen werden nach neuem Recht als nicht öffentliche Telekommunikationsnetze angesehen, wenn sie ausschließlich der internen Kommunikation dienen und keinen einseitigen Break-in oder Break-out ermöglichen, vgl. zur geschlossenen Benutzergruppe Berger/Gramlich, CR 1999, 150 (154); zur neuen Rechtslage, Heun, in: Heun, TKG, A Rn. 56; zur fehlenden Dritteigenschaft Fetzer, in: Arndt/Fetzer/Scherer, TKG, § 91 Rn. 8.

364 Heun, in: Heun, TKG, A Rn. 57.

Ein Drittbezug besteht zwar im B2B, jedoch ergibt sich dieser gewöhnlich aus den Handelsgeschäften auf der Inhaltsebene und beschränkt sich auch auf diese.

Die telekommunikationsrechtliche Verantwortlichkeit verbleibt deshalb im B2B immer bei denjenigen Unternehmen, die die technische Übertragungsleistung an Dritte auf der Verbindungsebene erbringen.

c. Virtuelle Netzwerke

B2B-Teilnehmer sind telekommunikationsrechtlich allerdings selbst zum Datenschutz verpflichtet, wenn sie Telekommunikationsdienste über das Telekommunikationsnetz eines Dritten erbringen.

Derartige virtuelle Netzwerke bestehen bei Datenübertragungen zwischen Unternehmen innerhalb gesondert gesicherter Kommunikationskanäle, die zuvor durch Verschlüsselungsverfahren der Handelspartner erzeugt wurden.

Wurden die sicheren Kommunikationskanäle hingegen durch Dritte geschaffen oder nutzen Handelspartner B2B-Handelsplattformen externer Betreiber, scheidet eine Mitverantwortlichkeit der Handelspartner nach dem Telekommunikations-Datenschutzrecht aus.

B2B-Teilnehmer haben für den Telekommunikations-Datenschutz auf der Verbindungsebene der Datenkommunikation nur dann Verantwortung zu tragen, wenn sich ihre Aktivitäten nicht ausschließlich auf die Handelsaktivitäten beschränken, sondern auch auf technische Telekommunikationsdienstleistungen mit Drittbezug erstrecken.

6. Möglichkeiten der Einflussnahme von B2B-Handelspartnern

Sind B2B-Teilnehmer für die Telekommunikation nicht mitverantwortlich, können sie auf die Einhaltung der erweiterten Verpflichtungen aus dem Telekommunikations-Datenschutz wenig Einfluss nehmen.

Das TKG möchte Telekommunikationsnutzer zwar vor Eingriffen von Telekommunikationsdiensteanbietern schützen, doch gesteht es den Nutzern keine Mittel zu, um einen Schutz ihrer Daten zu erzwingen.[365]

365 Als Reaktion auf die Privatisierung des vorherigen staatlichen Fernmeldemonopols tritt dem Teilnehmer und Nutzer der Telekommunikationsdienstleistung nicht länger der staatliche Monopolist, sondern vielmehr unterschiedliche private Anbieter gegenüber, Eckhardt, in: Heun, TKG, Kapitel L Rn. 2 und 36.

Kommt es zur Verletzung des Telekommunikationsnutzern gesetzlich gewährten Schutzes durch Telekommunikationsdiensteanbieter, können sie allerdings strafrechtliche[366] oder zivilrechtliche[367] Maßnahmen ergreifen.

7. Zwischenergebnis

Telekommunikations-Datenschutz schützt neben personenbezogenen Daten auch unternehmensbezogene Daten der Unternehmen im B2B. Der Schutz besteht jedoch nur, solange Daten zwischen ihnen übertragen werden. Zum Schutz der Daten sind Telekommunikationsanbieter, B2B-Handelsplattformbetreiber und Erbringer technischer Übertragungsdienstleistungen verpflichtet. Nur in wenigen Ausnahmefällen sind diese mit den B2B-Teilnehmern identisch.

III. Ergebnis

Werden Unternehmen im B2B tätig, dürfen sie personenbezogene Daten der Mitarbeiter ihrer Handelspartner nur zu eigenen geschäftlichen Zwecken oder mit deren Einverständnis erheben und verarbeiten. Für den Umgang mit diesen Daten gelten die durch das BDSG vorgegebenen Datenschutzgrundsätze. Diese beschränken die Handlungsmöglichkeiten der berechtigterweise Daten erhebenden Unternehmen.

Finden Kommunikationsprozessen im B2B statt, werden durch das TKG neben personenbezogenen Daten auch unternehmensbezogene Daten der B2B-Teilnehmer geschützt. Verpflichtet zur Gewährleistung des Schutzes sind lediglich Unternehmen, die Telekommunikationsdienstleistungen für B2B-Teilnehmer zur Verfügung stellen. Sie haben während der Telekommunikation sowohl personen- als auch unternehmensbezogene Daten so lange vor fremder Kenntnisnahme zu schützen, bis die am B2B teilnehmenden Unternehmen in ihrer eigenen Handlungssphäre zumindest personenbezogene Daten nach den Vorgaben des Bundesdatenschutzgesetzes selbst schützen können. Beschränkt sich Aktivität von Unternehmen im B2B ausschließlich auf elektronischen Han-

366 Der einschlägige § 206 StGB dient jedoch primär dem staatlichen Interesse der Sicherstellung der grundrechtlichen Garantie auf Datenschutz und auf Wahrung des Fernmeldegeheimnisses, Hanebeck/Neunhoeffer, K&R 2006, 112 (113).

367 Zivilrechtlich bleibt ihnen bei Verletzung des Fernmeldegeheimnisses oder sonstiger Obliegenheiten aus dem TKG lediglich die Möglichkeit, Schadensersatz zu fordern. Obgleich Schutzgesetze im Sinne des § 823 Absatz 2 BGB ausscheiden, ergibt sich doch ein Schadensersatzanspruch gegen die Anbieter aus § 40 TKG, Spickhoff, in: Soergel, BGB, § 823 Rn. 237; Groß, in: Roßnagel, Handbuch Datenschutzrecht, Kapitel 7.8, Rn. 56.

del, sind sie für den Kommunikationsprozess und damit auch für den Telekommunikations-Datenschutz nicht verantwortlich.

Teil 4: Gewerblicher Rechtsschutz für Unternehmensdaten

Neben Daten, die bereits durch Personen- beziehungsweise Unternehmensbezug zumindest während der Übertragung zwischen Handelspartnern im B2B geschützt werden, können Daten auch durch ihre besondere Eigenart Schutz genießen, wenn für sie im B2B gewerblicher Rechtsschutz besteht. Besonders hoher Schutz kommt Daten, die den Charakter einer Erfindung haben, durch den Rechtsschutz für Patente und Gebrauchsmuster zu. Schutz kann sich aber auch aus Urheber- oder Leistungsschutzrechten an den Daten im B2B ergeben.

I. Erfindungsschutz für Daten im B2B

Der umfangreichste gewerbliche Rechtsschutz besteht für Daten, denen ein Erfindungscharakter zukommt. Sind Daten als Erfindungen klassifizierbar, können sie nach dem Gebrauchsmuster- oder Patentrecht geschützt werden. Traditionell zielt der Erfindungsschutz zwar nicht auf den Schutz von Daten, doch scheidet er für diese nicht grundsätzlich aus.[368]

1. Erfindungsbegriff

Gewerblicher Rechtsschutz für Patente und Gebrauchsmuster kann bei neuen Erfindungen in Anspruch genommen werden, die auf einer erfinderischen Tätigkeit beruhen und gewerblich anwendbar sind (§ 1 Absatz 1 PatG, § 1 Absatz 1 GebrMG).

Im Unterschied zum urheberrechtlichen Schutz besteht die Erfindertätigkeit nicht in der kreativen Schöpfung des menschlichen Geistes, sondern im bloßen Auffinden einer technischen Regel.[369] Dazu müssen beherrschbare Naturkräfte außerhalb der menschlichen Verstandestätigkeit zur unmittelbaren Herbeiführung eines kausal übersehbaren Erfolges planmäßig benutzt werden.[370] Während

368 Jänich, GRUR 2003, 483 (483).

369 Hubmann/Götting, Gewerblicher Rechtsschutz, § 4 Rn. 2, 5. (S. 50 f.).

370 Mangels Definition des Begriffs der Erfindung im deutschen Patentgesetz oder europäischen Patentübereinkommen gilt die gerichtliche Definition BGHZ 78, 98 (106) – Walzstabteilung; entsprechend auch für das Gebrauchsmusterrecht Kraßer, Patentrecht, § 11 I (S. 119).

Schöpfungen des menschlichen Geistes einmalig sind, können in der Natur vorgegebene Naturgesetzlichkeiten durchaus mehrfach aufgefunden werden.[371]

Entscheidend ist für eine Erfindung deren Technizität. Obwohl sich das Erfordernis der Technizität einer Erfindung im Laufe der Zeit verändert hat,[372] ist weiterhin im Rahmen einer normativen Gesamtbetrachtung zu prüfen, ob das Ergebnis von Überlegungen durch Erkenntnisse technischer Natur geprägt ist und damit Erfindungscharakter besitzt.[373]

2. Erfindungscharakter geschäftlicher Methoden

Es stellt sich die Frage, ob geschäftliche Methoden von Unternehmen, die diese im B2B verwenden, überhaupt als Erfindungen schutzfähig sind.

Die Idee des patentrechtlichen Schutzes geschäftlicher Methoden stammt aus dem amerikanischen Rechtskreis. Das amerikanische Patentrecht sieht einen Schutz geschäftlicher Methoden als sog. *business methods* vor (35 U.S.C. 101). Die Reichweite dieses funktional verstandenen Patentschutzes ist sehr groß.[374] Patentfähig sollen alle intellektuellen Leistungen sein mit Ausnahme von Naturgesetzen, natürlichen Phänomenen und abstrakten Ideen.[375]

Zwar wird einem mathematischen Rechenalgorithmus als abstrakter Idee die Schutzfähigkeit abgesprochen, jedoch sollen entwickelte Methode, die nützliche, konkrete und handfeste Ergebnisse liefern, schutzfähig sein, beispielsweise mathematische Preisberechnungssysteme, die Preise, Profite, Kosten und Verluste berechnen können.[376]

Business methods[377] sind somit nach US-amerikanischem Patentrecht nicht generell von der Patentierbarkeit ausgeschlossen.[378] Es gelten für sie die gleichen Patentierungsvoraussetzungen wie für andere Prozesse und Methoden.[379]

---

371 Bei mehrfachem Auffinden natürlicher Gegebenheiten und der Ausführung in erfinderischen Erzeugnissen handelt es sich um Doppelerfinder, Hubmann/Götting, Gewerblicher Rechtsschutz, § 4 Rn. 7 (53).

372 Vgl. BGH, GRUR 1969, 672 - Rote Taube.

373 BGH, GRUR 2000, 498 (500) - Logikverifikation.

374 „Anything under the sun that ist made by man“, US-Supreme Court, Diamond vs. Chakrabarty, 447 U.S. 303 (309) (1980); allgemein zur funktionalen Entwicklung des Patentschutzes in den USA, Fisher, in: Siegrist/Sugarman, S. 265 (277).

375 „Laws of nature, natural phenomena, and abstract ideas“, US Supreme Court, Diamond vs. Diehr, 450 U.S. 175 (185) (1981).

376 Court of Appeals for the Federal Circuit, State Street Bank & Trust Co. vs. Signature Financial Group Inc., 149 F. 3d 1368 (Fed. Cir. 1998), deutsche Übersetzung in GRUR Int. 1999, 633 ff.

377 Zum Begriff der Business-Method-Patents Kirsch, im Internet unter: http://www.gigalaw.com/articles/2001-all/kirsch-2001-05-all.html (24.10.2009).

Mit Einführung des *First Inventor Defense Act 35 U.S.C. Sec. 273* wurde sichergestellt, dass *business methods* als Geschäftsgeheimnisse (*trade secrets*) nicht veröffentlicht,[380] entwendet[381] und durch Eintragung entgegenstehender Patente gefährdet werden dürfen.[382]

Eine Übertragung dieser amerikanischen Rechtsprechung zu *business methods* auf das E-Business erfolgte im Rahmen der Entscheidung zum *1-Click-Shopping*-Verfahren des Internet-Buchhandels *Amazon.com*.[383] Das Gericht entschied, die Patentierbarkeit das *1-Click-Shopping*-Verfahren grundsätzlich als patentierbare geschäftliche Methode anzuerkennen.[384]

Durch die Aufhebung des 1-Click-Shopping-Patents[385] und die Rechtsprechung in der Sache *Bilski*[386] zeichnet sich jedoch eine Trendwende ab hin zu einer restriktiveren Auslegung der Patentierbarkeit geschäftlicher Methoden in den USA. Geschäftliche Methoden sollen nur noch dann patentierbar sein, wenn

---

378 Patentierbar ist beispielsweise auch eine Investmentfondkonstruktion, die auf herkömmliche Soft- und Hardware zurückgreift und eine Senkung der Kosten und Steuern ermöglicht.

379 Eine Geschäftsmethode liege bereits dann vor, wenn zu Identifikation der Verwendung des gleichen Providers für ein Ferngespräch nach US-amerikanischem Abrechnungssystem eine zusätzliche Information Telefondaten hinzugefügt wird, um dadurch einen günstigeren Tarif zu kennzeichnen, wobei zu berücksichtigen ist, dass im Gegensatz zur europäischen Abrechnungsmethode es in den Vereinigten Staaten üblich ist, dass sowohl Anrufer als auch Angerufener für die Verbindung zahlen, Court of Appeals for the Federal Circuit, AT&T Corp. vs. Excel Communications Inc., 172 F. 3d 1352 (Fed. Cir. 1999), vgl. ferner Jänich, GRUR 2003, 483 (484).

380 Der Uniform Trade Secrets Act (UTSA), subsection 1.4., definiert trade secrets als „information, including a formula, pattern, compilation, program device, method, technique, or process, that: (i) derives independent economic value, actual or potential, from not being generally known to, and not being readily ascertainable by proper means by, other persons who can obtain economic value from its disclosure or use, and (ii) is the subject of efforts that are reasonable under the circumstances to maintain its secrecy."

381 Seit dem Economic Espionage Act of 1996 wird der Diebstahl von trade secrets in den USA bundesweit sanktioniert, im Internet unter: http://cyber.law.harvard.edu/openlaw/DVD/dvd-discuss-faq.html#ss2.10.2 (24.10.2009).

382 Jänich, GRUR 2003, 483 (485).

383 Der Court of Appeals for the Federal Circuit hob darin eine einstweilige Verfügung gegen eine ähnliche Methode eines Mitbewerbers auf, Court of Appeals for the Federal Circuit, Amazon.com Inc. vs. Barnesnobel.com Inc., 239 F. 3 d 1343 (Fed. Cir. 2001).

384 Zu einer Entscheidung in der Hauptsache kam es nicht mehr, weil sich die Parteien nach der Aufhebung des Patents verglichen haben, vgl. Leenen, S. 29.

385 http://www.heise.de/newsticker/Amazons-1-Click-Patent-ist-zu-grossen-Teilen-unguelt ig --/meldung/97517 (24.10.2009).

386 Court of Appeals for the Federal Circuit, In re Bilski, im Internet unter: http://www.cafc.uscourts.gov/ opinions/07-1130.pdf (24.10.2009).

sie Schritte beinhalten, die mit einem patentierbaren Gegenstand verknüpft sind, oder wenn durch sie etwas „Greifbares" verändert wird. Nützliche, konkrete und handfeste Ergebnisse von Rechenoperationen sollen für die Erteilung eines Patents auf eine geschäftliche Methode nicht länger ausreichen.[387] Finden ausschließlich Zahlenmanipulationen statt, sind diese nicht länger patentierfähig.[388]

Das deutsche Patentrecht entspricht dieser neuen restriktiven Sichtweise der Patentierbarkeit geschäftlicher Methoden in den USA. Fehlt geschäftlichen Methoden im B2B eine technische Wirkung, fehlt ihnen auch ein Erfindungscharakter und Patentschutz scheidet von vornherein aus.[389]

Dies gilt insbesondere für geschäftliche Methoden, die lediglich eine wirtschaftliche oder organisatorische Wirkung haben.[390]

Pläne, Regeln und Verfahren für geschäftliche Tätigkeiten sowie Programme für Datenverarbeitungsanlagen (Software) können deshalb nicht als Erfindungen patentiert werden (§ 1 Absatz 3 Nr. 3 PatG).[391]

Auch schlichte Informationswiedergaben sind nicht als Erfindung patentierbar (§ 1 Absatz 3 Nr. 4 PatG), solange sie keine Anweisung zu technischem Handeln enthalten,[392] sondern lediglich Informationsinhalte direkt vermittelt, beispielsweise durch die Darstellung in Tabellen oder Formularen.[393]

Steht hingegen die Funktionalität einer Datenstruktur, nicht der kognitive Inhalt, im Vordergrund und dient diese der Lösung einer technischen Aufgabe, handelt es sich nicht nur um schlichte Wiedergabe von Informationen im Sinne des § 1 Absatz 3 Nr. 4 PatG.[394]

---

387 State Street Bank & Trust Co. vs. Signature Financial Group Inc., Court of Appeals for the Federal Circuit, 149 F. 3d 1368 (Fed. Cir. 1998), GRUR Int. 1999, 633 ff.

388 Das Gericht hat seine seit der State Street Bank-Entscheidung bestehende Rechtsauffassung damit revidiert, Bradley C. Wright, http://www.patentarcade.com/2008/05/case-in-re-bilski-federal-circuit-oral.html (24.10.2009).

389 Ein technischer Effekt, der über die normale Wechselwirkung zwischen Hard- und Software hinausgeht, ist für eine Patentierbarkeit von Computerprogrammen nicht erforderlich, vgl. BGH, GRUR 1958, 602 – Wettschein.

390 BGH, GRUR 1958, 602 (602) – Wettschein; BGH, GRUR 1975, 549 (549) – Buchungsblatt.

391 Für europäische Patente sind die Patentierungsverbote, entsprechend § 1 Absatz 3 des deutschen PatG, in § 52 Absatz 3 EPÜ geregelt.

392 Mes, PatG/GebrMG, § 1 Rn. 52.

393 Es handelt sich in diesem Fall lediglich um Regeln zur Darstellung von Informationen, Kraßer, Patentrecht, § 12 II. c) 2. (S. 141).

394 Kellerer, GRUR 2003, 369 (371); BPatG, CR 2002, 255 (255) – Aufzeichnungsträger, vgl. ebenso die Grundsätze unter 3.7. in EPA, GRUR Int. 2001, 167 (169 f.) - „Datenstrukturprodukt/PHILIPS".

Werden Geschäftsmethoden, beispielsweise Vertriebssysteme, lediglich abstrakt beschrieben, handelt es sich um Gegenstände „als solche" im Sinne des § 1 Absatz 4 PatG, die von einer Patentierbarkeit auszunehmen sind.[395]

Verwenden Unternehmen im Rahmen des B2B Informationen für ihre Geschäftstätigkeiten, lassen sich diese als abstrakte geschäftliche Methoden nicht patentrechtlich schützen.[396] Sie bilden lediglich Vorteile wirtschaftlicher, nicht jedoch technischer Art, die nach der vorherrschenden restriktiven Anwendung des Erfindungsschutzes jedoch obligatorisch wären.[397]

3. Computerimplementierte Geschäftsmethoden

Der für den Erfindungsschutz notwendige technische Charakter kann sich aus der Implementierung einer geschäftlichen Methode in Software ergeben, die Unternehmen für ihre Teilnahme am B2B verwenden. Hierfür müsste die Implementierung der in abstrakter Form nicht schutzfähigen geschäftlichen Methode die gesetzlich geforderte Technizität verleihen.

Nach ursprünglich vorherrschender Kerntheorie des BGH, nach der eine Erfindung in den neuen und erfinderischen Merkmalen technisch sein muss,[398] war Software grundsätzlich nicht patentierfähig, wenn sie bestehende Datenverarbeitungsanlagen zur Lösung betrieblicher Aufgaben verwendete.[399] Wurde eine bestehende technische Anlage durch Software genutzt, waren darin lediglich gedankliche Anweisungen mit kausal übersehbarem Erfolg zu sehen, der auch ohne den Einsatz von Naturkräften mittels menschlicher Verstandestätigkeit hätte erreicht werden können. Für ein Patent musste hingegen die Verwendung technischer Mittel Kernbestandteil der Problemlösung sein. Dies sollte gegeben sein, wenn der Einsatz einer Computersoftware einen neuen Aufbau der technischen

395 Die Rückausnahme verwehrt den in § 1 Absatz 3 PatG beschriebenen Ergebnissen menschlicher Geistestätigkeit als solchen zwar die Patentierfähigkeit, ohne indessen technischen Erfindungen die Patentierfähigkeit entziehen zu wollen, die mit diesen in Zusammenhang stehen, Hufnagel, MMR 2002, 279 (280).

396 Tritt eine technische Komponente hinzu, ist eine Patentierung hingegen möglich, vgl. Ntouvas, GRUR Int. 2006, 129 (132);

397 Vor allem im Hinblick auf die volkswirtschaftliche Bedeutung des geistigen Eigentums wird die Fixierung auf die technischen Aspekte in Bezug auf die Patentierbarkeit von geschäftlichen Methoden im internationalen Kontext kritisch gesehen, vgl. die Stellungnahme von Straus, in: Klopschinski, Prinz zu Waldeck und Pyrmont, GRUR Int. 2008, 393 (404, 406).

398 BGH, GRUR 1986, 531 (531) - Flugkostenminimierung.

399 BGH, GRUR 1980, 849 (849) - ABS - Automatisches Bremssystem.

Datenverarbeitungsanlage erforderte.[400] Softwareprogramme allein sollten hingegen nicht patentierbar sein.

Dieses Begriffsverständnis des Computerprogramms ist aus Sicht der Literatur hingegen inhaltsleer und kann nur für Computerprogramme außerhalb von Datenverarbeitungssystemen gelten, die aufgrund ihres urheberrechtlich geschützten Quellcodes keines weiteren gewerblichen Rechtsschutzes bedürfen.[401] Sobald Computerprogramme hingegen mit Datenverarbeitungsanlagen zusammenwirken, ergeben sich auch ohne notwendige Umbauten immer Zwecke, die über die der Computerprogramme für sich hinausgehen.[402]

Das Bundespatentamt und das Bundespatentgericht sind aus diesem Grund von der strengen Kerntheorie des BGH abgewichen und nehmen hinsichtlich der Patentierbarkeit von Software eine Gesamtbetrachtung vor, wonach bei der Anmeldung der für die Patentierfähigkeit erforderliche technische Charakter im Vordergrund stehen muss.[403]

Infolge dessen hat auch der Bundesgerichtshof seine strenge Kerntheorie aufgegeben und bestimmt, für den technischen Charakter von Software soll ausreichen, dass diese die Funktionsfähigkeit von Datenverarbeitungsanlagen als solche betrifft und damit das unmittelbare Zusammenwirken ihrer Elemente ermöglicht.[404]

Neuartige Rechenregeln sind deshalb in engem Zusammenhang mit technischen Mitteln, wie Anzeigevorrichtungen, Speicher und Messgeräten, als Ganzes zu bewerten.[405] Schon notwendige technische Überlegungen sollen danach die Technizität einer Erfindung begründen können.[406] Programmtechnische Einrichtungen von Computeranlagen nehmen diesen nicht die Technizität, sie erweitert nur die möglichen Eigenschaften. Ob ein über die normale Wechselwirkung zwischen Computer und Software hinausgehender Effekt erzielt wird, spielt für den Erfindungscharakter deshalb keine Rolle.[407]

---

400 Kraßer, Patentrecht, § 12 III. c) aa) (S. 154).

401 Tauchert, GRUR 1999, 829 (831); Esslinger CR 2000, 502 (502 f.); Eichmann, GRUR 2000, 751 (755 f.); Koch, GRUR 2000, 191 (195).

402 Kraßer, Patentrecht, S. 164 f.

403 So die Prüfungsrichtlinien des DPA, Bl. f. PMZ 1987, 1; a. A. der für Rechengeräte und Informationsspeicher zuständige 17. Senat des BPatG, der den technischen Charakter von Softwareprogrammen weiterhin mit Bezug auf die restriktive Sichtweise des BGH verneint, BPatG, GRUR 1998, 656 (659) – CAD/CAM-Verifikationsverfahren.

404 BGHZ 115, 11 (21 f.) – Seitenpuffer unter ausdrücklicher Bezugnahme auf die erweiterungsbedürftige Rechtsprechung in BGHZ 67, 22 (29) – Dispositionsprogramm.

405 Kraßer, Patentrecht, S. 157.

406 BGHZ 143, 255 (262 f.) – Logikverifikation; vgl. auch BGH, GRUR 1992, 430 (432) - Tauchcomputer 2.

407 BGHZ 144, 282 (287 f.) – Sprachanalyseeinrichtung.

Ein Patentschutz kann nicht alleine deshalb versagt werden, weil Lehren, die durch technische Vorgänge und Überlegungen geprägt sind, auf einem Computer zur Ausführung kommen oder von Fachkreisen als Softwareprogramme für Datenverarbeitungsanlagen angesehen werden.[408]

Programmtechnische Regelungen sind jedoch nicht schon deshalb patentierbar, weil sie den Einsatz eines Computersystems erfordern.[409] Ihre prägenden Anweisungen müssen immer der Lösung eines konkreten technischen Problems dienen. Computerbasierte Anwendungen von Lehren, die nicht technischer Natur sind, begründen somit noch keinen Patentschutz.

Zwar sind die Möglichkeiten, für neue und nicht naheliegende Software-Problemlösungen Patentschutz zu erlangen, durch die jüngere Rechtsprechung des BGH wesentlich erweitert worden, allerdings steht weiterhin zwingend der technische Aspekt im Vordergrund.

Eine Ausweitung der Patentierbarkeit von Software durch Entfallen des technischen Aspekts ist unter Berücksichtigung der sich auch in anderen Rechtssystemen abzeichnenden patentrechtlichen Entwicklung, insbesondere in den USA,[410] auch für Europa nicht zu erwarten.[411]

---

408 Kraßer, Patentrecht, § 12 ff) (S. 160).

409 BGH, GRUR 2002, 143 (144) – Fehlerhafte Zeichenkette.

410 US-Wirtschaftsminister Gutierrez zur Notwendigkeit einer Patentrechtsreform, im Internet unter: http://www.commerce.gov/NewsRoom/SecretarySpeeches/PROD01_005998 (24.10.2009).

411 Die Europäische Kommission hat versucht, die Voraussetzungen für computerimplementierte Erfindungen innerhalb der EU zu harmonisieren. Ein erster Richtlinienentwurf sah als computerimplementierte Erfindungen jede Erfindung an, zu deren Ausführung ein Computer, ein Computernetz oder eine sonstige programmierbare Vorrichtung eingesetzt wird und die auf den ersten Blick mindestens ein neuartiges Merkmal aufweist, das ganz oder teilweise mit einem oder mehreren Computerprogrammen realisiert wird, Artikel 2 Buchstabe a des Richtlinienvorschlags, KOM/2002/0092, im Internet unter: http://eur-lex.europa.eu/LexUriServ/LexUriServ.do? uri=CELEX:52002PC0092:DE:HTML (24.10.2009). Eine Ausweitung des Schutzes der Erfindungen wäre mit dieser Einordnung computerimplementierter Erfindungen jedoch nicht einhergegangen, denn weder sollte auf die fehlenden Patentfähigkeit der Computerprogramme „als solche“ noch auf das Erfordernis des technischen Beitrags verzichtet werden (vgl. Sektion 32 des Richtlinienvorschlags). Dies hätte zur Folge gehabt, dass die für den B2B interessante Patentierbarkeit von Geschäftsmethoden nicht im nationalen Recht hätte eingeführt werden müssen, wenn die Richtlinie in Kraft getreten wäre, Kraßer, Patentrecht, § 12, III. e) 1., S. 166. Zwar kam es auf politischer Ebene zu einem gemeinsamen Standpunkt des Rates, doch wurde der Richtlinienentwurf von dem Europäischen Parlament zurückgewiesen, Entscheidung des Europäischen Parlaments vom 6.7.2005, http://www.europarl.europa.eu/sides/getDoc.do?pubRef=-//EP//TEXT+TA+ P6-TA-2005-0275+0+DOC+XML+V0//DE (24.10.2009).

Werden Softwareprogramme im Rahmen des B2B eingesetzt, stehen weniger technische Aspekte, sondern eher wirtschaftliche und organisatorische Zwecke im Vordergrund. Eine Patentierbarkeit der beim B2B-Handel verwendeten Software als computerimplementierte Geschäftsmethode ist daher nicht möglich.

4. Zwischenergebnis

Obgleich ein Schutz von Daten durch das Patent- und Gebrauchsmusterrecht möglich ist, scheidet er sowohl für abstrakte geschäftliche Methoden als auch für Implementierungen geschäftlicher Methoden durch Software in Computersysteme aus.

Werden Daten im B2B verwendet, sei es auch in Software, fehlt ihnen der für den herausgehobenen Schutz notwendige technische Effekt, die Technizität. Sie haben einen rein darstellenden Charakter und dienen ausschließlich ökonomischen Interessen der Unternehmen.

II. Schutz von Daten als Datenbankwerke

Der Zugriff auf Daten im B2B lässt sich zugunsten der Urheber rechtlich beschränken, wenn Datensammlungen als Datenbankwerke nach § 4 Absatz 2 des Urheberrechtsgesetzes (UrhG) gewerblichen Rechtsschutz genießen.

1. Sammlung unabhängiger Einzelelemente

Dazu müssen Datensammlungen im B2B Datenbanken im Sinne des Urheberrechtsgesetzes sein und als solche eine Sammlung unabhängiger, einzeln zugänglicher Elemente enthalten.[412]

Bieten Unternehmen im B2B unterschiedliche Waren und Dienstleistungen an, bilden diese Sammlungen unabhängiger Elemente. Andere B2B-Teilnehmer können auf die Elemente daraus geschaffener Datenbanken, auf die unterschiedlichen Angebote der Unternehmen, einzeln zugreifen.[413] Die gilt allerdings nicht

412 Durch die Umsetzung der europäischen Datenbankrichtlinie (Richtlinie 96/6/EG des Europäischen Rates über den rechtlichen Schutz von Datenbanken vom 11. März 1996, Abl. EG Nr. L 77 S. 20 ff.) wurde in § 4 Absatz 1 UrhG der Begriff der „Beiträge“ durch den der „Daten oder anderen unabhängigen Elemente“ ersetzt. Auch lediglich informationelle Gestaltungen, denen zumindest ein geistiger Gehalt zukommt, werden nunmehr erfasst, vgl. BT-Drucksache 13/7934, S. 43; Löwenheim, in: Schricker, Urheberrecht, § 4 Rn. 6; Marquardt, in: Wandtke/Bullinger, UrhR, § 4 Rn. 4.

413 Bei Benutzung der Datenbank muss der Zugriff auf die einzelnen Elemente möglich sein. Nicht jede bruchstückhaft vorhandene Informationseinheit, sondern ausschließlich die einen eigenständigen, geschlossenen Informationswert besitzenden Elemente sollen

für die in Produktangeboten enthaltenen Einzeldaten, denn diese stehen in Abhängigkeit zu anderen Einzeldaten, mit denen sie gemeinsam das Angebot bilden.

Damit sind sämtliche Produkt- und Warenübersichten in elektronischen Katalogen, Kunden- und Lieferantenverzeichnisse sowie Aufstellungen von Wirtschaftsdaten unabhängige Elemente des B2B,[414] deren Sammlung Unternehmen befähigen soll, bestimmte Waren oder Marktteilnehmer im B2B gezielt auswählen zu können.

2. Systematisch-methodische Anordnung der Daten

Die Elemente der Datensammlungen müssen ferner durch die Unternehmen systematisch und methodisch nach zumindest erkennbaren Ordnungsgesichtspunkten zusammengestellt sein.[415]

Keiner systematischen und methodischen Anordnung folgen einfache Datenhaufen, die willkürlich oder zufällig zusammengestellt wurden.[416] Ihre Speicherung genügt keinen erkennbaren Ordnungskriterien, denn ihre Anordnung wird lediglich durch die verwendete Hard- und Software bestimmt.[417]

Handelt es sich hingegen um strukturierte Datensammlungen unabhängiger und einzeln zugänglicher Elemente, kann immer eine systematische und methodische Anordnung vorliegen, selbst wenn die Daten in codierter und damit nicht lesbarer Form bei den Unternehmen im B2B vorgehalten werden.

3. Schöpfungscharakter

Urheberrechtlicher Schutz wird nur Datenbankwerken gewährt, die persönliche geistige Schöpfungen darstellen (§ 4 Absatz 2 UrhG). Ein besonderer Schutz gesammelter Daten im B2B erfordert eine Werkschöpfung im Sinne des § 2 Absatz 2 UrhG.

---

erfasst werden, Loewenheim, in: Schricker, Urheberrecht, § 4 Rn. 37; Haberstumpf, in: Mestmäcker/Schulze, Urheberrecht, § 4 Rn. 20.

414 Daten, die aus der Kommunikation der Handelspartner entstehen, sind untereinander verknüpft und genügen nicht der Voraussetzung der Unabhängigkeit der Elemente, Cordes, in: Gramlich/Kröger/Schreibauer, Rechtshandbuch B2B-Plattformen, § 17 Rn. 5.

415 Haberstumpf, in: Mestmäcker/Schulze, Urheberrecht, § 4 Rn. 19.

416 OLG München, GRUR-RR 2001, 228 (229); Flechsig, ZUM 1997, 577 (580); Loewenheim, in: Schricker, Urheberrecht, § 4 Rn. 33.

417 Loewenheim, in: Schricker, Urheberrecht, § 4 Rn. 37 mit Hinweis auf Erwägungsgrund 21 der europäischen Datenbankrichtlinie RL 96/9/EG, Abl. EG Nr. L 77.

Schöpfungen erfordern eine gewisse Originalität des Werkes, nicht jedoch eine Beurteilung der Qualität oder des ästhetischen Wertes.[418] Solange andere Urheber möglicherweise eine andere Auswahl oder Anordnung treffen würden, so dass die vorliegende eigenständige Behandlung einem bestimmten Urheber persönlich zugerechnet werden kann, sind die Anforderungen gering.[419] Die Auswahl oder Anordnung der Einzelelemente muss lediglich ein Mindestmaß an individueller Eigenart zum Ausdruck bringen. Die geistige Gestaltung sollte die bloße Summe der Inhalte der Einzelwerke, Daten beziehungsweise Elemente übertreffen und eine eigene Leistung darstellen. Rein handwerkliches, schematisches oder routinemäßiges Auswählen oder Anordnen genügt nicht. Entscheidend ist stets der Gesamteindruck.[420]

Selbst ein Minimum an Gestaltungshöhe aufweisende Gestaltungen sind gerade noch urheberrechtsschutzfähige Schöpfungen.[421] Eine besondere geistige Schöpfung liegt hier meist nicht in der Auswahl und Anordnung des Stoffes, sondern eher in ergänzenden Angaben oder textlicher Ausgestaltung.

Um den notwendigen Schöpfungscharakter zu haben, müssen deshalb Sammlungen von Daten im B2B über das gewöhnliche Maß hinausgehen und sich durch eine besondere Individualität der Auswahl oder Anordnung ihrer Elemente auszeichnen.[422]

a. Auswahl der Daten

Ein Schöpfungscharakter kann sich im B2B aus der Auswahl der Daten in Datensammlungen ergeben.

Bei der Auswahl wird durch Sammeln, Bewerten und Zusammenstellen bestimmt, welche Elemente in Sammelwerke aufgenommen werden.[423] Die schöpferische Leistung liegt in der Entscheidung über die Aufnahme von Elementen in die Datenbank.[424] Sie setzt eine gewisse Handlungsfreiheit voraus.

Der eine schöpferische Leistung prägende Entscheidungsspielraum über die Aufnahme bestimmter Elemente fehlt, wenn eine Sammlung auf Vollständigkeit ausgelegt ist und dementsprechend jeder die Auswahl in der gleichen Weise

---

418 Erwägungsgrund Nr. 16 zu Art. 3 Abs. 1 der EG-Datenbank-Richtlinie, Richtlinie 96/9/EG.

419 OLG Frankfurt, MMR 2002, 687 (687).

420 BGH, GRUR 1990, 669 (673).

421 Loewenheim, in: Schricker, Urheberrecht, § 4 Rn. 8.

422 Westkamp, Datenbanken, S. 323; Loewenheim, in: Schricker, Urheberrecht, § 4 Rn. 8, 34 und § 2 Rn. 10.

423 BGH, GRUR 1982, 37 (39); Schricker, GRUR 1996, 815 (823); Berger, GRUR 1997, 169 (173); Loewenheim, in: Schricker, Urheberrecht, § 4 Rn. 34.

424 Berger, GRUR 1997, 169 (173); Loewenheim, in: Schricker, Urheberrecht, § 4 Rn. 34.

treffen würde.[425] Dies ist der Fall, sofern mangels Individualität bereits Erwägungen der Zweckmäßigkeit oder Logik für eine bestimmte Auswahl sprechen. Auch fehlt ein Entscheidungsspielraum, falls eine vollumfängliche Abdeckung eines thematischen Gebiets beabsichtigt wird.[426]

Auswahl und Anordnung bestimmen die Individualität einer Datensammlung[427], wobei bereits jede minimal gestaltende Auswahl- oder Anordnungsentscheidung urheberrechtschutzfähig ist.[428]

Die notwendige Gestaltungshöhe fehlt allerdings Datensammlungen, bei denen aufgrund eines komplexen Regelwerks die Art der aufzunehmenden Angaben sowie die Form und Position der Einträge vorbestimmt wird.[429]

Werden große, vollständig anzuzeigende Datenbestände im B2B sortiert, geht es weniger um die Auswahl der Daten als um die Einheitlichkeit der Einordnung und Darstellung. Die Wahlmöglichkeit zwischen unterschiedlichen Arten der Darstellung stellt jedoch keine schöpferische Entscheidung dar.[430] Lassen Unternehmen in den für B2B verwendeten Katalogen und Verzeichnissen bestimmte Waren und Dienstleistungen aus, die in herkömmlichen Katalogen außerhalb des B2B vorhanden sind, folgen sie reinen Zweckmäßigkeitserwägungen, ohne schöpferische Gestaltungsakte zu erbringen.

Datensammlungen im B2B werden von Mitarbeitern der Unternehmen nach feststehenden Vorgaben erstellt. Zwar können herkömmliche Kataloge der Unternehmen für Handelsgeschäfte außerhalb des elektronischen Handels Waren und Dienstleistungen enthalten, die in elektronischen Katalogen fehlen, doch erfolgt auch in diesem Fall das Außerachtlassen bestimmter Waren und Dienstleistungen im Online-Angebot lediglich aus Gründen der Zweckmäßigkeit, beispielsweise gesteigertem Beratungsbedarf bei Verkauf derartiger Produkte, fehlender Vertriebsmöglichkeit im Rahmen des Online-Handels oder mangelnder Konkurrenzfähigkeit. Eine individuelle Gestaltung elektronischer Kataloge lässt sich daraus hingegen nicht ableiten.

---

425 Loewenheim, in: Schricker, Urheberrecht, § 4 Rn. 34 m. w. N.

426 Moufang, in: Festgabe Schricker, S. 571 (579); Loewenheim, in: Schricker, Urheberrecht, § 4 Rn. 9, 34.

427 Backhaus, in: Gounalakis, Rechtshandbuch Electronic Business, § 23 Rn. 4.

428 Die geistige Schöpfung liegt dabei jedoch weniger in der Anordnung und Auswahl, sondern in ergänzenden Angaben und textlichen Ausgestaltungen, Loewenheim, in: Schricker, Urheberrecht, § 4 Rn. 8 und § 2 Rn. 38.

429 Bei der Aufnahme von Telefonnummern in eine elektronische Sammlung hat der Bundesgerichtshof deshalb einen Auswahlcharakter durch Vorliegen der erforderlichen Gestaltungshöhe verneint, BGH, NJW 1999, 2898 (2899).

430 Nach Auffassung des BGH äußert sich keine schöpferische Gestaltung in der Wahl zwischen zwei unterschiedlichen Darstellungsarten. Es handelt sich in diesem Fall lediglich um Gesichtspunkten der Zweckmäßigkeit, BGH, NJW 1999, 2898 (2899).

b. Anordnung der Daten

Auch lässt sich schöpferische Leistung nicht aus der Anordnung von Daten in Datensammlungen des B2B ableiten.

Schöpferische Leistungen durch Anordnung der Daten würden bei Datenbanken im B2B erfordern, dass Unternehmen ihren Handelspartnern den Zugang zu Daten ihrer Datensammlungen mittels Abfrageverfahren ermöglichen, die sich grundlegend von herkömmlichen Systemen unterscheiden und deshalb als eigenes Anordnungssystem des jeweiligen Kataloges betrachtet werden müssen.[431]

Zugangs- und Abfragesysteme, die auf notwendige oder übliche Zugangs- und Abfragemethoden beziehungsweise –mittel zurückgreifen, beispielsweise übliche Trunkierungssymbole, Verknüpfungsbegriffe, Schaltflächen und Suchmasken, stellen keine individuellen Leistungen dar.[432] Ebenso wenig sind alphabetische oder numerische Anordnungen von Daten in auf- oder absteigender Folge schöpferische Leistungen.[433]

Da im B2B Daten der Produktkataloge über gewöhnliche Softwareanwendungen verwaltet und über sog. Webfrontend-Module sowohl von Nutzern als auch von Administratoren über Internet-Browser-Software wie andere Internetseiten eingesehen und abgefragt werden können, ist eine schöpferischer Charakter dieser Zugangsmodalitäten nicht gegeben.

Auch ergibt sich im B2B kein Schöpfungscharakter aus der Abfrage der Produktkataloge, denn die Anbieter greifen auf standardisierte Klassifizierungen für Produkte zurück, um auf diesem Wege Einkäufern das Auffinden gesuchter Produkte zu erleichtern.[434]

---

431 Individualität kann sich nur aus der Eleganz, Leichtigkeit und Benutzerfreundlichkeit der durch das Computerprogramm zur Verfügung stehenden Zugangs- und Abfragemöglichkeiten ergeben, Loewenheim, in: Schricker, Urheberrecht, § 4 Rn. 35.

432 Loewenheim, in: Schricker, Urheberrecht, § 4 Rn. 35.

433 Ein schöpferischer Gestaltungsakt durch Anordnung der Daten scheidet bei nichtelektronischen Datenbanken häufig aus, weil alphabetische, numerische und chronologische Prinzipien als gängige Ordnungskriterien kein individuelles Schaffen begründen können. Sie sind vielmehr allgemein üblich und folgen Geboten der Zweckmäßigkeit und Logik. Bei digitaler Speicherung ist die Anordnung der Daten auf einem Speichermedium entweder physikalisch oder durch das verwendete Computerprogramm vorgegeben. Es handelt sich mithin lediglich um banale Ordnungskriterien, vgl. Berger, GRUR 1997, 169 (174); Dreier, GRUR Int. 1992, 739 (741, 745); Hoebbel, CR 1993, 12 (15); Wiebe, CR 1996, 198 (201); Loewenheim, in: Schricker, Urheberrecht, § 4 Rn. 35.

434 Zumeist erfolgt die Klassifizierung nach der international standardisierten Klassifizierung für Katalogelemente UN/SPSC. Danach werden Waren und Dienstleistungen ihren

Weder der Zugang zu den Daten der Kataloge noch die Abfrage der in den Katalogen enthaltenen Elemente lässt auf ein schöpferisches Wirken der Unternehmen im B2B schließen, das in besonderem Maße schutzwürdig wäre.

4. Zwischenergebnis

Ein urheberrechtlicher Werkschutz für die Daten der im B2B verwendeten Produktkataloge und Datensammlungen scheidet daher mangels schöpferischen Charakters von Anordnung und Auswahl der Daten aus. Datensammlungen im B2B sind keine schutzfähigen Datenbankwerke im Sinne des § 4 UrhG.

III. Schutz von Daten in einfachen Datenbanken

Jedoch verhindert der fehlende Schöpfungscharakter einen Schutz von Datensammlungen durch gewerblichen Rechtsschutz nicht generell. Auch nichtschöpferische Datensammlungen genießen gewerblichen Rechtsschutz nach dem Urheberrechtsgesetz, soweit sie durch unternehmerische Investitionen entstanden sind.[435] Dies gilt nach §§ 87a ff. UrhG auch für die durch Investitionen von Unternehmen im B2B entstandenen elektronischen Datenbanken.[436]

1. Wesentliche Investition in eine Datenbank im B2B

Leistungsschutz besteht im B2B nur für systematisch-methodisch angeordnete Sammlungen unabhängiger Elemente, deren Herstellung den Unternehmen wesentliche Investitionen abverlangt hat.[437]

Geschützt werden sämtliche wirtschaftlichen Aufwendungen für den Aufbau und die Darstellung. Auswählende oder aktualisierende Überprüfungen der Da-

---

Eigenschaften entsprechend in Gruppen eingeteilt. Es handelt sich um eine hierarchische Produktklassifizierung auf fünf Ebenen, von denen jede durch zwei Stellen repräsentiert wird. Der sich daraus ergebende zehnstellige Schlüssel enthält das Segment (z.B. Büroausstattung), die Familie (z.B. Büromaschine), die Klasse (z.B. Verpackungsmaschine) und die Gruppe des Produkts (z.B. Bindemaschine) sowie dessen Geschäftsfunktion (z.B. geleaste Bindemaschine), vgl. http://www.tnem.de/unspsc.htm; vertiefend http://www.unspsc.org (24.10.2009).

435 Als europäische Besonderheit im Vergleich zum US-Copyright wird die reine, zumeist mit erheblichen Kosten verbundene Fleißarbeit geschützt, Gounalakis, GRUR Int. 2004, 480 (482), vgl. ferner Thum, in: Wandtke/Bullinger, UrhR, Vor. §§ 87a ff. UrhG Rn. 1.

436 Es handelt sich in diesem Fall um einen Schutz sui generis, eine in sich geschlossene Regelung mit eigenen Schutzvoraussetzungen und Privilegierungen, Westkamp, S. 107; Gaster, Datenbanken, Rn. 416; Nack, GRUR Int. 2004, 227 (227).

437 Vogel, in: Schricker, Urheberrecht, § 87a Rn. 8.

tenbanken sind relevant,[438] soweit sie bei Planung, Erstellung und Betrieb[439], nicht schon im Vorfeld für die Erzeugung der Elemente einer zukünftigen Datenbank erbracht werden.[440]

Die Grenze verläuft zwischen der Beschaffung vorhandener und der Erstellung neuer Daten; zu unterscheiden ist das „Vorfinden" vom „Erfinden" der Daten.[441]

Quantitativ sind aus diesem Grund alle wirtschaftlichen Aufwendungen der Unternehmen wesentlich, die dem Aufbau, der Darstellung oder der Überprüfung der Datenbanken dienen und sie als selbstständige, schützenswerte Wirtschaftsgüter ausweisen.[442] Erfolgt hingegen ein Einpflegen und Aktualisieren

---

438 Richtet sich der urheberrechtliche Schutz bei Datenbankwerken auf einen Schutz der Struktur, betrifft der leistungsrechtliche Schutz die wesentlichen Investitionen des Herstellers einer Datenbank. Es kann sich dabei um finanzielle Aufwendungen oder auch aufgewendete Zeit, Arbeit und Energie handeln, Leistner, GRUR Int. 1999, 819 (825 f.); Vogel, in: Schricker, Urheberrecht, § 87a Rn. 15; Berger, GRUR 1997, 169 (173); Wiebe, CR 2005, 169 (179); vgl. auch Erwägungsgrund 40 der EG-Datenbankrichtlinie RL 96/9/EG, Abl. EG Nr. L 77.

439 In der Phase der Planung einer Datenbank sind die Aufwendungen zu berücksichtigen, die während der Beschaffung und Akquisition der Daten für Lizenzgebühren und Nutzungsrechte erbracht werden müssen, wobei sich die Beschaffung nur auf die Ermittlung bereits vorhandener Elemente bezieht. Klarstellend hat der EuGH in diesem Zusammenhang festgestellt, dass der Begriff der Beschaffung das Erzeugen der in der Datenbank enthaltenen Elemente ausschließt. Ferner sind die personellen und infrastrukturellen Maßnahmen zu berücksichtigen, die zur Strukturierung und Präsentation der Daten in den elektronischen Katalogen erforderlich sind. Auch der für den Betrieb einer Datenbank erforderliche Personaleinsatz, die Personalkosten der Prüfung von Katalogen und deren Funktionalität sowie die Kosten für die Unterhaltung der zum Hosting der Kataloge verwendeten Hard- und Software sind den Investitionen zuzurechnen, klarstellend EuGH, CR 2005, 10 (13) - Pferdesportdatenbank; vgl. Hoeren, MMR 2005, 34 (35).

440 Überprüfungen, die vor Erstellung einer Datenbank der Erzeugung von Elementen dienen, fallen somit nicht unter den beabsichtigten Investitionsschutz, EuGH, CR 2005, 10 (13) – Pferdesportdatenbank „William Hill", wobei sich Probleme bei der praktischen Durchführung der Abgrenzung ergeben werden, Wiebe CR 2005, 169 (171); kritisch zur Ausgrenzung der Mittel zur Erzeugung der Daten Lehmann, CR 2005, 15 (15 f.).

441 Leistner, K&R 2007, 457 (460).

442 Wird einerseits eine Investition von erheblichem substantiellen Gewicht gefordert, wird die Wesentlichkeit nur als niedrige Schutzschwelle angesehen, um die Begünstigung größere Datenbanken und die Bildung von Monopolen in den Händen weniger Datenbankhersteller zu verhindern. Die Kosten für die Datengewinnung können, sofern sie nicht mit der sammelnden, sichtenden und ordnenden Tätigkeit bei der Erstellung der Datenbank zusammenfallen, nicht berücksichtigt werden, Hoeren, MMR 2005, 34 (35); Vogel, in: Schricker, Urheberrecht, § 87a Rn. 16.

von Elementen durch Dritte, lässt sich dies den Datenbankerstellern nicht als wesentliche Investition zurechnen.[443]

Qualitative Wesentlichkeit ergibt sich nur für Datenbanken, deren Einführung mit einem Wettbewerbsvorsprung einzelner Unternehmen im B2B verbunden ist. Gleichwohl sollen Datenbanken durch das Kriterium der Wesentlichkeit nicht monopolisiert, sondern lediglich als Umsetzungen abstrakter Geschäftsideen durch Unternehmen im Wettbewerb besonders geschützt werden (§ 87a UrhG). Unternehmen sind daher auch bei gewerblichem Rechtsschutz für einzelne Datenbanken im B2B weiterhin berechtigt, abstrakte Geschäftsideen in eigene Datenbanken umzusetzen, solange sie dabei nicht bereits bestehende und nach § 87a UrhG geschützte Umsetzungen von Wettbewerbern kopieren.[444]

Sowohl in qualitativer als auch in quantitativer Hinsicht sind Investitionen für Aufbau und Pflege von Produkt- und Dienstleistungsdatenbanken im B2B gleichzustellen mit Datensammlungen außerhalb des B2B, die anerkanntermaßen einen wesentlichen Investitionsaufwand erfordern.[445]

Daten, die bereits bei Beginn der Handelstätigkeit vorhanden sind und zum Aufbau der Datenbanken im B2B verwendet werden, sind deshalb geschützt. Ferner sind Daten geschützt, die während der Tätigkeit im B2B entstehen und in eine bereits vorhandene Datenbank eingepflegt werden.

Preiskalkulationsdaten werden hingegen nicht speziell für Datenbanken geschaffen, sondern entstehen bereits vorab unabhängig von einer Datenbankerstellung, damit Unternehmen ihre Produkt oder Dienstleistung im B2B zum Kauf anbieten können. Sie zählen aus diesem Grund nicht zu den wesentlichen Investitionen in Datenbanken.

---

443 Cordes, in: Gramlich/Kröger/Schreibauer, Handbuch B2B Plattformen, § 17 Rn. 23.

444 Die Initiative und das Investitionsrisiko des Unternehmers sollen nach Erwägungsgrund 41 der Datenbank-Richtlinie den schützenswerten Vorsprung des Herstellers einer Datenbank begründen. Aus der neuartigen Kombination von Informationen, die bisher in dieser Form nicht so zusammengestellt worden sind, müssen sich dabei neue Nutzungsmöglichkeiten und Zusammenhänge ergeben. Gleiches gilt für bisher einmalige Einteilung oder Präsentation der Informationen im Rahmen einer Datenbank, Leistner, S. 156 f.

445 Herkömmlicherweise stellen Telefonverzeichnissen, Anzeigendatenbanken, Ausschreibungsblättern und Linksammlungen wesentliche Investitionen in Datensammlungen dar, BGH, GRUR 1999, 923 (925) ohne weitere Ausführungen zum Kriterium der Wesentlichkeit der Investition; LG Köln, CR 1999, 593 (593); LG Berlin, CR 1999, 388 (388), LG Köln, CR 2000, 400 (401); AG Rostock, CR 2001, 786 (786 f.); anders hingegen KG Berlin, GRUR-RR 2001, 102 (102 f.); insbesondere im Hinblick auf die Vergleichbarkeit mit Anzeigedatenbanken, Cordes, in: Gramlich/Kröger/Schreibauer, Handbuch B2B Plattformen, § 17 Rn. 23.

2. Reichweite des Datenbankschutzes

Datenbankherstellern wird im B2B das ausschließliche Recht zur Vervielfältigung, Verbreitung und öffentlichen Wiedergabe ihrer Kataloge und Datenbanken eingeräumt (§ 87b Absatz 1 Satz 1 UrhG).[446] Allerdings dürfen sie diesen Sui-generis-Schutz nicht missbrauchen, um die in den Daten ihrer Datenbanken enthaltener Informationen von jeglicher Kenntnisnahme auszuschließen.[447]

a. Wesentliche Teile

Das ausschließliche Verwertungsrecht soll vielmehr Investitionen der Unternehmen in elektronische Produktkataloge und sonstige Datenbanken schützen. Das Gesetz billigt Unternehmen deshalb ausschließlich das Recht zu, Datenbanken in ihrer Gesamtheit oder - nach Art und Umfang- in wesentlichen Teilen zu vervielfältigen, zu verbreiten und öffentlich wiederzugeben (§ 87 b Absatz 1 Satz 1 UrhG). Andere Unternehmen dürfen geschützte Produktkataloge im B2B weder kopieren noch für eigene Geschäftstätigkeiten mit Dritten verwenden.

Können Wettbewerber im B2B durch entnommene Daten eigene Datenbanksysteme aufbauen, die zu Quelldatenbanken der Wettbewerber konkurrenzfähig sind, liegen wesentliche Entnahmen aus den Datenbanken vor, auch wenn das Konkurrenzverhältnis zu den leistungsschutzberechtigten Wettbewerbern nur einen reduzierten Kundenkreis betrifft.

Unternehmen sind Handlungen untersagt, die geschützte Rechte von Datenbankherstellern im B2B verletzen und dadurch deren Investitionen in die Datenbank gefährden können.[448]

Maßgeblich ist im Einzelfall, in welchem Verhältnis der übernommene Teil zum Umfang der gesamten Datenbank steht, welche Bedeutung kopierte Daten für die Datenbank des Datenbankherstellers haben und wie groß der Nutzen des

446 Das Leistungsschutzrecht sui generis setzt sich laut Vorgabe der EG-Datenbankrichtlinie aus zwei Teilrechten zusammen, dem Recht zur Entnahme und dem Recht zur Weiterverbreitung der Inhalte einer Datenbank, Haberstumpf, GRUR 2003, 14 (28); das Vervielfältigungs- und Verbreitungsrecht erfassen die Formen körperlicher Verwertung, die öffentliche Wiedergabe hingegen die Formen unkörperlicher Verwertung, Vogel, in: Schricker, Urheberrecht, § 87b Rn. 10 ff.

447 Eine Monopolisierung von Information soll durch den Schutz nicht bezweckt werden, mit grundsätzlicher Kritik an der Datenbankrichtlinie Leistner, K&R 2007, 457 (457).

448 Parasitäre Konkurrenzprodukte und unberechtigte Nutzungshandlungen können qualitativ oder quantitativ einen erheblichen Schaden für die Investition verursachen, Vogel, in: Schricker, Urheberrecht, § 87b Rn. 9; Kotthoff, GRUR 1997, 597 (602); Thum, in: Wandtke/Bullinger, UrhR, § 87b Rn. 5; Gaster, CR 1997, 669 (673 f.).

Datenbankteils für das übernehmende Unternehmen ist.[449] Je mehr der übernommene Anteil strukturell der gesamten Datenbank ähnelt, desto eher kann von Wesentlichkeit des Anteils ausgegangen werden.[450]

b. Unwesentliche Teile

Handelt es sich hingegen lediglich um unwesentliche Teile der Datenbank, steht Datenbankherstellern ausschließlich das Recht zur wiederholten und systematischen Vervielfältigung, Verbreitung und öffentlichen Wiedergabe nur dann zu, wenn Verwertungshandlungen Dritter einer normalen Auswertung der Datenbank zuwiderlaufen oder berechtigte Interessen der Datenbankhersteller unzumutbar beeinträchtigen (§ 87 b Absatz 1 Satz 2 UrhG). Dritte sollten durch die Verwertung unwesentlicher Teile einer Datenbank keinen ähnlich großen Schaden für die Investition verursachen können, wie er durch Entnahme wesentlicher Teile möglich wäre.[451]

Der Zugriff auf die unwesentlichen Teile einer Datenbank muss im Rahmen einer Gesamtbetrachtung auf ein planmäßiges Vorgehen des übernehmenden Unternehmens schließen lassen.[452] Ein derartiges planmäßiges Vorgehen wird durch den Zugriff auf sich inhaltlich ergänzende Teile indiziert.[453] Die Entnahme oder Verwendung von Inhalten aus Datenbanken steht einer normalen Auswertung nur entgegen, wenn durch sie der Abschluss eines sonst erforderlichen Lizenzvertrages zur berechtigten Nutzung der Inhalte obsolet und damit die Amortisation der Investition gefährdet wird.[454]

Unternehmen im B2B dürfen aus elektronischen Katalogen anderer Teilnehmer nicht wiederholt einzelne Inhalte entnehmen, um eigene elektronische Katalog herzustellen oder sie anderweitig zum eigenen geschäftlichen Vorteil zu verwenden.

---

449 Vogel, in: Schricker, Urheberrecht, § 87b Rn. 9.

450 Thum, in: Wandtke/Bullinger, UrhR, § 87b Rn. 8.

451 Es handelt sich um einen Umgehungsschutz, Westkamp, S. 107; Leistner, GRUR Int. 1999, 819 (833).

452 Hertin, in: Fromm/Nordemann, Urheberrecht, § 87 Rn. 14; Vogel, in: Schricker, Urheberrecht, § 87 b Rn. 22.

453 Vorauszusetzen ist kumulativ sowohl ein wiederholter als auch ein systematischer Zugriff auf Daten der Datenbank. Nur durch den wiederholten Zugriff auf verschiedene unwesentliche Teile der Datenbank kann in der Summe ein wesentlicher Teil entnommen und/oder weiterverwendet werden, Leistner, GRUR Int. 1999, 819 (833); Vogel, in: Schricker, Urheberrecht, § 87 Rn. 22.

454 Erwägungsgrund 42 der EG-Datenbankrichtlinie, vgl. hierzu Vogel, in: Schricker, Urheberrecht, § 87 Rn. 23.

c. Einzelne Datensätze

Im Gegensatz zu wesentlichen und unwesentlichen Teilen der Kataloge im B2B, die sich durch das Datenbankherstellerrecht schützen lassen, scheidet ein Schutz für einzelne Daten der Kataloge aus. Ein derartiger Schutz würde die Grenze zur unzulässigen Monopolisierung von Informationsinhalten in Datenbanken überschreiten.

Zwar wäre aus Sicht der Datenbankhersteller aufgrund der Herstellungskosten eine faktische Ausschließlichkeit ihrer elektronischen Kataloge und Verzeichnisse im B2B wünschenswert,[455] doch entspricht dies nicht dem beabsichtigten Schutzzweck des Datenbankherstellerrechts. Trotz der bereits mit der Beschaffung der Informationen verbundenen Kosten sollen bei der Herstellung von Datenbanken erst die mit der systematischen und methodischen Anordnung verbundenen Investitionen Leistungsschutz genießen (§ 87a UrhG),[456] nicht hingegen die in den Daten der Datenbanken enthaltenen Informationsinhalte.[457]

3. Zwischenergebnis

Nehmen Unternehmen am B2B teil, können sie durch das Leistungsschutzrecht für Datenbankhersteller eine Entnahme und Weiterverbreitung wesentlicher Teile und - in bestimmten Grenzen - auch unwesentlicher Teile ihrer Datenbanken verhindern. Eine Verwertung würde stets ihre Zustimmung voraussetzen. Sie können die Entnahme und Verwertung einzelner Informationen aus den hergestellten Datenbanken aber nicht untersagen. Dies würde dem Postulat zu vermeidender Monopolisierung von Informationen in den Händen von Datenbankherstellern widersprechen.

Ein Schutz von Daten lässt sich durch das Leistungsschutzrecht nur für systematisch und methodisch angeordnete Daten mit wirtschaftlichem Verwertungswert erreichen, wie sie in Katalogen über die im B2B angebotenen Waren und Dienstleistungen enthalten sind.

Gleichwohl steht es am B2B teilnehmenden Unternehmen frei, eigene Datensammlungen aus beliebigen Quellen herzustellen, so lange sie dabei nicht wesentliche Teile oder wiederholt unwesentliche Teile der Produktkataloge ihrer Mitbewerber verwenden und dadurch deren Investitionen in den Aufbau und die Pflege der Datenbanken gefährden.

---

455 Reichman/Samuelson, 50 Vand. L. Rev. (1997), 51 (89 ff.).

456 Leistner, Datenbanken, S. 147.

457 In diesem Zusammenhang kritisch zu sole-source-Situationen, bei denen nur theoretisch die Möglichkeit einer Beschaffung von Daten aus anderen Quellen besteht, faktisch jedoch unmöglich ist, Leistner K&R 2007, 457 (458); Wiebe, CR 1996, 198 (202).

IV. Ergebnis

Das Schutzrecht sui generis für Hersteller von Datenbanken schützt im B2B nur systematisch und methodisch angeordnete Daten mit wirtschaftlichem Verwertungswert.

Im Übrigen scheidet ein gewerblicher Rechtsschutz für Daten der Unternehmen im B2B aus. Die Daten genießen weder durch den urheberrechtlichen Werkschutz noch den Erfindungsschutz des Patent- oder Gebrauchsmusterrechts eine rechtliche Privilegierung. Fehlt zum einen der schöpferische Charakter der Datensammlungen, mangelt es zum anderen an der Technizität einfacher Datendarstellungen.

Scheidet gewerblicher Rechtsschutz für Daten im B2B aus, können wettbewerbsrechtliche Instrumentarien die bestehende Schutzlücke füllen.[458]

458 Zum Verhältnis des Datenbankherstellerschutzes zum wettbewerbsrechtlichen Schutz, insbesondere hinsichtlich der lauterkeitsrechtlichen Schutzinstrumente, Leistner, K&R 2007, 457 (465).

Teil 5: Wettbewerbsrechtlicher Schutz für Unternehmensdaten

Sind Unternehmen im B2B-Markt um Vorteile gegenüber anderen Marktteilnehmern bemüht, soll das wettbewerbsrechtliche Lauterkeitsrecht im Gesetz gegen den unlauteren Wettbewerb (UWG) Exzesse verhindern, die die Grenzen des Erlaubten überschreiten.[459] Es schützt neben Verbrauchern auch Mitbewerber von Unternehmen und sonstige Marktteilnehmer vor unlauterem Wettbewerb und Offenbarung von Unternehmensgeheimnissen.[460] Daten im B2B können durch die Regelungen des Wettbewerbsrechts Schutz erfahren.

I. Schutz der Daten aus dem Verbot unlauteren Wettbewerbs

Ein ergänzender Leistungsschutz besteht für Daten der Unternehmen im B2B, soweit Sonderrechtsschutz aus gewerblichen Schutzrechten entfällt[461] oder Begleitumstände außerhalb der Tatbestände dieser Sonderrechte ergänzenden Leistungsschutz rechtfertigen.[462]

Ob B2B-Teilnehmer in Bezug auf Daten unlauteren Wettbewerb betreiben, kann sich aus dem nicht abschließenden Katalog von Regelbeispielen in § 4 UWG, der die bisherige lauterkeitsrechtliche Rechtssprechung widerspiegelt, oder aus einer Einzelfallbewertung nach § 3 UWG ergeben.

---

459 Das ebenfalls dem Wettbewerbsrecht zuzurechnende Kartellrecht bleibt im Rahmen dieser Betrachtung außen vor; zu den kartellrechtlichen Implikationen beim Betrieb elektronischer Marktplätze Lochen, Elektronische Marktplätze, S. 96 ff.

460 Insbesondere die Vorgaben der Generalklausel sind dem ergänzenden gewerblichen Rechtsschutz zuzuordnen, während der Schutz der Geschäftsgeheimnisse eher strafrechtlichen Charakter hat, Henning-Bodewig, GRUR 2004, 713 (714, 717).

461 Durch die Ergänzungsfunktion der lauterkeitsrechtlichen Generalklausel besteht ein Subsidiaritätsverhältnis zu den besonderen Vorgaben des gewerblichen Rechtsschutzes, BGH, GRUR 1992, 697 (699) - ALF; BGH GRUR 1993, 34 (37) - Bedienungsanweisung; BGH, GRUR 1994, 630 (632) - Cartier-Armreif; Köhler, in: Hefermehl/Köhler/Bornkamm, Unlauterer Wettbewerb, § 4 UWG Rn. 9.6; ausnahmsweise besteht kein Vorrang des gewerblichen Rechtsschutzes nur bei Irreführung im Rahmen von Verbrauchergeschäften nach § 4 Nr. 9 a UWG, zur dahingehenden Änderung der Rechtslage durch das UWG 2009, Lettl, GRUR-RR 2009, 41 (43).

462 BGHZ 134, 250 (267) - CB-infobank I; BGHZ 140, 183 (189) - Elektronisches Pressearchiv; BGH, GRUR 2002, 629 (631) - Blendsegel.

1. Geschäftliche Handlungen im B2B

Vorauszusetzen für den ergänzenden wettbewerbsrechtlichen Leistungsschutz ist, dass Unternehmen beim geschäftlichen Handeln im B2B Daten übernehmen. Relevant sind jegliche Verhaltensweisen zugunsten des eigenen oder eines fremden Unternehmens, die vor, bei oder nach einem Geschäftsabschluss erfolgen und mit der Förderung des Absatzes, dem Bezug von Waren und Dienstleistungen oder dem Abschluss beziehungsweise der Durchführung eines diesbezüglichen Vertrages objektiv zusammenhängen (§ 2 Absatz 1 Nr. 1 UWG). Sie müssen dazu geeignet sein, Marktverhältnisse zu beeinflussen.[463] Ob Unternehmen im B2B geschäftliche Handlungen in diesem Sinne vornehmen, bedarf jeweils einer konkreten Feststellung im Einzelfall anhand der gesetzlich vorgegebenen Kriterien[464]

a. Unternehmensbezogenheit der Handlung

Die Geschäftlichkeit einer Handlung erfordert eine gewisse Unternehmensbezogenheit. Sie muss auf Dauer angelegte und wirtschaftlich selbstständig sein. Außerdem muss sie sich darauf richten, Waren und Dienstleistungen gegen Entgelt zu vertreiben. Bereits konkrete Vorbereitungshandlungen zur Aufnahme eines Geschäftsbetriebes im Wettbewerb haben Unternehmensbezug und sind den geschäftlichen Handlungen nach § 2 Absatz 1 Nr. 1 UWG zuzurechnen.[465]

Werden Mitarbeiter eines Unternehmens bei Absatz oder Beschaffung von Waren und Dienstleistungen im B2B tätig, fördern sie die wirtschaftliche Tätigkeit eines Unternehmens zu kommerziellen Zwecken.

Grundsätzlich besteht daher ein Unternehmensbezug, wenn Personen im B2B tätig werden. Er entfällt nur dann, wenn Mitarbeiter ihre Rolle als Beschäf-

---

463 Köhler, in: Hefermehl/Köhler/Bornkamm, Unlauterer Wettbewerb, § 3 Rn. 2; Fezer, Lauterkeitsrecht, § 3 Rn. 9.

464 Für den Charakter der Handlung gelten allgemeine Grundsätze. Das Gesetz erfordert eine zurechenbare menschliche Verhaltensweise, die sich aus sämtlichem positiven Tun und Unterlassen, sei es durch Äußerungen oder rein tatsächliche Handlungen, ergibt, wobei beim primär heranzuziehenden positiven Tun erforderlich ist, dass die Handlung durch einen natürlichen Handlungswillen getragen wird. Gleichgültig ist, ob die Handlung durch eine natürliche Person erfolgt oder ein Organ für eine juristische Person handelt, vgl. Köhler, in: Hefermehl/Köhler/Bornkamm, Unlauterer Wettbewerb, § 2 Rn. 5.

465 Köhler, in: Hefermehl/Köhler/Bornkamm, Unlauterer Wettbewerb, § 2 Rn. 11.

tigte eines Unternehmens ablegen und anderen B2B-Teilnehmern ausschließlich als Privatpersonen gegenübertreten.[466]

b. Marktbezogenheit der Handlung

Geschäftliche Handlungen im B2B setzen ferner eine gewisse Marktbezogenheit voraus. Ob Verhaltensweisen im B2B marktbezogen sind, richtet sich sowohl objektiv als auch subjektiv danach, ob sie für Unternehmen im geschäftlichen Verkehr erfolgen. Marktbezogene Verhaltensweisen fördern gezielt den Absatz und Bezug von Waren und Dienstleistungen eines Unternehmens oder stehen unmittelbar in Zusammenhang mit dem Verkauf und der Lieferung von Waren beziehungsweise mit der Erbringung und der Inanspruchnahme von Dienstleistung.[467]

Da nicht nur der notwendige Marktbezug, sondern bereits eine Tätigkeit im B2B fehlt, wenn Unternehmer beziehungsweise Mitarbeiter von Unternehmen als Verbraucher agieren, fehlt Marktbezug vor allem dann, wenn Personen lediglich betriebsintern handeln.[468] Durch die Vernetzung der Bestellmöglichkeiten von Waren und Dienstleistungen mit unternehmensinternen Vorgängen ist im B2B diesbezüglich stets eine genaue Differenzierung geboten.

Unternehmensintern und damit nicht marktbezogen sind Verhaltensweisen im B2B, die keine Auswirkungen auf den Wettbewerb haben, sei es in Form interner Anweisungen, der Herstellung von Waren oder der Planung von Dienstleistungen.[469]

c. Ausrichtung auf Absatz und Bezug von Waren und Dienstleistungen

Relevant für den wettbewerbsrechtlichen Schutz sind im B2B alle Verhaltensweisen des Absatzwettbewerbs miteinander konkurrierender Anbieter von Waren und Dienstleistungen und des Nachfragewettbewerbs der Nachfrager gleich-

---

466 In dieser Ausnahmesituation wäre der Anwendungsbereich des Wettbewerbsrechts verschlossen und das Deliktsrecht käme für unlautere Handlungen dieser Personen in Betracht.

467 Maßgeblich ist, ob sie eine Absatzförderung bezwecken, Köhler, in: Hefermehl/Köhler/Bornkamm, Unlauterer Wettbewerb, § 2 Rn. 12.

468 Fezer, Lauterkeitsrecht, § 2 Rn. 24; Köhler, in: Hefermehl/Köhler/Bornkamm, Unlauterer Wettbewerb, § 2 Rn. 15.

469 Schwierig gestaltet sich die Abgrenzung bei Handlungen, die sowohl dem privaten als auch dem betrieblichen Interesse dienen (dual use). Dual use kann bei einer Tätigkeit im B2B vor allem dann bestehen, wenn Mitarbeiter für den Abschluss von Geschäften Prämien beziehen.

artiger Produkte. Für Waren und Dienstleistungen gilt dabei jeweils ein weites Begriffsverständnis,[470] wobei Dienstleistungen negativ von Waren abzugrenzen sind.[471] Nicht zu den Dienstleistungen zählen sämtliche Leistungen der Mitarbeiter in Erfüllung ihrer beruflichen Aufgaben für Unternehmen im B2B.[472]

Den geschäftlichen Handlungen sind deshalb nur Dienstleistungen zuzurechnen, die Mitarbeiter von Unternehmen im B2B erbringen, um den Absatz der Waren und Dienstleistungen des eigenen Unternehmen zu fördern oder dessen Bezug von Waren und Dienstleistungen zu ermöglichen.

d. Förderung des Wettbewerbs

Da selbst eine mittelbare Förderung des Wettbewerbs ausreicht, wie sie bereits durch das Anpreisen bestimmter Waren und Dienstleistungen erfolgt,[473] muss das Verhalten der Marktteilnehmer im B2B mit der Förderung des Wettbewerbs zwischen den Unternehmen objektiv im Zusammenhang stehen.

Treten Mitarbeiter von Unternehmen im B2B mit anderen Unternehmen in geschäftlichen Kontakt, eignet sich das Ereignis der Kontaktaufnahme stets zur Förderung des Wettbewerbs. Kommunikation zwischen Mitarbeitern unterschiedlicher Unternehmen im B2B dient herkömmlicherweise keinen privaten oder idealistischen Zielen, sondern erfolgt im objektiven Zusammenhang möglichen Handels mit Waren und Dienstleistungen über elektronische Systeme.

Objektiv sind sämtliche Verhaltensweisen zurechenbar, unabhängig davon, ob Tätigkeiten zum Aufgabenbereich einer Person gehören.

Auch das Verhalten nicht beauftragter Personen kann, sogar zeitlich verzögert, zum Absatz und Bezug von Waren und Dienstleistungen beitragen.[474]

---

470 Waren sind materielle Wirtschaftsgüter, die Gegenstand des geschäftlichen Verkehrs sein können, BGH, GRUR 1976, 316 (317) – Besichtigungsreisen II; BGH, GRUR 1979, 553 (554) – Luxus-Ferienhäuser. Dienstleistungen sind die immateriellen Wirtschaftsgüter. Sie sind Tätigkeiten für einen Anderen, bei denen der Erfolg des Dienstes nur dem anderen und nicht dem Dienstleister selbst zukommt, Jacobs/Lindacher/Teplitzky, UWG, § 2 Rn. 14.

471 Dienstleistungen sind damit alle geldwerten gewerblichen Leistungen, die nicht unter den Begriff der Ware fallen, Fezer, Lauterkeitsrecht, § 2 Rn. 64.

472 Jacobs/Lindacher/Teplitzky, UWG, § 2 Rn. 14; zustimmend Fezer, Lauterkeitsrecht, § 2 Rn. 65.

473 Köhler, in: Hefermehl/Köhler/Bornkamm, Unlauterer Wettbewerb, § 2 UWG, Rn. 23.

474 Die positive Feststellung einer Wettbewerbsförderungsabsicht bedarf es nicht mehr, BR-Drucksache 345/08, S. 39 f., wie noch gefordert von BGH, GRUR 1962, 45 (48) – Betonzusatzmittel; BGH, GRUR 1996, 798 (800) – Lohnentwesungen; ferner Köhler, in: Hefermehl/Köhler/Bornkamm, Unlauterer Wettbewerb, § 2 UWG, Rn. 36.

Einzelkaufleute fördern im B2B ihre eigene Unternehmung, während Mitarbeiter und Organe für die juristische Person ihres Unternehmens tätig werden.[475]

e. Beeinflussung von Marktverhältnissen

Lauterkeitsrechtlich bedeutsam werden Verhaltensweisen, sobald sie die Marktverhältnisse beeinträchtigen.

Die Marktverhältnisse ergeben sich im B2B bereits abstrakt aus den Interessen der Anbieter und Nachfrager von Waren und Dienstleistungen am eigenen Produktabsatzes, einer Förderung des fremden Wettbewerbs oder eigenem Marktverhalten im Nachfragewettbewerb.[476] Konkrete Wettbewerbsverhältnisse zu anderen Unternehmen werden hingegen nicht vorausgesetzt.[477]

Geschäftliches Handeln der B2B-Teilnehmer beeinflusst abstrakt die Interessen der als Anbieter und Nachfrager von Waren oder Dienstleistungen im B2B tätigen Unternehmen und konkret die Interessen des mit dem jeweiligen B2B-Teilnehmer im konkreten Marktsegment um Geschäftsabschlüsse konkurrierenden Wettbewerbers, unabhängig davon, ob ein konkretes Handeln zum Nachteil eines Unternehmens erfolgt.

Grundsätzlich erfüllt daher die B2B-Handelssituation alle Voraussetzungen geschäftlichen Handelns im Sinne des UWG. Ob jedoch ein besonderer Schutz für Daten besteht, richtet sich danach, ob der Zugriff auf oder der Gebrauch der Daten anderer Unternehmen den Schutzzweck des UWG verletzt, indem er eine Wettbewerbsbeeinträchtigung verursacht.

2. Wettbewerbsbeeinträchtigung

Zentrales Schutzobjekt des Wettbewerbsrechts ist der lautere und unverfälschte Wettbewerb in der Qualität, die sich aus der Struktur und Funktion der Wettbewerbsfreiheit der Marktteilnehmer ergibt. Wettbewerbsbeeinträchtigungen werden stets objektiv aus Sicht vernünftiger Wettbewerber beurteilt.[478] Maßgeblich ist, ob Wettbewerbsprozesse aufgrund des Wettbewerbsverhaltens einzelner

475 Das Unternehmen muss für dieses Verhalten kraft Zurechnung gemäß § 8 Absatz 2 UWG haften, Köhler, in: Hefermehl/Köhler/Bornkamm, Unlauterer Wettbewerb, § 2 UWG, Rn. 5.

476 BT-Drucksache 15/1487 S. 16.

477 Köhler, in: Hefermehl/Köhler/Bornkamm, Unlauterer Wettbewerb, § 2 UWG, Rn. 48.

478 Sog. reasonable competitor, Fezer, Lauterkeitsrecht, § 3 Rn. 12 f.; zur neuen Rechtslage Lettl, GRUR-RR 2009, 41 (42).

Marktteilnehmer einen anderen Verlauf nehmen oder zumindest nehmen können.[479]

a. Objektive Eignung

Objektiv eignen sich alle Handlungen im geschäftlichen Verkehr mit zur Beeinflussung der Wettbewerbsverhältnisse nötiger Außenwirkung.[480] Sie müssen äußerlich geeignet sind, den Absatz oder Bezug von Waren und Dienstleistungen einer Person zum Nachteil einer anderen Person zu fördern.[481]

Greifen Unternehmen im B2B auf Daten anderer Marktteilnehmer zu, um diese für eigene Geschäftszwecke oder die Geschäftszwecke Dritter zu verwenden, handelt es sich um Handlungen im geschäftlichen Verkehr, die objektiv zur Beeinflussung des Marktes geeignet sind.

b. Nachteiligkeit

Der Gebrauch fremder Daten ist als Marktbeeinflussung unzulässig, wenn er zum Nachteil eines Mitbewerbers oder sonstiger Marktteilnehmer im B2B erfolgt. Da Lauterkeit im Wettbewerb nicht um ihrer selbst Willen geschützt werden soll, müssen Wettbewerbsbeeinträchtigungen tatsächlich zu einer Beeinträchtigung geschützter Interessen der Marktteilnehmer führen können.[482] Nicht erforderlich ist hingegen der Eintritt eines tatsächlichen Nachteils in Form eines Schadens oder einer sonstigen Verschlechterung der Marktstellung von Wettbewerbern.[483]

---

479 Köhler, in: Hefermehl/Köhler/Bornkamm, Unlauterer Wettbewerb, § 3 Rn. 52.

480 Sie müssen die Stellung eines Unternehmens im Markt irgendwie beeinträchtigen; selbst Werbemaßnahmen als Maßnahmen zur Vorbereitung künftigen Wettbewerbs haben bereits die für eine Wettbewerbsbeeinträchtigung nötige Außenwirkung, Fezer, Lauterkeitsrecht, § 3 Rn. 14 f. und 18; Köhler, in: Hefermehl/Köhler/Bornkamm, § 3 Rn. 53. Nicht geeignete sind hingegen Vorgänge, die keine Außenwirkung auf den Wettbewerb haben, beispielsweise Fragen in Zusammenhang mit abgeschlossenen Geschäften (Erfüllung, Gewährleistung etc.), solange diese nicht mit einer Werbemaßnahme verknüpft sind, die sich nachteilig auf die Interessen der anderen Marktteilnehmer auswirken, so bei der Einräumung von Abrechnungsmodalitäten in BGHZ BGH GRUR 1990, 609 - Monatliche Ratenzuschläge.

481 Die erforderliche Zielrichtung, Absatzchancen von Wettbewerbern am Markt zum Guten oder Schlechten zu beeinflussen, besteht nach der europäischen Harmonisierung des UWG nicht mehr, ständige Rechtsprechung seit BGHZ 3, 270 (277) - Constanze I; vgl. Fezer, Lauterkeitsrecht, § 3 Rn. 15 Fn. 12.

482 Köhler, in: Hefermehl/Köhler Bornkamm, Unlauterer Wettbewerb, § 3 Rn. 56.

483 Eine Nachteiligkeit der Wettbewerbsbeeinträchtigung hypothetischer Natur reicht allerdings nicht aus, so Fezer, Lauterkeitsrecht, § 3 Rn. 20.

Durch die Übernahme von Katalogen, Kunden- oder Lieferantenverzeichnissen eines Wettbewerbers lassen sich die eigene und die fremde Wettbewerbsposition im B2B-Markt nachhaltig beeinflussen. Unternehmen bekommen die Möglichkeit, Kunden- und Lieferanten anderer Unternehmen abzuwerben. Im Gegenzug erlangen die betroffenen Unternehmen bei der Übernahme und Nutzung ihrer Daten durch andere Unternehmen und Wettbewerber keine Vorteile. Die unberechtigte Datenübernahme ist für sie stets nachteilig.

Werden im B2B deshalb Daten anderer Marktteilnehmer ohne deren Zustimmung für eigene geschäftliche Zwecke verwendet, handelt es sich um objektive Beeinträchtigungen des Wettbewerbs zwischen Mitbewerbern, die sich zu Lasten der als Datenquellen dienenden Unternehmen und zum Vorteil der Daten nutzenden Unternehmen auswirken.

3. Spürbarkeit

Indessen ist eine Datenübernahme wettbewerbsrechtlich nur relevant, wenn daraus resultierende Nachteile für betroffene Unternehmen spürbar sind und die Schwelle zur Bagatelle überschreiten.

Dies muss sich aus einer Gesamtschau der tatsächlichen Umstände und des konkreten Wettbewerbssachverhalts ergeben.[484] Grundlage dieser Gesamtschau sind Prognosen der Auswirkungen von Wettbewerbsbeeinträchtigungen auf den B2B-Markt, der Art und Schwere der wettbewerbswidrigen Handlung, der Intensität der Interessenberührung von Marktteilnehmern und Mitbewerbern sowie aller objektiven und subjektiven Umstände der handelnden und betroffenen Markteilnehmer.[485]

Die Wettbewerbsstellung und die Konkurrenzsituation der Wettbewerber sind zu berücksichtigen. Auch müssen Intensität, Häufigkeit und Vorwerfbarkeit der Wettbewerbsverstöße sowie daraus zu erlangende Wettbewerbsvorteile in die Gesamtschau einfließen. Darüber hinaus ist die besondere Schutzbedürftigkeit des betroffenen Wettbewerbers zu berücksichtigen.[486]

Ermöglicht die Datenübernahme Marktteilnehmern Vorteile gegenüber Wettbewerbern im gleichen Marktsegment, ist die Datenübernahme stets erheblich. Handelt es sich hingegen um Akteure unterschiedlicher Branchen, scheidet eine erhebliche Datenübernahme zumeist aus. Jedoch ergibt sich auch bei Branchenverschiedenheit eine spürbare Wettbewerbsbeeinträchtigung, wenn Unter-

---

484 Fezer, Lauterkeitsrecht, § 3 Rn. 35, 37.

485 Köhler, in: Hefermehl/Köhler/Bornkamm, Unlauterer Wettbewerb, § 3 Rn. 55 f.; Fezer, Lauterkeitsrecht, § 3 Rn. 38.

486 Fezer, Lauterkeitsrecht, § 3 Rn. 39; Köhler, in Hefermehl/Köhler/Bornkamm, Unlauterer Wettbewerb, § 3 Rn. 58.

nehmen eines Marktsegments mit konkurrierenden Unternehmen anderer Marktsegmente interagieren.

4. Rechtsbruch

Datenübernahmen im B2B sind als Wettbewerbshandlungen nach § 4 Nr. 11 UWG unlauter, wenn sie zum Rechtsbruch führen.[487]

Ein Rechtsbruch im Sinne des § 4 Nr. 11 UWG erfolgt, wenn geschäftliche Handlungen von Unternehmen gesetzliche Normen zur Regelung des Marktverhaltens der Marktteilnehmer verletzen.[488]

Grundsätzlich keine Marktverhaltensregelungen sind Vorschriften des geistigen Eigentumsschutzes beziehungsweise Datenschutzes.[489] Hingegen sind die im UWG selbst geregelten Straftatbestände Marktverhaltensregeln im Sinne des § 4 Nr. 11 UWG, soweit sie Wettbewerbshandlungen im Sinne des § 2 Absatz 1 Nr. 1 UWG erfordern.[490]

Verletzen Unternehmen im B2B Betriebs- und Geschäftsgeheimnisse anderer B2B-Teilnehmer durch geschäftliche Handlungen, erfolgt ein Rechtsbruch im Sinne des § 4 Nr. 11 UWG.[491] Findet ein Missbrauch von Daten eines Unternehmens jedoch bereits vor dessen geschäftlicher Tätigkeit im B2B statt, handelt es sich hingegen um keinen Rechtsbruch im geschäftlichen Verkehr, auch wenn die daraus gewonnenen Erkenntnisse nachfolgend bei geschäftlichem Tätigwerden verwendet werden.

5. Nachahmung

Zwar gilt grundsätzlich im Wettbewerbsrecht das Prinzip der Nachahmungsfreiheit, doch kann die Nutzung von Daten anderer Unternehmen als Nachahmung unlauter sein.

---

487 Zum unlauteren Wettbewerb durch Rechtsbruch in der instanzgerichtlichen Rechtsprechung, Lettl, GRUR-RR 2004, 225 ff.

488 Der betreffenden Norm muss zumindest eine sekundäre Schutzfunktion zu Gunsten des Wettbewerbs zukommen, BGHZ 150, 343 (346 f.) - Elektroarbeiten; vgl. auch RegE UWG 2004, BT-Drucksache 15/1487, S. 38.

489 Köhler, in: Hefermehl/Köhler/Bornkamm, Unlauterer Wettbewerb, § 4 Rn. 11.40, 11.42.

490 § 17 UWG bestimmt, dass eine Verletzung von Betriebs- und Geschäftsgeheimnissen strafbar ist, Köhler, in: Hefermehl/Köhler/Bornkamm, Unlauterer Wettbewerb, § 4 Rn. 11.173.

491 Erforderlich ist jedoch ein unmittelbarer Zusammenhang zwischen Rechtsbruch und geschäftlichen Handlungen, BGH in ständige Rechtsprechung seit BGHZ 144, 255 (266)– Abgasemissionen.

Fremde Leistungen dürfen nachgeahmt werden, solange die Nachahmung nicht ausdrücklich gesetzlich verboten ist oder besondere Umstände vorliegen, die eine Wettbewerbswidrigkeit der Verhaltensweise begründen.

Im B2B ergeben sich besondere wettbewerbswidrige Umstände nach § 4 Nr. 9 c UWG, wenn Unternehmen Waren oder Dienstleistungen anbieten, die solche anderer Unternehmen nachahmen, wobei sie Informationen aus Daten verwenden, die unredlich erschlichen wurden.[492]

a. Angebot von Waren und Dienstleistungen

Die nachgeahmten Waren und Dienstleistungen müssen nicht zwangsläufig Produkte des unmittelbaren Leistungsaustauschs im B2B sein. Erfasst werden Leistungsergebnisse der Unternehmen aller Art, gleichgültig ob sie sonderrechtsschutzfähig sind oder nicht.[493]

Auch Zusammenstellungen von Daten für bestimmte Zwecke im Rahmen einer Geschäftstätigkeit zwischen Unternehmen fallen hierunter, beispielsweise Werbemittel für Waren und Dienstleistungen in Form von Katalogen, Preislisten, Mustern oder Prospekten,[494] wobei diese nicht zwingend verkörpert sein müssen. Sie werden auch als Bestandteile von Internetseiten erfasst.[495]

Abstrakte Ideen der B2B-Unternehmen sind mangels konkreter Gestaltung hingegen nicht Gegenstand des ergänzenden wettbewerbsrechtlichen Leistungsschutzes.[496] Gleiches gilt für bestimmte Stile, Techniken und Methoden, selbst

---

492 In diesem Falle kann der Mitbewerber durch § 8 UWG zur Unterlassung und gemäß § 9 UWG zum Schadensersatz verpflichtet werden, Richters/Wodtke, Betriebs- und Geschäftsgeheimnisse, Rn. 150; Ohly, GRUR 2004, 889 (898 f.); Sambuc, UWG-Nachahmungsschutz, Rn. 9.

493 Auch Leistungsergebnisse, für die ein Sonderrechtsschutz noch nicht oder nicht mehr besteht, z.B. vor Erlangung eines Patents oder nach Ablauf der Schutzfrist können wettbewerbsrechtlichen Leistungsschutzes erhalten, BGH, GRUR 1963, 423 (428) - coffeinfrei; BGH, GRUR 1969, 190 (191 f.) - halazon; BGH, GRUR 1977, 614 (615) - Gebäudefassade; Köhler/Pieper, UWG, §1 (aF) Rn. 624; Köhler, in: Hefermehl/Köhler/Born-kamm, Unlauterer Wettbewerb, § 4 UWG, Rn. 9.21.

494 BGH, GRUR 1961, 86 (86) – Pfiffikus-Dose; OLG Hamburg, GRUR 1972, 430 (430); OLG Hamm, GRUR 1981, 130 (130); BGHZ 141, 329 (344 f.) - Tele-Info-CD; OLG München, GRUR 2003, 329 (330) – Chart-Listen; hinweisend auf die Möglichkeit einer analogen Anwendung Köhler, in: Hefermehl/Köhler/Bornkamm, § 4 UWG, Rn. 9.21.

495 OLG Hamm, GRUR-RR 2005, 73 (74) – Web-Grafiken.

496 Auch wenn sie als Geschäfts- oder Gestaltungsideen möglicherweise Geschäftsgeheimnisse im Sinne des § 17 UWG enthalten, ergibt sich der ergänzende wettbewerbsrechtliche Leistungsschutz erst durch die konkrete Gestaltung eines Erzeugnisses. Es besteht in sofern eine Parallelität zum Urheberrechtsschutz, vgl. BGH, GRUR 1995, 47 (48) – Rosaroter Elefant; BGH, GRUR 2002, 629 (633) - Blendsegel; BGH, GRUR 2003, 359

wenn es sich dabei um geschäftliche Methoden von Unternehmen handeln sollte.[497]

Werden Gestaltungsideen durch Wettbewerber übernommen, handeln sie nicht unlauter, selbst wenn das Ursprungsprodukt einen hohen Bekanntheitsgrad genießt und der Markt mit der spezifischen Gestaltung einen bestimmten Wettbewerber verbinden sollte.[498]

Nach § 4 Nr. 9 c UWG werden verkörperte Waren, Dienstleistungen und Daten geschützt, soweit sie Ergebnisse eines unternehmerischen Erzeugungsprozesses sind. Generieren Unternehmen im B2B Daten, werden diese vor Nachahmungen geschützt, selbst wenn es sich um solche handeln sollte, die lediglich zu Werbezwecken in Form von Katalogen und Preislisten erstellt wurden. Erforderlich ist jedoch, dass ihnen eine wettbewerbliche Eigenart zukommt.

b. Wettbewerbliche Eigenart

Das UWG schützt nur Leistungsergebnisse mit wettbewerblicher Eigenart,[499] die besteht, wenn konkrete Ausgestaltungen oder bestimmte Merkmale eines Erzeugnisses geeignet sind, interessierte Verkehrskreise auf die betriebliche Herkunft oder seine Besonderheiten hinzuweisen.[500]

Die wettbewerbliche Eigenart ergibt sich aus übernommenen Gestaltungsmerkmalen.[501] „Allerweltserzeugnisse“ und „Dutzendware“ sind deshalb nicht schutzwürdig. Das betreffende Erzeugnis muss sich vielmehr von anderen ver-

---

(361) – Pflegebett; ebenso Köhler, in: Hefermehl/Köhler/Bornkamm, Unlauterer Wettbewerb, § 4 UWG, Rn. 9.23.

497 Wettbewerbsrechtlicher Leistungsschutz würde in diesen Fällen zu einer Monopolisierung von Informationen in den Händen einzelner Wettbewerber führen und damit das Interesse der Allgemeinheit an einer freien Zugänglichkeit stören, BGH, GRUR 2003, 359 (361) – Pflegebett; Jänich, GRUR 2003, 483 (487).

498 Köhler, in: Hefermehl/Köhler/Bornkamm, Unlauterer Wettbewerb, § 4 UWG, Rn. 9.23.

499 Die Gesetzesbegründung stellt klar, dass sich insoweit keine Änderung zur Rechtslage vor der gesetzlichen Neufassung ergibt, Regierungsentwurf zu § 4 Nr. 9 UWG, BT-Drucksache 15/1487, S. 18.

500 Ständige Rechtsprechung des BGH, vgl. aus der neueren Judikatur BGH, GRUR 2000, 521 (523) – Modulgerüst; BGH, GRUR 2002, 86 (89) – Laubhefter; BGH, GRUR 2002, 359 (360) – Pflegebett; BGH, GRUR 2003, 973 (974) – Tupperwarepart, für eine wettbewerbliche Eigenart bei Waren- und Dienstleistungsangeboten, BGH, GRUR 2002, 275 (277) – Noppenbahnen.

501 Für den betroffenen Verkehrskreis muss sich aus den äußerlich für ihn erkennbaren besonderen Gestaltungsmerkmalen eine bestimmte Herkunft oder Besonderheit des Erzeugnisses ergeben, vgl. BGH, GRUR 1999, 923 (927) – Tele-Info-CD; BGHZ GRUR 2002, 820 (822) – Bremszangen.

gleichbaren Erzeugnissen für die angesprochenen Verkehrskreis in deutlichem Maße unterscheiden.[502]

Waren und Dienstleistungen, die im B2B angeboten werden, genießen wettbewerbliche Eigenart durch Merkmale ästhetischer oder technischer Art sowie Zugehörigkeit zu bestimmten Programmlinien.[503]

Daten bekommen wettbewerbliche Eigenart durch besondere Art der Gestaltung oder besondere Qualität ihrer Informationsinhalte.[504] Sie unterscheiden sich von anderen Daten durch den Personal- und Kostenaufwand, der für die Erlangung und Bearbeitung der Rohdaten sowie deren Aktualisierung erforderlich ist.[505]

Werden Daten vom Rechtsverkehr einer bestimmten Datenquelle zugeordnet und mit besonderen Gütevorstellungen verbunden, haben sie auch ohne besondere äußere Gestaltung wettbewerbliche Eigenart und werden nach § 4 Nr. 9 c UWG geschützt. Besondere Gütevorstellungen bestehen für Daten, die aufgrund ihrer Herkunft Vollständigkeit und Richtigkeit erwarten lassen.[506] Lediglich äußere Merkmale eines Internet-Angebots lassen jedoch nicht auf eine bestimmte betriebliche Herkunft oder Besonderheit schließen.[507]

Entscheidend für die wettbewerbliche Eigenart ist nicht die tatsächliche Bekanntheit eines Angebots.[508] Maßgeblich ist vielmehr, ob die Herkunft eines bestimmten Waren- und Dienstleistungsangebots erwarten lässt, dass es in relevantem Umfang im Markt angenommen werden wird.[509] Allerdings indiziert der

---

502 OLG Köln, GRUR-RR 2004, 21 (22) – Küchen-Seiher.

503 Bei Kennzeichen ist hingegen zumeist der Markenrechtsschutz vorrangig, vgl. Köhler, in: Hefermehl/Köhler/Bornkamm, Unlauterer Wettbewerb, § 4, Rn. 9.27 ff.

504 Beispielsweise kann die besondere Art der Gestaltung in der Verwendung einer bestimmten Schrift oder Symbolik liegen, wobei in diesem Fall der Vorrang des Markenschutzes zu beachten ist, Köhler, in: Hefermehl/Köhler/Bornkamm, Unlauterer Wettbewerb, § 4 UWG, Rn. 9.30.

505 OLG Frankfurt/M., CR 1996, 211 (213); OLG Frankfurt/M., CR 1995, 85 (87); LG Mannheim, CR 1996, 411 (411 f.); BGH, GRUR 1988, 308 (309) - Informationsdienst.

506 BGH, GRUR 1999, 923 (927) - Tele-Info-CD; ebenso schon die Vorinstanz OLG Frankfurt/M., CR 1997, 275 (278); Wiebe, MMR 1999, 474 (475).

507 In diesem Sinne jedoch Hoeren, GRUR 2004, 1 (3); äußere Gestaltungsmerkmale dagegen ablehnend Leistner, MMR 1999, 636 (641).

508 Im B2B werden angebotene Waren und Dienstleistungen eines B2B-Teilnehmers dadurch bekannt, dass dieser sich in Einkäuferkreisen durch besondere Zuverlässigkeit und Qualität einen guten Ruf erwirbt, Bausback, S. 232; Mack, S. 27.

509 Köhler/Piper, UWG, § 1 Rn. 614; Götting, in: Fezer, UWG, § 4-9 Rn. 33.

hohe Marktanteil von Waren und Dienstleistungen eines Anbieters im B2B dessen wettbewerbliche Eigenart.[510]

Qualitative wettbewerbliche Eigenart besteht für die Daten der Teilnehmer des B2B, mit denen sie zu anderen Unternehmen in Wettbewerb treten,[511] denn Produktkataloge, Preislisten und andere Werbemittel von Unternehmen werden auch in unverkörperter Form vor Nachahmung durch Wettbewerber geschützt, selbst wenn die Unternehmen durch ihre Produkte oder ihre Produktpräsentation keinen hohen Bekanntheitsgrad im B2B erworben haben.

Letztendlich muss jedoch im Einzelfall entschieden werden, ob die von einem Unternehmen im B2B verwendeten Daten sich von Daten der Mitbewerber derart unterscheiden, dass ihnen eine besondere wettbewerbliche Eigenart zukommt, die vor Nachahmungen zu schützen ist.

Auch wenn Daten eines B2B-Teilnehmers nicht oder nicht mehr durch gewerbliche Schutzrechte geschützt werden, ist die Übernahme der Daten wettbewerbswidrig, wenn die Datenanordnung wettbewerbliche Eigenart hat und besondere Umstände die Übernahme unlauter erscheinen lassen.[512]

c. Nachahmungscharakter

Haben Angebote von Waren und Dienstleistungen im B2B eine wettbewerbliche Eigenart, werden sie vor rechtswidriger Nachahmung durch Wettbewerber geschützt. Nachahmungen können im Einzelfall durch unmittelbare Leistungs-

---

510 Vgl. BGH, GRUR 1963, 152 (156) – Rotaprint; BGH, GRUR 2000, 521 (523) – Modulgerüst.

511 Eine qualitative Gütevorstellung wird mit Teilnehmerdaten eines Telefonverzeichnisses auf CD-Rom verbunden. Der Rechtsverkehr geht davon aus, dass es sich bei diesen Daten um ein vollständiges Verzeichnis der Telefonanschlüsse handelt und verbindet mit dieser Datensammlung das amtliche Telefonverzeichnis des ehemals staatlichen Telefonnetzbetreibers, der heutigen Deutsche Telekom AG. Die vom Rechtsverkehr mit den Telefonteilnehmerdaten verbundene Vorstellung unerreichter Vollständigkeit, Richtigkeit und Aktualität reiche für die Annahme einer wettbewerblichen Eigenart aus, so BGH, GRUR 1999, 923 (927) – Tele-Info-CD. Keine qualitative Gütevorstellung wird hingegen mit den „Gelben Seiten“ verbunden. Der Rechtskreis sieht in den „Gelben Seiten“ ein Exemplar einer Vielzahl von Branchenverzeichnissen ohne den für das amtliche Telefonbuch zeitweise geltenden „Monopolcharakter“, vgl. Wiebe, MMR 1999, 474 (475).

512 So der BGH in ständiger Rechtsprechung, vgl. BGH, GRUR 2001, 251 (253) mit weiteren Nachweisen. Gleichwohl wird man bei der Einzelfallbeurteilung auch die aus dem Sonderrechtsschutz bekannten Kriterien der Gestaltungshöhe, Neuheit, Lizenzfähigkeit, Markterschließung sowie Kosten- beziehungsweise Müheaufwand zu berücksichtigen haben, Götting, in: Fezer, Lauterkeitsrecht, § 4-9 Rn. 35,

übernahme,[513] fast identische Leistungsübernahme und nachschaffende Leistungsübernahme der B2B-Teilnehmer erfolgen.[514]

Werden Leistungen eines Unternehmens im B2B mit wettbewerblicher Eigenart unverändert durch andere Unternehmen übernommen, indem beispielsweise elektronische Kopien oder manuelle Reproduktion der gespeicherten Daten hergestellt werden, handelt es sich um unmittelbare Leistungsübernahmen.[515] Weichen die Unternehmen bei der Nachahmung von Daten hingegen nur geringfügig von den Originaldaten anderer Unternehmen im B2B ab, können nur noch fast identische Leistungsübernahmen entstehen.[516]

Nutzen Unternehmen Leistungen anderer Unternehmen lediglich als Vorlage, um eigene Datensammlungen unter Einsatz eigener Leistung zu schaffen, handeln sie lediglich bei nachschaffender Leistungsübernahme wettbewerbswidrig,[517] wenn die geschaffene Datensammlung des Unternehmens wesentliche Elemente des Originals aufweist. Weicht sie hingegen deutlich von diesem ab und ist das Original des anderen Unternehmens als Vorlage nicht wiederzuerkennen, ist keine nachschaffende Leistungsübernahme mehr gegeben.[518]

Wettbewerbsrechtlich relevante Leistungsübernahmen scheiden auch aus, wenn Unternehmen im B2B auf Produktinformationen ihrer Wettbewerber verweisen[519] oder Produkte zum Kauf anbieten, ohne zuvor die Einwilligung der Hersteller eingeholt zu haben[520].

Liegen hingegen identische oder fast identische Leistungsübernahmen vor, sind die Anforderungen an die wettbewerbliche Eigenart und die besonderen

---

513 Die Fallgruppe der unmittelbaren Leistungsübernahme war Gegenstand des Streits um den wettbewerbsrechtlichen Schutz von Telefonbuch-Daten, vgl. hierzu die Anmerkungen zur Tele-Info-CD-Entscheidung des BGH von Wiebe, MMR 1999, 474 (475).

514 Köhler, in: Hefermehl/Köhler/Bornkamm, Unlauterer Wettbewerb, § 4 UWG, Rn. 9.35 ff.

515 BGHZ 28, 287 (392 f.) - Nelkenstecklinge; BGHZ 51, 41 (45 f.) - Reprint; BGH, GRUR 1999, 923 (927) - Tele-Info-CD; Leistner, MMR 1999, 636 (641); Köhler, in: Hefermehl/Köhler/Bornkamm, Unlauterer Wettbewerb, § 4 UWG Rn. 9.35.

516 BGH, GRUR 2000, 521 (524) - Modulgerüst.

517 BGH, GRUR 1992, 523 (524) - Betonsteinelemente.

518 Solange das Original erkennbar bleibt, sind geringfügige Abweichungen vom Original unerheblich, vgl. BGH, GRUR 1963, 152 (155) - Rotaprint; OLG München, GRUR-RR 2003, 329 (330); OLG Köln, GRUR-RR 2003, 84 (85).

519 Zum Zugänglichmachen durch Setzen eines Hyperlinks BGH, NJW 2003, 3406 (3410) – Paperboy; dazu Heydn, NJW 2004, 1361 (1363).

520 Hierbei ist nach Ansicht des OLG Frankfurt der allgemeine Rechtsgedanke der Erschöpfung bedeutsam ist, OLG Frankfurt, GRUR 2002, 96 (96) – Kinder-Verkehrsübungsplatz; ablehnend Köhler, in: Hefermehl/Köhler/Bornkamm, Unlauterer Wettbewerb, § 4 Rn. 9.38.

wettbewerblichen Umstände gering.[521] Je stärker die Nachahmung dem Original ähnelt, desto geringer muss die wettbewerbliche Eigenart des Originals sein.[522]

d. Unredliche Erlangung von Kenntnissen und Daten

Nachahmungen sind im B2B unlauter, wenn Unternehmen für ihre Herstellung Kenntnisse und Daten anderer Unternehmen im B2B nutzen, die sie auf unredliche Weise erlangt haben.

aa. Erschleichen von Kenntnissen

Auch wenn Unlauterkeit stets anzunehmen ist, wenn Unternehmen im B2B Kenntnisse und Unterlagen auf strafbare Weise erlangen,[523] erfordert das unlautere Erschleichen der Kenntnisse und Daten nach § 4 Nr. 9 c UWG nicht zwingend strafrechtlichen Geheimnisschutz.[524] Unlauter handeln bereits Nachahmer, welche sich die für ihre Leistungsübernahme erforderliche Kenntnis fremder Vorlagen in verwerflicher Weise verschaffen,[525] ohne dabei heimlich vorzugehen.[526]

Im Gegensatz zum Geheimnisschutz müssen Daten bei Schutz vor unlauterer Nachahmung nicht zwingend durch den Inhaber geheim gehalten werden. Es genügt bereits, dass sie anderen B2B-Teilnehmern objektiv nicht bekannt sind.[527]

521 Ständige Rechtsprechung des BGH seit BGH, GRUR 1960, 244 (246) - Simili-Schmuck; vgl. auch die neuere Entscheidung BGH, GRUR 1996, 210 (211) - Vakuumpumpen.

522 Zwischen den Tatbestandsvoraussetzungen einer unzulässigen Nachnahme findet eine Wechselwirkung statt, BGH, GRUR 1992, 523 (524) - Betonsteinelemente; BGH, GRUR 1999, 923 (927) - Tele-Info-CD; Köhler, in: Hefermehl/Köhler/Bornkamm, Unlauterer Wettbewerb, § 4 Rn. 9.69.

523 Die Strafbarkeit kann sich aus dem Strafgesetzbuch oder strafrechtlichen Nebengesetzen ergeben, wozu auch einige Normen des UWG zu rechnen sind, Köhler, in: Hefermehl/Köhler/Bornkamm, Unlauterer Wettbewerb, § 4 Rn. 9.61.

524 Liegt ein solches vor, sind die sich insofern überschneidenden Tatbestände des § 4 Nr. 9 c und des § 4 Nr. 11 i.V.m. §§ 17, 18 UWG nebeneinander anwendbar, Köhler, in: Hefermehl/Köhler/Bornkamm, Unlauterer Wettbewerb, § 4 Rn. 9.60; Piper, in: Piper/Ohly, UWG, § 4 Rn. 11.364 f.

525 BGH, GRUR 1961, 40 (42) – Wurftaubenpresse; BGH, GRUR 2003, 356 (357) - Präzisionsmessgeräte.

526 Es genügt bereits, wenn detaillierte Erklärungen des Wettbewerbers im Rahmen der Präsentation eines Prototypen dazu verwendet werden soll, diesen entsprechen nachzubauen, Sambuc, in: Harte-Bavendamm/Henning-Bodewig, UWG, § 4, Rn. 156.

527 Die Grenzen zwischen einem Geheimnis im Sinne des § 17 UWG und der bloßen Unbekanntheit im Sinne des § 4 Nr. 9 c UWG sind fließend. Sie ergeben sich aus dem von

Unlauter handeln Unternehmen im B2B, wenn sie Daten anderer Unternehmen verwenden, die diese zwar nicht als Geheimnisse einstufen, aber auch nicht öffentlich zugänglich machen wollen, und unter Zuhilfenahme dieser Daten die Leistungen der Wettbewerber nachahmen.

bb. Nutzen von Daten unter Vertrauensbruch

Unlauterkeit durch Erschleichen von Kenntnissen wird oftmals durch den Geheimnisschutz verdrängt. Nach § 4 Nr. 9 c UWG handeln Unternehmen im B2B jedoch selbst dann unlauter, wenn sie Daten unter Bruch des Vertrauens anderer Unternehmen für eigene Nachahmungen nutzen.[528] Die Unredlichkeit ergibt sich daraus, dass redliche Unternehmen Daten zunächst in einem Vertrauensverhältnis zugänglich machen und andere Unternehmen dieses Vertrauensverhältnis für eine Übernahme der Daten missbrauchen.[529]

Die Anforderungen an ein Vertrauensverhältnis sind gering.[530] Es kann sich im B2B bereits aus losen Sonderverbindungen zwischen Unternehmen als Handelspartnern oder potentiellen Handelspartnern ergeben.[531]

Unternehmen, die Internet-Auftritte ihrer Wettbewerber im B2B nachahmen, handeln unlauter, wenn sie Erkenntnisse nutzen, die sie im Rahmen ihrer geschäftlichen Aktivitäten mit anderen Unternehmen aus Daten gewonnen haben, deren Informationsinhalt nicht für Reproduktionszwecke bestimmt war.[532]

---

§ 17 UWG geforderten Geheimhaltungswillen, der für § 4 Nr. 9 c UWG nicht erforderlich ist, und dem eng begrenzten Personenkreis des Geheimnisschutzes. Der Anwendungsbereich der Unlauterkeitsfallgruppe des Erschleichens von Kenntnissen liegt somit zwischen der durch § 17 UWG ohnehin geschützten Geheimhaltung und der ungeschützten Offenkundigkeit von Daten. Obgleich die Anforderungen an den Grad der Unzugänglichkeit der Daten schwanken, ist unumstritten, dass kein Erschleichen von Kenntnissen und Daten bei offenkundigen Daten möglich ist, Sambuc, in: Harte-Bavendamm/ Henning-Bodewig, UWG, § 4, Rn. 156.

528 Unlauter ist dabei erst die unredliche Verwendung der daraus gewonnenen Kenntnis, Sambuc, in: Harte-Bavendamm/Henning-Bodewig, UWG, § 4, Rn. 157.

529 BGH, GRUR 2003, 356 (357) – Präzisionsmessgeräte; vgl. auch Erdmann, in: Festschrift Vieregge, S. 197 (214).

530 Ein Vertrauensverhältnis lässt sich bereits dann annehmen, wenn zwischen den Parteien eine lockere Sonderverbindung besteht. Vertragsbeziehungen werden nicht zwingend vorausgesetzt. Rücksichts- und Obhutspflichten aus Vertragsverhandlungen sind bereits ausreichend BGH, GRUR 1964, 31 (32) - Petromax II; BGH, GRUR 1983, 377, (379) - Brombeer-Muster; Wiebe, in: Heermann/Hirsch, MünchKomm-UWG, § 4 Nr. 9 Rdn. 203.

531 Piper, in: Piper/Ohly, UWG, § 4 Rn. 9/134.

532 Zur wettbewerblichen Eigenart von Internet-Auftritten Schulze zur Wiesche, in: Spindler/Schuster, Elektronische Medien, § 4 UWG Rn. 134 f.

Zwar sind die Regelbeispiele des § 4 UWG im Rahmen des B2B nur begrenzt anwendbar, doch können sie in Geschäftsbeziehungen zwischen Unternehmen zur Geltung kommen, in denen lauterkeitsrechtlich ein Sonderrechtsschutz für Daten ausscheidet.[533] Scheidet in diesen Fällen auch ein Schutz nach den Regelbeispielen aus, kann sich lauterkeitsrechtlicher Schutz nur durch Rückgriff auf die Generalklausel des § 3 Absatz 1 UWG ergeben.

6. Allgemeine Unlauterkeit

Der Schutz unternehmerischer Leistung nach § 3 Absatz 1 UWG tritt neben die nicht abschließende Aufzählung von Regelbeispielen in § 4 UWG.[534] Die Rechtsprechung hat dadurch die Möglichkeit, auf neuere Entwicklungen zu reagieren und daraus resultierende unlautere Verhaltensweisen in den Regelungskontext des UWG einzubinden.[535] Durch die offene Formulierung der Fallgruppen des § 4 UWG müssen neuartige Wettbewerbshandlungen des B2B unlautere Verhaltensweisen nach § 3 Absatz 1 UWG enthalten, für die sich aus den Regelbeispielen keine Bewertungsmaßstäbe ergeben.[536]

---

533 § 4 Nr. 9 c UWG erfüllt bei der Verletzung eines Vertraulichkeitsverhältnisses stets die Funktion eines Auffangtatbestandes, wenn sich aus einer Sonderverbindung selbst keine Ansprüche ergeben. Bei einer Verletzung eines Vertraulichkeitsverhältnisses durch Nutzung der erlangten Kenntnisse, wird § 4 Nr. 9 c UWG als Auffangtatbestand vor allem zur Anwendung kommen, wenn weder eine Verletzung vertraglicher Abreden oder Nebenpflichten, noch eine Verletzung vorvertraglicher Pflichten (§ 311 Absatz 2 BGB) oder eine Vorlagenfreibeuterei im Sinne des § 18 UWG vorliegt, zur Bedeutung des § 4 Nr. 9c UWG und der notwendigen Verbindung zwischen den Handelspartnern Sambuc, in: Harte-Bavendamm/Henning-Bodewig, UWG, § 4, Rn. 156 ff.

534 Sie ist als grundlegende Verbotsnorm unlauteren Wettbewerbs nicht nur in Extrem- und Evidenzfällen, sondern allgemein auf alle wettbewerblichen Sachverhalte anzuwenden, die in den Regelbeispielen des § 4 Nr. 1 bis 11 UWG und den Spezialtatbeständen der §§ 5 bis 7 UWG nicht geregelt sind und dennoch den lauteren Wettbewerb beeinträchtigen können, Schünemann, GRUR 2004, 925 (927); Fezer, Lauterkeitsrecht, § 3 Rn. 63; Köhler, in: Hefermehl/Köhler/Bornkamm, Unlauterer Wettbewerb, § 3 Rn. 7 ff.

535 Der Gesetzgeber hat den Gerichten durch § 3 Absatz 1 UWG die Möglichkeit erhalten, für aktuelle lauterkeitsrechtliche Probleme höchstrichterlich durch Präjudizien Rechtssetzungsfunktionen wahrzunehmen. Die Richter sind dabei streng an den Schutzzweck des § 3 Absatz 1 UWG gebunden, hierzu und kritisch zur früher erfolgten Berücksichtigung sonstiger Allgemeininteressen, Köhler, in: Hefermehl/Köhler/Bornkamm, Unlauterer Wettbewerb, § 3 Rn. 10 f., 13; zur Befugnis der Gerichte, das Merkmal der Unlauterkeit im Rahmen des § 3 Absatz 1 UWG zu konkretisieren und damit handhabbar zu machen, BVerfG GRUR 2001, 170 (173) – Schockwerbung.

536 Köhler, in: Hefermehl/Köhler/Bornekamm, Unlauterer Wettbewerb-Gesetz, § 3 Rn. 8.

Der Unrechtsgehalt der Wettbewerbshandlungen muss in diesen Fällen mit den Fallgruppen des § 4 UWG vergleichbar sein und die neuartigen Wettbewerbshandlungen müssen den anständigen Gepflogenheiten in Handel und Gewerbe widersprechen.[537] Nach ständiger Rechtsprechung erfolgt die vorzunehmende Auslegung vorrangig richtlinienkonform und nachrangig anhand herkömmlicher Auslegungsmethoden.[538]

a. Missbilligenswerte Wettbewerbshandlung

Grundsätzlich sind Verhaltensweisen unlauter, welche die Funktionsfähigkeit des an Leistung orientierten Wettbewerbs im wettbewerblichen Handeln einzelner Unternehmen oder in seiner institutionalisierten Form stören.[539] Übernehmen im B2B Unternehmen Daten eines anderen Unternehmens im Rahmen eines Wettbewerbsverhältnisses und wird diese Datenübernahme weder durch gewerblichen Rechtsschutz noch durch § 4 UWG untersagt, liegt eine missbilligenswerte Wettbewerbshandlung vor, wenn die Übernahme der Daten auch den anständigen Gepflogenheiten im Wettbewerb und Handel zwischen Unternehmen im B2B widerspricht.[540]

537 BGH, GRUR 2005, 1067, 1070 – Konsumentenbefragung und BGH, GRUR 2006, 1042 (1042) – Kontaktanzeigen.

538 Nach ständiger Rechtsprechung des EuGH sind nationale Gerichte durch das Umsetzungsgebot des § 249 Absatz 3 EGV und den Grundsatz der Gemeinschaftstreue in Art. 10 EGV zur richtlinienkonformen Auslegung nationaler Umsetzungen, insbesondere hinsichtlich Wortlauts und Zwecks der Richtlinie, verpflichtet. Maßgeblich sind insbesondere die Vorgaben der Richtlinie über unlautere Geschäftspraktiken, kurz: UGP-Richtlinie, Richtlinie 2005/29/EG, ABl. C 108, S. 81; zum Erfordernis der richtlinienkonformen Auslegung EuGH, Slg. 1984, 1891 (1909) – von Colson und Kamann; EuGH, Slg. 1984, 1921 (1942) – Harz; EuGH, Slg. I 1990, 4135, 4159 – Marleasing; zum Vorrang der gemeinschaftsrechtlichen Dimension der Gesetzesauslegung, BGHZ 150, 248; vgl. hinsichtlich des Erfordernisses einer richtlinienkonformer Auslegung ferner Fezer, Lauterkeitsrecht, § 3 Rn. 87; zur Einordnung als interpretatorische Vorrangregel Canaris, Festschrift Bydlinski, S. 47, 68 ff.

539 Störungen ergeben sich, wenn auf die Entschließungsfreiheit von Kunden eingewirkt und dadurch der an der Leistung orientierte Wettbewerb gefährdet wird, vgl. BVerfG zur gefühlsbetonten Werbung, BVerfG, GRUR 2002, 455 (455) – Tier- und Artenschutz; ebenso schon zur produktbezogenen Imagewerbung, BVerfG, GRUR 2001, 170 (170 f.) – Schockwerbung.

540 Laufen Wettbewerbshandlungen den anständigen Gepflogenheiten in Gewerbe und Handel zuwider, sind sie unlauter, BGH, GRUR 2006, 1042 (1042) – Kontaktanzeigen. Scheidet eine Rechtfertigung der Leistungsaneignung aus, handelt es sich um eine unlautere Imitation, Fezer, Lauterkeitsrecht, § 3 Rn. 103.

b. Verletzung anständiger Gepflogenheiten in Wettbewerb und Handel

Die Übernahme der Daten muss anständige Gepflogenheiten in Wettbewerb und Handel verletzen. Anständige Gepflogenheiten ergeben sich aus Übungen, Verkehrssitten, Handelsbräuchen, Traditionen sowie Usancen. Sie werden in Verbandsrichtlinien, Wettbewerbsrichtlinien, Standessitten und auch branchenspezifischen Verhaltenskodizes festgeschrieben.[541] Entscheidend ist, wie beteiligte Verkehrskreise bestimmte Wettbewerbsmethoden in ihrer Branche bewerten.[542] Zur Einschätzung der Gepflogenheiten sind auch die Selbstregulierungsansätze der jeweiligen Branchenverbände heranzuziehen.[543]

Maßgebend ist nicht, welche Marktgepflogenheiten in bestimmten Branchen üblich sind, sondern welche als anständig gelten.[544] Den tatsächlich bestehenden Branchengepflogenheiten kommt dabei jedoch eine Indizwirkung zu.[545]

Bei neuartigen Wettbewerbshandlungen, die sich aus technischen Möglichkeiten des Internets ergeben und für die sich bisher weder Gepflogenheiten noch Bräuche entwickelt haben, versagen Anknüpfungen mangels rationaler Beurteilungskriterien. Auch lässt sich in diesen Fällen die Anschauung betroffener Kreise nicht durch Befragung ermitteln, da sich noch kein Wertvorstellungskonsens herausgebildet hat, anhand dessen sich die Zulässigkeit von Wettbewerbshandlungen in Grenzfällen beurteilen ließe.[546]

Finden Datenübernahmen im B2B statt, muss sich die Beurteilung danach richten, ob sie nach den Zielsetzungen des Gemeinschaftsrechts, des Grundgesetzes und des UWG zu missbilligen sind oder ob eine solche Marktgepflogen-

541 Nach Artikel 2 f UGP-Richtlinie gehören auch Verhaltenskodizes dazu, Köhler, in: Hefermehl/Köhler/Bornkamm, Unlauterer Wettbewerb, § 3 Rn. 36b.

542 Die ergibt sich bereits aus Artikel 10bis Absatz 2 PVÜ; in diesem Sinne zu § 1 UWG a.F. auch BGHZ 103, 349 (352) - Kfz-Versteigerung; BGH, GRUR 1982, 56 (57) - Sommerpreis; BGH, GRUR 1984, 664 (665) - Winterpreis; BGH, GRUR 2001, 1181 (1183) - Telefonwerbung für Blindenwaren.

543 Im B2B sind die Vorgaben von Bitkom und ECO heranzuziehen.

544 Wurde früher auf das „Anstandsgefühl des verständigen Gewerbetreibenden" und die Anschauungen der Allgemeinheit abgestellt, gelten sich bei der richtlinienkonformen Auslegung nunmehr als Maßstäbe die „anständigen Marktgepflogenheiten" und der „allgemeine Grundsatz von Treu und Glauben", Köhler, in: Hefermehl/Köhler/Bornkamm, Unlauterer Wettbewerb, § 2 Rn. 131 und § 3 Rn. 44; Lutz, GRUR 2006, 908 (910).

545 Erscheint ein Verhalten nach derartigen Regelwerken als unlauter, ist in einem zweiten Schritt zu prüfen, ob das Verhalten auch vom Standpunkt der Allgemeinheit als unlauter erscheint; BGH, GRUR 1991, 462 (463) – Wettbewerbsrichtlinie der Privatwirtschaft; Köhler, in: Hefermehl/Köhler/Bornkamm, Unlauterer Wettbewerb, § 3 Rn. 36.

546 Vgl. insofern BGH, GRUR 1995, 595 (597) – Kinderarbeit.

heit einen angemessenen Interessenausgleich zwischen allen beteiligten Marktteilnehmern des B2B schaffen würde.[547]

Nach § 3 Absatz 1 UWG muss die Übernahme von Daten und darin enthaltener Informationen einzelner Unternehmen im B2B als unlauter betrachtet werden, denn die anständigen Gepflogenheiten im B2B erfordern es, trotz der engen Vernetzung der Handelssysteme aller beteiligter Unternehmen jedem einzelnen Handelsteilnehmer zumindest virtuell einen nicht öffentlichen Bereich einzuräumen, in dem seine Daten die gleiche Exklusivität genießen wie Daten in eigenen Geschäftsräumen bei traditionellen Handelssituationen.

7. Verhältnis zum leistungsrechtlichen Datenbankschutz

Handelt es sich bei Daten der B2B-Teilnehmer um solche, die Bestandteile von Datenbanken sind, gilt neben dem urheberrechtlichen Leistungsschutz aus §§ 87a ff. UrhG ergänzend der wettbewerbsrechtliche Leistungsschutz aus §§ 3 f. UWG, wenn außer dem urheberrechtlich relevanten Aspekt der Investition Umstände gegeben sind, die eine Nachahmung der Daten in Datenbanken unlauter erscheinen lassen.[548]

Derartige Umstände liegen im B2B nur bei wettbewerbsrechtlich relevanten nachschaffenden Leistungsübernahmen vor.[549] In den übrigen Fällen der Nachahmung geht der urheberrechtliche dem wettbewerbsrechtlichen Leistungsschutz vor.[550]

8. Zwischenergebnis

Wettbewerbsrechtlicher Schutz für Daten der Unternehmen besteht im B2B durch das Lauterkeitsrecht in Fällen des Rechtsbruchs nach § 4 Nr. 11 UWG

547 So auch Köhler, in: Hefermehl/Köhler/Bornkamm, Unlauterer Wettbewerb, § 3 Rn. 37.

548 Vogel, in: Schricker, Urheberrecht, Vor §§ 87 a ff. UrhG, Rn. 36; Thum, in: Wandtke/Bullinger, UrhR, Vorbemerkung Vor §§ 87a ff.; Kindler, K&R 2000, 265 (269); vgl. allgemein zum Verhältnis des Datenbankschutzes zu § 4 Nr. 9 UWG Götting, in: Fezer, Lauterkeitsrecht, § 4-9; Rn. 49.

549 Daneben kommen Fälle der fehlenden Amortisation der Investition in die Datenbank nach Ablauf der Schutzfrist des sui generis-Rechts gemäß § 87 d UrhG und Fälle des Schutzbegehrens eines ausländischen Datenbankherstellers in Betracht. Bei nachschaffender Leistungsübernahme wird nach dem Vorbild einer bereits existierenden Datenbank eine neue Datenbank gleichen Inhalts geschaffen, vgl. Hackemann, CR 1998, 510, (511); Kindler, K&R 2000, 265 (268 f.); Thum, in: Wandtke/Bullinger, UrhG, Vorbemerkung Vor §§ 87 a ff., Rn. 29 f.

550 Einem Fortbestehen des wettbewerbsrechtlichen Schutzes in Fällen nachschaffender Leistungsübernahme zustimmend, Kindler, K&R 2000, 265 (268).

und der Nachahmung unter Verletzung eines Vertrauensverhältnisses nach § 4 Nr. 9 c UWG.

Auch dürfen keine Daten von Mitbewerbern oder Handelspartnern im B2B übernommen werden, soweit dies gegen Gepflogenheiten des elektronischen Geschäftsverkehrs im Sinne des § 3 Absatz 1 UWG verstößt und den Wettbewerb im B2B spürbar beeinträchtigt.

Der lauterkeitsrechtliche Schutz von Daten der Unternehmen im B2B aus §§ 3, 4 UWG ist jedoch beschränkt, weil die erforderliche erstmalige Verletzung eine rechtlich zu verhindernde erneute Verletzung entbehrlich macht. Unlauter handelnde Unternehmen erreichen bereits durch die erstmalige Verletzung vollständig ihre Ziele.[551]

Stärkerer Schutz lässt sich durch das Wettbewerbsrecht nur erreichen, wenn Daten im B2B Unternehmensgeheimnisse nach § 17 UWG sind.[552]

II. Schutz der Daten als Unternehmensgeheimnisse

Geheime Daten der Unternehmen genießen im UWG besonderen Schutz. Eine Offenbarung in ihnen enthaltener Informationen ist durch die regen Datenflüsse im B2B wahrscheinlicher geworden als in vormaligen Vertriebs- und Handelstrukturen der Unternehmen.[553] Offene Schnittstellen zwischen der Software zu Steuerung der Ressourcenplanung der Unternehmen (ERP-Software) und der Software zur Steuerung des B2B-Handels erschweren eine Geheimhaltung der Daten erheblich.[554]

Daten werden im B2B durch § 17 UWG besonders geschützt,[555] wenn sie Unternehmensgeheimnisse enthalten, deren Bekanntwerden zu Schäden führen

---

551 Betroffene Marktteilnehmer könnten gegen die unlauteren Mitbewerber einen verschuldensunabhängigen Unterlassungs- und Beseitigungsanspruch nach § 8 Absatz 1 UWG und verschuldensabhängigen Ansprüche auf Schadensersatz und Gewinnherausgabe aus §§ 9, 10 UWG geltend machen, Köhler, in: Hefermehl/Köhler/Bornekamm, Unlauterer Wettbewerb, § 4 Rn. 10.97; Piper, in: Piper/Ohly, UWG, § 9 Rn. 1 ff. und § 10 Rn. 13.

552 Zum Begriff des Unternehmensgeheimnis auch Frank, S. 36 ff.

553 Das Wesentliche des Geheimnisschutzes liegt dabei nicht in der geheim gehaltenen Tatsache, sondern in ihrer Beziehung zu dem Geschäftsbetrieb, Hoeren, MMR 1998, Beilage 9, 6 (7).

554 Vor allem durch die aufgeweichte Grenze zwischen Front- und Back-Office Bereich im Rahmen des B2B gestaltet sich die Geheimniswahrung für Unternehmen, die am netzwerkbasierte Handelssystem teilnehmen, schwierig, vgl. in diesem Zusammenhang hinsichtlich der sich daraus ergebenden Probleme für ERP-Software Behr, Computerwoche 40/2004, 22 (22).

555 § 17 UWG wurde als Sanktionsnorm zur Verstärkung des Schutzes der deutschen Wirtschaft durch das zweite Gesetz zur Bekämpfung der Wirtschaftskriminalität in das

könnte[556] sowie über das privatrechtliche Verhältnis hinaus rechtlich zu missbilligen wäre.[557]

Unternehmensgeheimnisse betreffen im Zusammenhang mit Geschäftsbetrieben stehende, nicht offenkundige, sondern nur einem begrenzten Personenkreis bekannte Tatsachen, die nach den berechtigten wirtschaftlichen Interessen und dem Willen der verfügungsbefugten Inhaber geheim bleiben sollen, weil ihre Aufdeckung geeignet wäre, dem verfügungsbefugten Unternehmen wirtschaftlichen Schaden zuzufügen.[558] Sie lassen sich in Betriebs- und Geschäftsgeheimnisse unterteilen, wobei Geschäftsgeheimnisse kaufmännische und Betriebsgeheimnisse technische Informationen über Betriebsabläufe enthalten.[559]

UWG aufgenommen, vgl. BGBl. 1986, 721 ff, vgl. Emmerich, Unlauterer Wettbewerb, § 2 Nr. 4 a (S. 13).

556 Durch die UWG-Reform 2004 ist die Schadensersatzpflicht aus § 19 UWG entfallen. Ihr kam infolge der Verpflichtung aus §§ 823 Absatz 2, 826 BGB in Verbindung mit § 17 UWG eine geringe Bedeutung im zivilrechtlichen Geheimnisschutz zu, vgl. Gounalakis/Rhode, Persönlichkeitsschutz im Internet, Rn. 182.

557 Zwar wurden in Folge der TRIPs-Regelungen Entwürfe für eine europäische Richtlinie und ein deutsches Gesetz gegen unlauteren Wettbewerb entwickelt, die den im derzeitigen Lauterkeitsrecht geltenden Straftatbestand bei Offenbarung von Geschäfts- und Betriebsgeheimnissen zugunsten eines zivilrechtlichen Schutzes abändern und eine strafrechtliche Sanktionierung nur noch im Rahmen der Regelungen des StGB ermöglichen sollten, doch scheiterte die Umsetzung bislang daran, dass in diesem Falle gewährleistet sein müsste, dass der zivil- und strafrechtliche Schutz von Geschäfts- und Betriebsgeheimnissen der Sache nach in vollem Umfange erhalten bleibt. Das UWG enthält trotz Neufassung weiterhin in § 17 UWG die entsprechenden Sanktionsnormen bei Verletzung des Geschäfts- und Betriebsgeheimnisses. Dieser über die Anforderungen des TRIPs hinausgehende Schutz trägt den innerstaatlichen Anforderungen der Unternehmen Rechnung und gewährleistet trotzdem den von TRIPs erwarteten Mindestschutzstandard auf internationaler Ebene, vgl. Stellungnahme der Deutschen Vereinigung für gewerblichen Rechtsschutz und Urheberrecht e.V. zum Entwurf für eine europäische Richtlinie und ein deutsches Gesetz gegen unlauteren Wettbewerb, GRUR 2003, 127 (128); Henning-Bodewig, GRUR 2004, 713 (719).

558 BGH, GRUR 1955, 424 (425) – Möbelwachspaste; BGH, GRUR 1961, 40 (43) - Wurftaubenpresse; BGH, NJW 1995, 2301 (2301); BGH, GRUR 2003, 356 (358) - Präzisionsmessgeräte; OLG Hamm, WRP 1993, 118 (119); BayObLG, WRP 2001, 285 (286).

559 Da in der wettbewerbsrechtlichen Betrachtung die Unterscheidung bedeutungslos ist, lässt sich verallgemeinernd von Unternehmensgeheimnissen sprechen, Köhler, in: Hefermehl/Köhler/Bornkamm, Unlauterer Wettbewerb, § 17 Rn. 4; Frank, S. 36 ff.

Um wettbewerbsrechtlichen Geheimnisschutz zu genießen, müssen zirkulierende Unternehmensdaten im B2B Geheimnisse nach § 17 Absatz 2 UWG sein.[560]

1. Unternehmensbezug

Dies setzt zunächst einen Unternehmensbezug der zirkulierenden Daten im B2B voraus.

Die Daten müssen sich auf Tatsachen beziehen, die in Zusammenhang mit dem wirtschaftlichen Geschäftsbetrieb stehen, und das Unternehmen muss über die Daten faktisch verfügen können.[561] Unternehmensbezug haben nur Tatsachen, die aufgrund wirtschaftlicher und technischer Aspekte eindeutig der betrieblichen Sphäre der Unternehmen zuzurechnen sind, nicht hingegen Tatsachen, die das Privatleben der Mitarbeiter oder die Geschäftstätigkeit Dritter betreffen.[562]

a. Wirtschaftliche Aspekte

Unternehmensbezug haben Daten mit kaufmännisch bedeutsamen Informationen über Unternehmen.

Neben operativen Zahlen der wirtschaftlichen Entwicklung zählen hierzu Anzahl und Struktur der Mitarbeiter sowie der Aufbau der Unternehmensorganisation. Hinzu kommen Daten, die bei der wirtschaftlichen Betätigung der Unternehmen generiert werden, insbesondere Daten über Kunden und Lieferanten[563]

---

560 Ein Anspruch aus § 823 Absatz 1 BGB in Verbindung mit dem Recht am eingerichteten und ausgeübten Gewerbebetrieb tritt in diesem Fall subsidiär zurück, vgl. Gounalakis/Rhode, Persönlichkeitsschutz im Internet, Rn. 182; zu den Voraussetzungen des Unternehmensbezugs, Taeger, S. 65; zu den Einzelmerkmalen im Zusammenhang mit dem IFG, Hoeren, Jahrbuch, S. 108 ff.

561 Nach überwiegender Meinung genießt das Betriebs- und Geschäftsgeheimnis grundrechtlichen Schutz durch Artikel 14 GG; Taeger, K&R 2008, 513 (516), anderer Ansicht hinsichtlich des eröffneten Schutzbereichs ist das BVerwG, nach dem die Pflicht eines Unternehmens, Betriebs- und Geschäftsgeheimnisses zu offenbaren, in den Schutzbereich des Artikels 12 GG fallen soll, BVerwGE 71, 183 (197).

562 Rengier, in: Fezer, Lauterkeitsrecht, § 17 Rn. 10 f.; zur Geschäftstätigkeit Dritter OLG Stuttgart, GRUR 1982, 315 (316) – Gerätewartung; ebenso OLG Stuttgart, wistra 1990, 277 (278).

563 BGH, WRP 1999, 912 (914) - Kundenanschriften; BGH, GRUR 2003, 453 (454) - Verwertung von Kundenlisten; BGH, GRUR 2003, 356 (358) - Präzisionsmessgeräte; BGH, GRUR 2007, 1044 (1044) – Kundendatenprogramm.

sowie Daten über das Image der Unternehmen in Geschäftskreisen.[564] Auch Erkenntnisse über Verhaltensweisen einzelner Handelspartner, z.B. deren Kalkulationen und Preisfindungen, sind wichtige wirtschaftliche Aspekte, soweit sie für eigenes Agieren im gleichen Marktsegment vorteilhaft sein könnten.[565]

Kaufmännisch wichtige Informationen beschränken sich nicht nur auf den Ist-Zustand eines Unternehmens. Möglichkeiten zukünftiger Absatzförderung und Werbung von Neukunden sind für Unternehmen ebenso von Bedeutung wie allgemeine Informationen über die Marktentwicklung, Perspektiven neuer Absatzmärkte und neue Marketingstrategien.[566]

Die besondere Wettbewerbssituation im B2B erfordert auch Informationen über konkurrierende Unternehmen, mögliche Lieferanten und deren Waren- und Dienstleistungsangebote sowie potentielle Kunden und deren Liquidität. Auch eine Gesamteinschätzung des Marktpotentials ist für unternehmerische Entscheidungsprozesse und die Ausrichtung des eigenen Geschäftsbetriebs von erheblicher Bedeutung.[567]

b. Technische Aspekte

Der Wert technischer Informationen eines Unternehmens ergibt sich aus ihren Vorteilen bei Erbringung unternehmerischer Leistungen sowie aus Möglichkeiten einer Veräußerung und Lizenzierung an Dritte. Gehören Unternehmen, die am B2B teilnehmen, gleichzeitig dem produzierenden Gewerbe an, können besondere Beschränkungen für geheimes Know-how über Herstellungsverfahren und Fertigungsmethoden bestehen.[568]

Auch der Schutz technischer Aspekte darf sich nicht nur auf den Ist-Zustand bereits eingesetzter Techniken beschränken, sondern muss sich auch auf technische Verfahrensweisen erstrecken, die sich noch im Planungsstadium befin-

564 Im B2B entstehen Image tragende Informationen durch direkte Mitteilung an Kunden oder potentielle Interessenten, Bewertungen von Unternehmen in Foren, die von Geschäftspartnern regelmäßig frequentiert werden und Beiträge in elektronischen Fachpublikationen. Problematisch ist die Grenzziehung zwischen dem Schutzanspruch des Unternehmens und der Freiheit der Presse. Allerdings ist stets den Image tragenden Informationen, die im Rahmen sorgfältiger Pressearbeit online veröffentlicht werden, ein Vermögenswert für das Unternehmen zuzubilligen, vgl. Taeger, S. 66 f.

565 OLG Stuttgart, GRUR 1982, 315; BGH, NJW 1995, 2301 (2301).

566 Köhler, in: Hefermehl/Köhler/Bornkamm, Unlauterer Wettbewerb, § 17 Rn. 9.

567 So Taeger, S. 65.

568 BGH GRUR 1963, 367 - Industrieböden; BGH GRUR 2003, 356 (358) - Präzisionsmessgeräte; vgl. auch Vgl. Taeger, S. 66 m.w.N.

den.[569] Intellektuelle Leistungen, die einen Einsatz der Techniken ermöglichen, sind zu berücksichtigen.[570]

Im Bereich der IT betrifft der Schutz technischer Betriebsgeheimnisse nicht nur eingesetzte Hardware der Unternehmen, sondern auch verwendete Software einschließlich darin enthaltener Daten mit Informationen über technische Vorgänge.[571]

Bestehen besondere technische Schnittstellen oder Technologien, die Präsentationen der Waren und Dienstleistungen verbessern oder Bestellprozesse der Unternehmen im B2B optimieren können, handelt es sich um technische Informationen, die geeignet sind, Wettbewerbsvorteile der Unternehmen im B2B zu erzeugen. Fehlt für solche Daten patentrechtlicher Schutz, können die darin enthaltenen Informationen mit Mitteln des Geheimnisschutzes rechtlich geschützt werden.[572]

c. Zuordnung

Die rechtliche Zuordnung von Informationen wirtschaftlicher und technischer Art zu bestimmten Unternehmen im B2B erzeugt Exklusivität.

Natürliche oder juristische Personen erhalten als Geheimnisträger ausschließliche subjektive Verfügungsrechte. Bei dauerhafter oder vorübergehender Tätigkeit natürlicher Personen für Unternehmen stehen die Verfügungsrechte an Daten mit geheimen Informationen gewöhnlich den Unternehmen zu.[573]

---

569 Zu Konstruktionszeichnungen und –gedanken, BGH GRUR 1964, 31 (32) - Petromax II; BGH, GRUR 1983, 179 (180) - Stapel-Automat.

570 Ein Schutz besteht beispielsweise für die Modellskizzen, BGH, GRUR 1980, 296 (297) - Konfektions-Stylist, ferner für Rezepturen BGH, GRUR 1980, 750 (751) - Pankreaplex, hinsichtlich der Kontrollverfahren und -ergebnisse, Eigenschafts- und Wirkungsanalysen, Zusammensetzung und Funktionsweise von Geräten, BGH, GRUR 2003, 356 (358) - Präzisionsmessgeräte.

571 Die Rechtsprechung hat Computerprogrammen eine Schutzfähigkeit als Betriebsgeheimnisse zuerkannt. Sowohl für Software nach § 69 a UrhG als auch für Datenbanken nach § 87 a UrhG wurde gewerblicher Rechtsschutz geregelt. Die urheberrechtlichen Schutzgarantien sollen eine Anwendung des wettbewerbsrechtlichen Schutzes geheimer Unternehmensdaten nicht ausschließen, soweit es sich nicht um Datenverarbeitungen handelt, die nach urheberrechtlichen Maßstäben zulässig wären, LG Mannheim, NJW 1995, 3322; Lehmann, GRUR Int. 1991, 327 (335); Dreier, CR 1991, 577 (583); auch OLG Celle, CR 1989, 1002 (1003); BayObLG, GRUR 1991, 694 (695); LG Stuttgart, NJW 1991, 441 (442); a.A. jedoch Wiebe, CR 1992, 134 (138).

572 Vgl. zum patentrechtlichen Schutz für computerimplementierten Erfindungen die vorangegangenen Ausführungen; ferner Osterrieth, Patentrecht, 2. Teil, Rn. 131 ff.

573 Selbst wenn die Informationen im Rahmen eines Werkauftrags geschaffen wurden, liegt das Verfügungsrecht im Zweifel beim Unternehmen, BGH, GRUR 1977, 539 (540) –

Verfügungsbefugnis fehlt Unternehmen hingegen an Geheimnissen anderer Unternehmen im B2B. Selbst wenn durch Handelsprozesse enge Verknüpfungen zwischen elektronischen Handelssystemen einzelner Unternehmen des B2B entstehen, verbleibt die Verfügungsbefugnis über Unternehmensgeheimnisse ausschließlich in Händen des Unternehmens, aus dessen Sphäre die Geheimnisse stammen. Handelspartner können sich nicht durch ein besonderes Interesse an der Wahrung fremder Geschäftsgeheimnisse diese zu eigenen machen.[574]

Die rechtliche Zuordnung als subjektives Recht setzt freilich die tatsächliche Existenz der zu schützenden Geheimnisse voraus. Entstehen Informationen erst während der Handelsaktivitäten, können sie als Geheimnis erst ab dem Zeitpunkt der Entdeckung zugeordnet werden.[575]

2. Vermögenswert

Daten, die im B2B Informationen über unternehmensbezogene Tatsachen enthalten und einen eigenständigen Vermögenswert aufweisen, werden als Geschäftsgeheimnisses besonders geschützt.[576]

Einen eigenständigen Vermögenswert besitzen Daten, die im Augenblick ihrer Verfügbarkeit oder zu späteren Zeitpunkten wirtschaftlich genutzt werden können. Auch Daten, deren Offenbarung an beziehungsweise Verwertung durch Dritte für Unternehmen wirtschaftlich nachteilig sein kann, besitzen einen Vermögenswert.[577]

Der Vermögenswert muss sich nicht unmittelbar aus unternehmensbezogenen Informationen der Daten ergeben. Er kommt Daten schon dadurch zu, dass sich aus dem Bekanntwerden in ihnen enthaltener unternehmensbezogener Informationen ein vermögensmindernder Effekt ergeben würde.[578] Unzweifelhaft

---

Prozessrechner; Köhler, in: Hefermehl/Köhler/Bornkamm, Unlauterer Wettbewerb, § 17 Rn. 13.

574 Vgl. OLG Stuttgart, GRUR 1982, 315 (316).

575 Dorndorf, S. 108 ff., 150 ff.; Taeger, S. 69 f.

576 Dies erfordert die verfassungsrechtliche Verpflichtung aus der Eigentumsgarantie. Auch unternehmensbezogene Informationen können einen Vermögenswert haben, vgl. Emmerich, Unlauterer Wettbewerb, S. 102; Möhring, in: Festschrift Nipperdey, Bd. II, S. 417.

577 Der Mindestwert lässt sich aus den Kosten des Auffindens, der Bewertung und Bereitstellung der Informationen der Daten ermitteln. Allerdings kann sich ein Vermögenswert auch ohne Kapitaleinsatz bei zufälligem Auffinden ergeben, vgl. Richters/Wodtke, NZA-RR, 2003, 281 (282); Taeger, S. 65 ff.

578 Danach genügt es bereits, wenn sich die Kenntnis Dritter von den unternehmensbezogenen Daten nachteilig auf das Unternehmen auswirken kann, Köhler, in: Hefermehl/Köhler/Bornkamm, Unlauterer Wettbewerb, § 17 Rn. 11.

liegt eine vermögensmindernde Wirkung vor, wenn Informationen selbst einen unmittelbaren Vermögenswert aufweisen.

3. Geheimnischarakter

Der besondere wettbewerbsrechtliche Schutz von Unternehmensgeheimnissen ergibt sich aus ihrer Vertraulichkeit.[579] Lassen sich Daten mit Vermögenswert nicht durch Patent- oder Urheberrechte schützen, muss zumindest verhindert werden können, dass die in ihnen enthaltenen Informationen jedermann bekannt werden.[580] Gerade ihre fehlende Offenkundigkeit macht aus ihnen ein schutzfähiges Sondergut des Inhabers.[581]

a. Fehlende Offenkundigkeit

Geheimnisschutz scheidet dementsprechend für Informationen aus, die anderen Unternehmen im B2B zugänglich oder allgemein bekannt sind.[582] Dies gilt auch für leicht zu erschließende Informationen, die nicht durch den Geheimnisschutz geschützt werden können.[583]

Schutzfähige Informationen setzen zumindest einen mittleren Erschließungsaufwand voraus, für den die Investitionen maßgeblich sind, die betrieben werden müssten, um unabhängig von der zu beurteilenden Tatsache zufällig inhaltsgleiche Informationen zu gewinnen.[584] Er ergibt sich aus dem Auswahl- und

579 Vgl. zum Problem der Geheimhaltung in Kommunikationsprozessen moderner Unternehmen Baumann, S. 27 ff.

580 Offenkundige Informationen sind trotz ihres möglichen Vermögenswertes nur im Rahmen der gewerblichen Schutzrechte vor einer Verwertung durch Dritte zu schützen. Ein exklusiver Schutz der nicht durch Schutzrechte geschützten unternehmensbezogenen Informationen ist nur möglich, wenn sie geheim gehalten werden. Was jedermann über das Unternehmen weiß oder wissen darf, bedarf nicht des eigentumsrechtlichen Schutzes der Verfassung, Taeger, S. 68.

581 Kraßer, GRUR Int. 1990, 732 (737); Westermann, Know-how-Schutz, Kapitel 1, Rn. 21.

582 Hierbei lässt sich auf die Wertung des Artikels 39 Absatz 2a TRIPS rekurrieren, der in Deutschland unmittelbar anwendbar ist, vgl. Westermann, Know-how-Schutz, Kapitel 1, Rn. 22.

583 OLG Stuttgart, GRUR 1982, 315 (316).

584 Firmenadressen von Unternehmen genügen beispielsweise nicht den Anforderungen eines mittleren Erschließungsaufwandes, weil sie sich bereits allgemein zugänglichen Quellen entnehmen lassen, wohingegen die Zusammenstellung bestimmter Firmenadressen und Informationen zu bestimmten Ansprechpartnern die Anforderungen des erforderlichen mittleren Aufwandes erfüllen, vgl. hierzu LG Düsseldorf K&R 2002, 101 (102 f.).

Zusammenstellungsprozess und dem damit verbundenen Mehraufwand in zeitlicher, tätigkeitsbezogener und finanzieller Hinsicht.[585]

Informationen aus Daten, die sich durch einfache Analyse technischer Verfahren ohne erheblichen Kosten-, Arbeits- und Zeitaufwand ermitteln lassen, sind keine schutzfähigen Geheimnisse. Erfordert das Verständnis der Verfahren hingegen tiefergehende Kenntnis der technischen Abläufe oder ist sogenanntes Reverse Engineering der eingesetzten Technologien erforderlich,[586] um die Daten verstehen zu können, wird man aufgrund des entstehenden Aufwands zumeist von der Schutzfähigkeit ausgehen müssen.[587]

Können Unternehmen im B2B bereits durch die Benutzung eines Handelsportals oder einer Handelsschnittstelle konkurrierender Unternehmen ermitteln, wie bestimmte Prozessabläufe innerhalb dieses Handelssystems ablaufen, können die Prozessabläufe nicht als geheim gelten.

Vermögen Geheimnisträger die Vertraulichkeit einer Information nicht länger sicherstellen, wird sie bekannt und verliert ihren exklusiven Charakter.[588] Dies kann auch durch Offenbarung gegenüber Personen erfolgen, deren vertraulicher Umgang mit Informationen, die in Daten enthalten sind, nicht kontrollierbar ist.[589]

Zwar ist im Rahmen geschäftlichen Handelns die Mitteilung von Informationen an bestimmte Personengruppen unabdingbar[590], doch kann ein wettbe-

585 BGH, GRUR 1964, 31 (33) – Petromax II.

586 Reverse Engineering bezeichnet einen Vorgang, bei dem aus bestehenden, fertigen Systemen oder Produkten durch Untersuchung von Strukturen, Zustände und Verhaltensweisen Informationen über Prozessabläufe und Konstruktionselemente gewonnen werden, im Internet unter: http://de.wikipedia.org/wiki/Reverse_Engineering (24.10.2009).

587 Die Rechtsprechung geht davon aus, dass Schutzfähigkeit gewisse Mühen und Opfer bei der Replizierung bestimmter Informationen erfordert, BAGE 41, 21 (30 f.) - Thrombozyten-Reagenz I; BayObLG, GRUR 1991, 694 (695) - Geldspielautomat.

588 So führen die Anmeldung einer Information zum Patent beziehungsweise die Veröffentlichung in einer Fachzeitschrift oder im Internet zwangsläufig zur Offenkundigkeit der Tatsache, BGH, GRUR 1975, 206 (207) – Kunststoffschaum-Bahnen; BGH, GRUR 1976, 140 (142); - Polyurethan; OLG Celle, GRUR 1969, 548 (549) – Abschaltplatte; Diemer, in: Erbs/Kohlhaas, UWG, § 17 Rn. 6; Schlötter, S. 137; Harte-Bavendamm, in: Gloy/Loschelder, § 44 Rn. 10; Köhler, in: Hefermehl/Köhler/Bornkamm, Unlauterer Wettbewerb, § 17 UWG Rn. 7; zur Veröffentlichung im Internet OLG Frankfurt, NJW 1996, 264 – Entschlüsselungsprogramme.

589 Eine Offenkundigkeit wird selbst bei häufigem Raubkopieren von Software angenommen, Meier, JZ 1992, 663; Richters/Wodtke, NZA-RR 2003, 281 (281).

590 Dies können die eigenen Mitarbeiter eines Unternehmens, aber auch die Geschäftspartner und Kunden im B2B sein, Westermann, Know-how-Schutz, Kapitel 1 Rn. 22 Fn. 141 ff.

werbsrechtlicher Geheimnisschutz für Daten nur in Fällen erfolgen, in denen die Empfänger der Daten durch Gesetz oder Vereinbarungen zur Geheimhaltung der in Daten enthaltenen Informationen verpflichtet werden. Fehlt eine Vertraulichkeitspflicht des Empfängerkreises, müssen die in den Daten enthaltenen Informationen als offenkundig gelten.

b. Geheimhaltungsinteresse

Um unternehmerische Willkür zu verhindern, müssen Unternehmen im B2B ein objektiv berechtigtes Interesse an der Geheimhaltung wirtschaftlicher und technischer Informationen haben. Unternehmen sollen nicht allein aus strategischen Gründen die Geheimhaltung einer Tatsache verlangen dürfen.[591]

Ein objektives Geheimhaltungsinteresse der Unternehmen besteht im B2B, wenn die Offenbarung von Informationen aus Daten die Wettbewerbsfähigkeit fremder Unternehmen fördern und die eigene Wettbewerbsfähigkeit schwächen würde. Selbst bei rechtswidrigem Inhalt der Daten,[592] ist ein objektives Geheimhaltungsinteresse der Unternehmen anzunehmen, wenngleich Unternehmen gesetzlich zur Offenbarung des Geheimnisses in diesen Fällen verpflichtet sein könnten.

c. Geheimhaltungsabsicht

Grundsätzlich dürfen Unternehmen Daten anderer Unternehmen im B2B nicht als öffentlich betrachten, selbst wenn diese nicht ausdrücklich erklärt haben, bestimmte Daten geheim halten zu wollen.

Zwar wird vereinzelt eine ausdrückliche Einstufung der Informationen bestimmter Daten als Geheimnisse durch die Berechtigten verlangt,[593] doch soll nach überwiegender Ansicht bereits ein mutmaßlicher Geheimhaltungswille bei objektiv als geheim zu bewertenden Informationsinhalten genügen.[594]

Letzterer Ansicht ist zuzustimmen, denn fehlende Kenntnis eines Unternehmens vom Vorhandensein eines schützenswerten Geschäftsgeheimnisses

---

591 BGH GRUR 1955, 424 (426) – Möbelpaste; Harte-Bavendamm, in: Gloy/Loschelder, § 44 Rn. 13.

592 Der sitten- oder gesetzeswidrigen Inhalt geheimer Informationen (zB geheim gehaltene Schmiergeldpraxis; Produktion unter Verstoß gegen Umweltschutzvorschriften; Kartellbeteiligung) soll daher bedeutungslos sein, vgl. Rengier, in: Fezer, Lauterkeitsrecht, § 17 Rdn 21; a.A. Rützel, GRUR 1995, 557 (560 f.).

593 BAG, NJW 1983, 134 (134).

594 RGZ 149, 329 (333) – Stiefeleisenpresse; ; BGH, GRUR 1955, 424 (426) – Möbelpaste; BayObLG, GRUR 1991, 694 (695) – „Geldspielautomat; Harte-Bavendamm, GRUR 1990, 657 (662).

kann nicht zum Untergang des Schutzrechts führen. Sobald Daten objektiv schützenswerte Informationen enthalten, müssen sie in den Schutzbereich des verfassungsrechtlichen Eigentumsschutzes fallen. Subjektive Kriterien sind deshalb nicht konstitutiv für den Schutz.[595] Es genügt, wenn sich der Wille der Unternehmen zur Geheimhaltung von Informationen über bestimmte Tatsachen aus deren Natur ergibt.[596]

Für sämtliche nicht offenkundigen Tatsachen und Informationsinhalte besteht ein allgemeiner oder hypothetischer Geheimhaltungswille der Unternehmen als Folge eines objektiven Geheimhaltungsinteresses.

Mutmaßlicher Geheimhaltungswille muss im B2B aus der Natur der Sache bei Informationsinhalten von Daten angenommen werden, die Unternehmen nicht offensichtlich zum freien Abruf aller beteiligten Verkehrskreise im Internet bereitstellen.

d. Grenzen des Geheimnisschutzes

Kein Geheimnisschutz besteht für Informationen über Rechtsverstöße in Unternehmen. Die Anzeige derartiger Informationen durch Betriebsangehörige steht freilich stets in einem Spannungsverhältnis zu den arbeitsrechtlichen Treuepflichten. Mitarbeiter sind verpflichtet, vor öffentlicher Bekanntmachung von Missständen zuständige Aufsichtsbehörden zu informieren.[597]

Unternehmen können die Offenbarung derartiger Informationen jedoch nicht unter Berufung auf den Schutz ihrer Unternehmensgeheimnisse verhindern, soweit die Informationen rechtswidriges Verhalten betreffen, das den Unternehmen zuzurechnen ist.[598]

Ein Geheimnisschutz entfällt ferner für Daten, deren Inhalte Unternehmen durch gesetzliche Informations- und Offenbarungspflichten veröffentlichen müssen.[599]

---

595 Auch ein hypothetischer Geheimhaltungswille soll ausreichen, Richters/Wodtke, NZA-RR 2003, 281 (283).

596 BGH, GRUR 2007, 1044 Tz 19 – Kundendatenprogramm; BGHSt 41, 140 (142).

597 Der rechtliche Schutz des Whistleblowers, der als Arbeitnehmer die illegale Praktiken des eigenen Arbeitgebers anzeigt, ist weiterhin umstritten, vgl. Richters/Wodtke, NZA-RR, 2003, 281 (282); zu den Grenzen der Arbeitnehmertreuepflicht in diesem Zusammenhang Müller, NZA 2002, 424 (429 ff.); abgrenzend BAG, NJW 2009, 1897 (1900).

598 Informationen über rechtswidriges Unternehmensverhalten gehören nicht in den Schutzbereich geschützter Betriebs- und Geschäftsgeheimnisse, Berg, GewArch, 177 (179); Taeger, S. 76; vgl. im Zusammenhang öffentlich-rechtlicher Auskunftsersuchen OVG Berlin, Beschluss vom 28.1.1987 – OVG 5 S 1/87-, S. 4.

599 Beispielsweise die kaufmännische Publizitätspflicht nach § 325 HGB.

4. Ausspähen geheimer Daten

Der wettbewerbsrechtliche Geheimnisschutz schützt geheime Informationen der Unternehmen im B2B vor einem Ausspähen durch andere Unternehmen. Er soll verhindern, dass sich konkurrierende Unternehmen im B2B unter Anwendung technischer Mittel Unternehmensgeheimnisse verschaffen oder sichern (§ 17 Absatz 2 Nr. 1 a UWG).[600]

Technische Mittel werden bereits angewendet, wenn Computersysteme und Computerprogramme eingesetzt werden,[601] um damit auf Daten zuzugreifen, die ohne Einsatz besagter technischer Mittel nicht zugänglich wären.[602]

Speichern Unternehmen bei dieser Gelegenheit Daten anderer Unternehmen auf Datenträgern, stellen sie darüber hinaus rechtswidrig verkörperte Wiedergaben der geheimen Informationen her (§ 17 Absatz 2 Nr. 1 b UWG).[603]

Beim Ausspähen von Daten eines Unternehmens durch Wettbewerber treffen im B2B oftmals beide Verletzungshandlungen zusammen. Unternehmen verstoßen gegen § 17 Absatz 2 Nr. 1a, 1b UWG, wenn sie unbefugt und bewusst Hard- oder Software einsetzt, um Unternehmensgeheimnisse ihrer Mitbewerber auszuspähen, und die geheimen Daten anschließend auf eigenen Datenträgern zum Zwecke der Verbesserung ihrer Wettbewerbssituation abspeichern.

5. Zwischenergebnis

Enthalten Daten im B2B Unternehmensgeheimnisse, werden die verfügungsberechtigten Unternehmen gegen unberechtigtes und bewusstes Ausspähen durch § 17 Absatz 2 UWG besonders geschützt. Zwar erlangen die Daten dadurch keinen Schutz, der mit urheber- oder patentrechtlich geschützten Daten vergleichbar wäre, doch räumt § 17 Absatz 2 UWG den Unternehmen zumindest eine repressive Handhabe gegen Wettbewerber ein, die durch das Ausspähen der Daten einen unternehmerischen Vorteil zu erlangen versuchen.

---

600 Im Gegensatz zu § 17 Absatz 1 UWG, der den Fall einer Kommunikation aus einem Unternehmen heraus betrifft, regelt § 17 Absatz 2 Nr. 1 UWG den Fall des verbotenen Ausspähens unternehmensbezogener Daten von außen. Ist ein Verstoß gegen Absatz 1 UWG der Norm nur den Beschäftigten eines Unternehmens möglich, kann gegen § 17 Absatz 2 Nr. 1 UWG jedermann verstoßen, Többens, NStZ 2000, 505 (508).

601 BT-Drucksache 10/5058, S. 39; Köhler, in: Hefermehl/Köhler/Bornkamm, Unlauterer Wettbewerb, § 17 Rn. 26; v. Bossel, in: Hasselblatt, Gewerblicher Rechtsschutz, § 25 Rn. 38.

602 Vgl. BayObLG, GRUR 1991, 694 (696) – „Geldspielautomat“.

603 Danach wird bereits das Speichern geheimer Informationen auf einem Datenträger, um diese später verwerten zu können, sanktioniert, Ohly, in: Piper/Ohly, UWG, § 17 Rn. 18 f.

Die Präventivwirkung des Schutzes ist jedoch gering, weil Daten bereits nach einmaligem Ausspähen tatsächlich ihren Geheimnischarakter verlieren, vor dem erstmaligen Ausspähen jedoch das erforderliche konkrete Gefahrenbewusstsein fehlt.

III. Ergebnis

Zusammenfassend muss festgestellt werden, dass nur eingeschränkt wettbewerbsrechtliche Möglichkeiten zum Schutz der Unternehmensdaten im B2B bestehen. Sowohl die Normen zur Verhinderung unlauteren Wettbewerbs als auch die Normen zum Schutz von Unternehmensgeheimnissen können nur repressiv gegen unlauter handelnde Unternehmen eingesetzt werden. Sie können Unternehmen zwar von unberechtigter Informationsgewinnung abschrecken, können es aber nicht unterbinden. Das oft reklamierte gesetzliche Vollzugsdefizit für den Schutz personenbezogener Daten besteht auch für den ergänzenden wettbewerbsrechtlichen Schutz von Daten der Unternehmen.

Eine Beseitigung dieses Missstands kann in der Schnittstelle zwischen rechtlicher und technischer Regulierung durch zusätzlichen Schutz von Daten im Wege staatlich regulierter Selbstregulierung erfolgen.

Teil 6: Schutz durch regulierte IT-Sicherheit

Werden Unternehmen im B2B tätig, müssen sie präventiv mit Mitteln der IT-Sicherheit einen gewissen Schutz ihrer Daten erreichen.[604] Zwar lassen sich durch gesetzliche Regelungen Datenverwendungen untersagen und Kompensationen bei Missbrauch erzielen, doch können dadurch die wirtschaftlichen Folgen einer unberechtigten Datenübernahme anderer Unternehmen oftmals nicht revidiert werden.[605]

Gesetzliche Regelungen zielen zwar primär auf eine Sanktion der unberechtigten Kenntnisnahme und des Missbrauchs von Daten, doch fördern sie auch Maßnahmen, die präventiv einen Missbrauch von Daten im B2B verhindern.

Ihre Grundlagen finden sich in grundrechtlichen Schutzpflichten des Staates, die es ihm gebieten, bereits vor Beginn der Handelsaktivität im B2B einen Rahmen vorzugeben, der nur bestimmte Handlungsweisen beteiligter Akteure zulässt.[606] Innerhalb dieses Rahmens können die Marktteilnehmer selbst regulieren.[607] Präventive Selbstregulierung der Markteilnehmer ist medien-[608] und zivilrechtlich[609] anerkannt.

---

604 IT-Sicherheit ist ein entscheidender Faktor in der Wertschöpfungskette des E-Business, Spindler, NJW 2004, 3145 (3145).

605 Datenschutzrechtlich wird in diesem Zusammenhang gerne von einem Vollzugsdefizit gesprochen, Petri, DuD 2002, 726 (726).

606 Das Bundesverfassungsgericht hat diesen Misstand in einer jüngeren Entscheidung gesehen und ein neues Grundrecht geschaffen, das zum Schutz der Integrität und Vertraulichkeit computergestützter Systeme aufruft, vgl. insbesondere zur Abgrenzung der Schutzmaßnahmen vom grundrechtlichen Schutz und ihrer Nachteile BVerfG, NJW 2008, 822 (825). Der Staat darf sich hinsichtlich des Schutzes personenbezogener Daten hingegen nicht mit bloßen Selbstverpflichtungen Privater begnügen, sondern muss eine verbindliche Ordnung konstituieren, um der grundrechtlichen Werteordnung auch im Privatrechtsverkehr Geltung zu verschaffen, Papier, im Internet unter: http://www.sueddeutsche.de/computer/895/451606/text/ (24.10.2009).

607 Man bezeichnet diese Art der Regulierung als regulierte Selbstregulierung. Unter dem Begriff der regulierten Selbstregulierung versteht man Selbstregulierungsmaßnahmen, die zwar hoheitlich gefördert werden, deren Initiierung allerdings von den Betroffenen ausgehen muss, vertiefend zur regulierten Selbstregulierung Holznagel, Die Verwaltung 2001, Beiheft 4, 81 (86 ff.); Hoffmann-Riem, in: Schulte, Technische Innovationen und Recht, S. 3 (23); Kloepfer, in: Schulte, Handbuch Technikrecht, S. 123.

608 Verhaltenskodizes sind als Maßnahmen zur Selbstregulierung durch Artikel 16 E-Commerce-Richtlinie, Artikel 27 EU-Datenschutzrichtlinie und § 38a BDSG anerkannt, vgl. Tinnefeld, NJW 2001, 3078 (3081).

609 Nach § 312e BGB in Verbindung mit § 3 Nr. 5 BGB-InfoV werden Unternehmen verpflichtet, über einschlägige Verhaltenskodizes, denen sich ein Unternehmer unterwirft,

Unmittelbare Verpflichtungen zur Selbstregulierung ergeben sich für Unternehmen im B2B durch technische und organisatorische Vorgaben beim Umgang mit personenbezogenen Daten.

Mittelbar verpflichtet der Staat Unternehmen zur Selbstregulierung, indem er kollektiv vereinbarte Richtlinien und Standards anerkennt, die Teilnehmer des B2B zum Schutz ihrer Daten verpflichten.

Schließlich schafft der Staat durch gesetzliche Regelungen Anreize zur Selbstregulierung, indem er diese technischen Maßnahmen zum Schutz von Daten fördert.

Alle diese Regulierungsansätze sollen im B2B die Vertraulichkeit und Integrität computergestützter Systeme und der darin verarbeiteten Daten präventiv sichern.[610]

I. Technisch-organisatorischer Datenschutz

Technisch-organisatorische Maßnahmen sind Mindestanforderungen für jeglichen Umgang mit personenbezogenen Daten nach § 9 BDSG.[611] Sie stellen unmittelbare Verpflichtungen zu bestimmten Maßnahmen vor Tätigkeit im jeweiligen Umfeld dar[612] und definieren Schutzstandards, die auch auf den Umgang mit sensiblen Daten im B2B zu übertragen sind.[613] Konkrete Anforderungen zur

---

sowie über deren elektronische Abrufbarkeit zu informieren, vgl. Tettenborn/Bender/Lübben/Karenfort, K&R 2001, Beilage 1, 1 (36); Vander, K&R 2003, 339, 340.

610 Vgl. zum beabsichtigten durchgreifenden Charakter des Grundrechts Hoffmann-Riem, JZ 2008, 1009 (1012); zu den Auswirkungen der neuen Grundrechtsausformung auf die Maßnahmen zur Gewährleistung der Sicherheit von Daten Roßnagel/Schnabel, NJW 2008, 3534 (3538).

611 Zur Bedeutung des § 9 BDSG für den Bereich des technisch-organisatorischen Datenschutzes und die IT-Compliance Eckhardt, DuD 2008 (5), 330 (331); Lensdorf/Steger, ITRB 2006, 206 (207).

612 Neben den Schutzgarantien informationellen Selbstbestimmungsrecht und dem Fernmeldegeheimnis ergibt sich eine neue Schutzgarantie durch das Grundrecht auf Vertraulichkeit und Integrität informationstechnischer Systeme als weitere besondere Ausprägung des allgemeinen Persönlichkeitsrechts, BVerfG, NJW 2008, 822 ff.; Kühling, K&R 10/2008, Editorial.

613 Für Anbieter genutzter Telekommunikationsdienste im B2B ergeben sich zusätzlich Vorgaben aus § 109 TKG, dessen Anwendungsbereich im Vergleich zur Vorgängernorm § 87 aF TKG (1996) eingeschränkt wurde, BT-Drucksache 15/2316, S. 91. Eie gesetzliche Neufassung der technischen Schutzmaßnahmen in § 109 TKG enthält eine Abstufung der erforderlichen Sicherheit, wobei die Sicherheitsmaßnahmen stets dem Stand der Technik entsprechen müssen (§ 109 Absatz 2 TKG) und der Kontrolle der Regulierungsbehörde für Post und Telekommunikation unterliegen (§ 109 Absatz 3

notwendigen Ausgestaltung des technisch-organisatorischen Datenschutzes im B2B lassen sich der Auflistung in der Anlage zu § 9 BDSG entnehmen.

1. Authentifizierung der Teilnehmer des B2B-Handels

Eine Voraussetzung für präventiven Schutz im B2B ist Authentifizierung.[614] Durch Überprüfung der Identität von Handelspartnern lassen sich Zugang zu sensiblen Informationen und Zugriff auf sie in der Regel hinreichend schützen. Auch kann die Eingabe und Weitergabe von Informationen kontrolliert werden.

Ob B2B-Teilnehmer diejenigen sind, für die sie sich ausgeben, lässt sich bei geschäftlicher Kommunikation über das Internet nur durch Authentifizierung ihrer Identität ermitteln.[615]

Neben persönlicher Authentifizierung miteinander kommunizierender Nutzer muss eine Authentifizierung kommunizierender IT-Systeme erfolgen.[616] Dieser Vorgang der technischen Authentifizierung ist für das Funktionieren des Handels zwischen Unternehmen essentiell, insbesondere, wenn bei spontaner Vernetzung von IT-Systemen im B2B mobile in Kontakt zu stationären Systemen treten oder *Web Services* zum Einsatz kommen.[617]

TKG). Für die Einhaltung der Sicherheitsmaßnahmen haben die Telekommunikationsanlagenbetreiber, nicht jedoch die Telekommunikationsnutzer, beispielsweise B2B-Teilnehmer, zu sorgen, Katko, CR 2005, 189 (192).

614 Authentifizierung bezeichnet einen Vorgang, in dem Identität an Hand bestimmter Merkmale überprüft wird. Authentifizierung, die Überprüfung der Identität, setzt Authentisierung, den Nachweisen einer Identität voraus, vgl. zu den Definitionen Eckert, IT-Sicherheit, Kapitel 1.2 (S. 7).

615 Die Authentifizierung der Benutzer einzelner Unternehmen kann durch Schlüsselinformationen, Schlüsselbesitz oder biometrischer Merkmale erfolgen. Elektronische Signaturen nach § 2 SigG sind als Formen des Schlüsselbesitzes für den Nachweis der Integrität und Authentizität elektronischer Daten im elektronischen Geschäftsverkehr anerkannt, Roßnagel, NJW 2005, 385 (385); ferner Heibey, in: Roßnagel, Handbuch Datenschutzrecht, Kapitel 4.5., Rn. 98

616 Bei sog. Challenge-Response-Authentifizierung zwischen IT-Systemen werden auf interagierenden IT-Systemen Zufallszahlen verschlüsselt. Der gegenseitige Vergleich lässt Rückschlüsse auf die verwendeten Schlüssel und damit auf die Authentizität der IT-Systeme zu, vgl. Federrath/Pfitzmann, in: Moritz/Dreier, Rechtshandbuch E-Commerce, F, Rn. 26; ferner Heibey, in: Roßnagel, Handbuch Datenschutzrecht, Kapitel 4.5., Rn. 105; technisch vertiefend Eckert, IT-Sicherheit, Kapitel 10.2.3.

617 Möchte der Vertreter eines gewerblichen Handelspartners über ein Funknetz auf eine B2B-Handelsplattform zugreifen, um Bestände zu vervollständigen oder anderweitige Transaktionen durchzuführen, muss die Authentizität der Vernetzung zur Handelsplattform sichergestellt sein, Heibey, in: Roßnagel, Handbuch Datenschutzrecht, Kapitel 4.5. Rn. 105. Die Authentifizierung erfolgt durch XML-Signaturen der Teilnehmer, speziel-

Nutzen Unternehmen Plattformen Dritter für ihre Handelsaktivitäten, können sie von der Authentizität ihrer Handelspartner durch das jeglicher Plattformnutzung vorausgehende Registrierungsverfahren ausgehen.[618] In den übrigen Fällen ist eine Authentifizierung der Handelspartner nur durch elektronische Signatur ohne Medienbruch möglich.[619]

2. Autorisierung der Handlungsbefugnisse im B2B

Ist die Authentifizierung der Nutzer und IT-Systeme erfolgreich, ist in einem nächsten Schritt festzustellen, welche fremden Ressourcen und welche Daten genutzt werden dürfen. Selbst authentifizierten Kommunikationspartnern darf kein unbeschränkter Zugriff auf alle fremden Ressourcen und Daten der IT-Systeme eingeräumt werden.[620] Es gilt das Prinzip der geringst möglichen Privilegierung, wonach Nutzer nur minimal notwendige Rechte erhalten dürfen.[621]

---

le Formen der elektronischen Signatur, hierzu Grimm/Jeckle, DuD 2003, 729 (729) und die weiteren Ausführungen in Anhang 1. Zur Notwendigkeit des Identitätsmanagement bei der Nutzung XML-basierten Web Services Buchmann/Pfaff, DuD 2003, 757 (759).

618 Vgl. exemplarisch zu den Sicherheitsanforderungen bei B2B-Handelsplattformen, Gounalakis/Drebes, S. 136 f.

619 Elektronische Signaturen stellen die Verbindung des Urhebers oder Versenders zu versandten Daten her. Sie ermöglichen den Nachweis der Authentizität des Urhebers. Digitale Signaturen sichern nicht die Authentizität der Herkunft, sondern die Integrität der Daten. Elektronische Signaturen schützen vor Veränderung des Urhebers, digitale Signaturen vor Veränderung des Inhalts beziehungsweise Umfangs versandter Daten. Sie sind somit immer an Personen gebunden. Einfache XML-Signaturen sind immer digitale Signaturen und schützten nur die Integrität und nicht die Herkunft der signierten Daten. Biometrische Erkennungsverfahren, die die Herkunft signierter Daten durch Fingerabdruck, Irisscan oder Gentest sicherstellen würden, überträfen hingegen selbst Erwartungen der Handelspartner im nicht-elektronischen Handel. Sie sind deshalb auch im Rahmen des B2B unangemessen vgl. zur Unterscheidung der Signaturen Giessmann, DuD 2003, 749 (749, 752); zum Integritätsschutz Kunz/Pordesch/Schmidt, DuD 2003, 740 (740).

620 Federrath/Pfitzmann, in: Moritz/Dreier, Rechtshandbuch E-Commerce, F, Rn. 28.

621 Sog. Need-to-know-Prinzip von Saltzer und Schroeder, vgl. Eckert, IT-Sicherheit, Kapitel 4.1.1. Bei Missbrauch von Anwendungen der B2B-Teilnehmer durch Mitarbeiter der Unternehmen für private Zwecke, beispielsweise durch das Herunterladen von Videos, Musikdateien oder Klingeltöne können Programme mit Schadensfunktion die von diesen Arbeitsplatzrechnern verwalteten Informationen und Daten gefährden oder vernichten, Wiltner, in: Gora/Krampert, S. 90 f.; Federrath/Pfitzmann, in: Moritz/Dreier, Rechtshandbuch E-Commerce, F, Rn. 40.

Durch besondere Sicherheitsprobleme des B2B sind Unternehmen zu besonderer Sorgfalt verpflichtet, wenn die Überprüfung der Berechtigungen automatisiert im Rahmen spontaner Vernetzungen erfolgen muss.[622]

3. Absicherung der Transaktion von Daten

Finden Datentransaktionen im B2B statt, müssen hinreichend sichere Verschlüsselungsverfahren diese absichern.[623]

Wie bei jeder Datenübertragung können auch Verschlüsselungen im B2B keine absolute Sicherheit garantieren. Abgesehen von der technischen Unmöglichkeit absoluter Sicherheit, sind Verschlüsselungen im B2B auf ein hinreichend sicheres Maß zu beschränken, um die beabsichtigten Handelsaktivitäten nicht über Gebühr zu beschränken. Werden Verschlüsselungsverfahren eingesetzt, sind nur solche zu verwenden, deren Gebrauch für die Handelspartner leicht zu bewerkstelligen ist. Ihre Akzeptanz richtet sich tatsächlich weniger nach der Höhe des Sicherheitsniveaus, sondern vielmehr nach der Verwendbarkeit in der B2B-Praxis.

Eine Verschlüsselung kann bereits durch Einsatz besonderer Netzwerkprotokolle zur Steuerung der Datenübertragung erfolgen. Diese bestimmen, wie Nachrichten zu „verpacken“ sind und wie mit ihnen beim Transport umgegangen werden muss.[624] Allerdings können dadurch nur Informationen über die Zusammensetzung einzeln verschickter Datenpakete verschlüsselt werden, nicht aber die in den Datenpaketen enthaltenen Inhalte.[625] Feststellen ließe sich auf diesem Wege, ob Datenpakete auf dem Übertragungswege hinzugefügt, ersetzt

622 Der B2B-Teilnehmer kann diesem Missstand durch den Einsatz modularer, Domänengrenzen überbrückender Autorisierungs- und Zugriffskontrolldienste in XML begegnen, zur technischen Umsetzung der Einbettung vgl. Buchmann/Pfaff, DuD 2003, 757 (760); zur Berechtigungsvergabe im SAP-System R/3 und die Möglichkeiten automatischer Überprüfung Jürjens/Buda, DuD 2004, 476 (476).

623 Dies setzt voraus, dass nur mit einem unverhältnismäßigen Aufwand aus den verschlüsselten Daten Informationen gewonnen werden können, zur Entwicklung, Methodik und Sicherheit der verschiedenen Verschlüsslungsverfahren, Wirth, in: Gola/Krumpert, S. 113 ff.

624 Eckert, IT-Sicherheit, S. 700 f.

625 Bei diesem SSL-Verfahren wird eine Prüfsumme generiert, der sog. Message Authentication Code (MAC), und verschlüsselt gemeinsam mit der Nachricht übertragen, vgl. Schmidt/Pruß/Kast, CR 2008, 267 (270).

oder entfernt wurden, jedoch nicht, ob die Integrität des Inhalts der Datenpakete verletzt wurde.[626]

Gerade bei spontanen Vernetzungen müssen Handelspartner auch Möglichkeiten haben, die Integrität übertragener Dateninhalte festzustellen.[627]

Trotz technischer Möglichkeit, Integrität und Ursprung von Daten zu gewährleisten, lässt sich keine Vertraulichkeit bei der Übertragung von Dateninhalten erreichen, solange diese im Klartext übertragen und dabei manipuliert und überwacht werden können.[628] Ein sicherer und verlässlicher Transport sensibler Daten ist unter diesen Umständen unmöglich.[629]

Soll die inhaltliche Integrität übertragener Nachrichten im B2B feststellbar sein, ist erforderlich, dass Handelspartner bei der Übertragung ihrer geschäftlichen Daten ein einheitliches Verschlüsselungsverfahren verwenden.[630]

Ein einheitliches Verschlüsselungsverfahren lässt sich jedoch nicht auf Ebene des Datenübertragungsprotokolls festlegen, sondern erfordert eine gemeinsame Sprachregelung für Transaktionen zwischen den Handelspartnern. Sprachregelungen können durch Verwendung einheitlicher, frei verfügbarer[631] und systemneutraler[632] Auszeichnungssprachen für die Dateninhalte erfolgen.[633]

---

626 Die Manipulation ist durch eine fehlerhafte Prüfsumme feststellbar, Federrath/Pfitzmann, in: Moritz/Dreier, Rechtshandbuch E-Commerce, F, Rn. 8 f.; Miedbrodt, in: dies., F, Rn. 112 ff.

627 Vgl. zum Integritätserfordernis bei Vernetzung im Internet Roßnagel/Schnabel, NJW 2008, 3534 (3535 f.); Kramer/Meints, in: Hoeren/Sieber, Handbuch Multimedia-Recht, Teil 16.5, Rn. 3.

628 Schmitz, in: Hoeren/Sieber, Handbuch Multimedia-Recht, Teil 16.4, Rn. 223; Cornelius, in: Leupold/Glossner, IT-Recht, Teil 8, Rn. 31.

629 Bei Einsatz von Web Services wird deshalb ein weitergehender Vertraulichkeitsschutz durch Verschlüsselung und Signatur gefordert, Kuschke/Wölfel, S. 103; vgl. ferner Buchmann/Pfaff, DuD 2003, 757 (758).

630 Der Erfolg verschlüsselter Übertragungen hängt davon ab, dass Sender und Empfänger der übertragenen Daten mit diesen dasselbe Verschlüsselungsverfahren assoziieren, vgl. Buchmann/Pfaff, DuD 2003, 757 (758).

631 Vgl. Sommergut, http://www.computerwoche.de/524177 (24.10.2009); zu technischen Einzelheiten eines solchen Modells vgl. Anhänge.

632 Die Spezifikationen müssen für Geschäftsvorgänge zuverlässigen, authentischen und sicheren Nachrichtenaustausch nebst System- und Fehlerberichterstattung ermöglichen, zur technischen Umsetzbarkeit vgl. Anhänge.

633 Diese muss Verschlüsselungs- und Signaturprozesse beinhalten und weit über die von herkömmlichen Seitenbeschreibungssprachen zu erwartende reine Definition von Tags und Attributen hinausgehen. Beispielsweise wird auf die Spezifikationen und Prozessabläufe der Auszeichnungssprache ebXML in den Anhängen verwiesen.

Auszeichnungssprachen ermöglichen standardisierten, sicheren und zuverlässigen Austausch von Nachrichten zwischen Geschäftspartnern bei Durchführung ihrer E-Business-Geschäfte.[634]

Gleichwohl bleiben auch bei Verwendung spezieller Auszeichnungssprachen die Inhalte der Transaktionsnachrichten im Klartext lesbar.[635] Die Verschlüsselung der Inhalte würde zwar ihre Vertraulichkeit erhöhen, aber gleichzeitig Handelsmöglichkeiten einschränken, denn jede Handelsaktivität würde zusätzliche Abstimmungsprozesse hinsichtlich Ver- und Entschlüsselung voraussetzen und damit spontane Vernetzungen zu Handelszwecken unmöglich machen.[636]

4. Dokumentation der Handelsvorgänge

Sämtliche Kommunikationsprozesse der Handelspartner im B2B, insbesondere aber die erfolgenden Handelstransaktionen, sind hinreichend zu dokumentieren.

Eine Dokumentation kann durch Protokolle erfolgen. Protokolle erfassen automatisiert sämtliche Veränderungen von Daten in IT-Systemen der Handelsunternehmen beziehungsweise Betreiber von B2B-Handelsplattformen.[637] Greifen Personen auf Daten zu, werden Identifikationsmerkmale (IP-Adressen oder Login-Namen), Zeitpunkte und Umfang ihrer Zugriffe sowie Ziele der Datentransfers dokumentiert (Traffic Logging). Dringen Unberechtigte in geschützte Bereiche der B2B-Teilnehmer ein oder werden Datenverarbeitungssysteme missbräuchlich von Zugangsberechtigten genutzt, sind diese Vorgänge nachvollziehbar und beweisbar.

Eine Dokumentation durch Protokolle kann rechtswidrige Zugriffe auf Daten in geschlossenen B2B-Handelsnetzen zwar nicht verhindern, doch lassen

634 Der Dienst stellt Nachrichtenübertragung und Übertragungsdienste für die Durchführung von Geschäften im E-Business bereit. Es handelt sich um den rein technischen Aspekt der Nachrichtenübertragung, nicht aber den Inhalt der Nachrichten. Neben Diensten des Protokolls, die den sicheren Zugang der Nachrichten gewährleisten sollen, überwachen andere Dienste den sicheren Umgang mit den übertragenen Nachrichten.

635 Vgl. hierzu das Beispiel im Anhang 2.

636 Dies würde eine Verschlüsselung des Dateninhalts erfordern. Auch bei der Verschlüsselung der Nachrichtinhalte bleiben die zugehörigen Metadaten unverschlüsselt, doch können die Inhalte der dadurch offensichtlich als B2B-Transaktion zu identifizierenden Daten von Unbefugten nicht interpretiert werden. Ein Bruch der Vertraulichkeit wäre nur durch unberechtigte, einen unverhältnismäßigen Aufwand erfordernde Entschlüsselung der Nachrichten denkbar.

637 Heibey, in: Roßnagel, Handbuch Datenschutzrecht, Kapitel 4.5. Rn. 105.

sich durch Auswertung der Protokolle Sicherheitslücken feststellen und präventive Vorkehrungen gegen Missbrauch treffen.[638]

5. Gewährleistung der Verfügbarkeit der Daten

Unternehmen müssen im B2B die jederzeitige Verfügbarkeit aktueller Handelsdaten sicherstellen.[639] Es sind Sicherheitskopien von Datenbeständen anzufertigen und Reserveinstallationen beziehungsweise redundante Systeme für IT-Systeme vorzuhalten.[640] Der Schutz des gesamten Handelssystems zwingt darüber hinaus zum Einsatz von Virenschutzprogrammen, Firewall- und Intruder-Detection-Systemen in den einzelnen Unternehmen, um zu verhindern, dass die Verfügbarkeit eigener und fremder Daten gefährdet wird.[641]

Sind Computersysteme der B2B-Teilnehmer nicht hinreichend geschützt, können Unbefugte versuchen, in diese einzudringen, um geheime Daten auszuspähen, Systemabläufe zu beherrschen, Veränderungen der Daten herbeizuführen beziehungsweise Daten zu zerstören.[642]

---

638 Federrath/Pfitzmann, in: Moritz/Dreier, Rechtshandbuch E-Commerce, F, Rn. 32; zum Vollzugsdefizit automatischer Protokollierung von Datenzugriffen Minnerup, ITRB 2008, 217 (217).

639 Es handelt sich dabei um eine wettbewerbsrelevante Eigenschaft mit großem Einfluss auf die Handelskonditionen im Unternehmensgeschäftsverkehr, Braun, S. 126.

640 Bei redundanten Systemen übertrifft die tatsächliche Leistungsfähigkeit des Systems die erforderliche Leistungsfähigkeit für den Handel im B2B mehrfach, um einen Ausfall von Teilsystemen durch die verbleibende Infrastruktur substituieren zu können. Beispielsweise können zwei Rechner identische Funktionen ausführen, wobei jeder von ihnen die Funktionen auch alleinständig erfüllen könnte. Fällt einer der beiden Rechner aus, übernimmt der verbleibende Rechner die Volllast bis zur Neueinbindung des ausgefallenen Rechners, zum Einsatz redundanter Systeme bei B2B-Handelsplattformen, Gounalakis/Drebes, S. 26, 142.

641 Zwischen den eingesetzten Schutzmaßnahmen und den damit verbundenen Kosten besteht ein Spannungsverhältnis, dass nach der ökonomischen „best practice"-Philosophie zu einem Kompromiss zwischen Schutz und Kosten bei IT-Infrastruktur zwingt, zu den sich daraus ergebenden Grenzen der Effektivität von Schutzsystemen vgl. Federrath/Pfitzmann, in: Moritz/Dreier, Rechtshandbuch E-Commerce, F, Rn. 57.

642 Typische Angriffsformen bestehen im Einschleusen von Schadenssoftware (Computerviren, Computerwürmer, Trojanische Pferde) und im unbefugten Eindringen in geschützte Computersysteme. Gegen derartige externe Einflussnahme auf den Datenbestand durch unbefugte Nutzer haben B2B-Teilnehmer und Betreiber von B2B-Handelsplattformen Überwachungsprogramme zu betreiben. Angriffe, bei denen durch permanenten Aufruf von Unternehmensseiten, Suchmaschinen, Internet-Handelshäusern und auch Handelsmarktplätze im Internet die für Geschäftssuchende nicht mehr erreichbar sind, zeigen die Gefährlichkeit derartiger Einflussnahme für den B2B, Wiltner,

Würde eine derartige Manipulation beispielsweise eine *Just-in-time*-Lieferungen voraussetzende Zuliefererkette unterbrechen, würde dies zu erheblichen Schäden und zu Vertrauensverlust führen.

6. Zwischenergebnis

Technisch-organisatorische Schutzstandards sind im B2B schon dadurch erforderlich, dass neben ausschließlich unternehmensbezogenen Daten zugleich auch personenbezogene Daten verarbeitet werden.

Der ursprünglich für personenbezogene Daten entwickelte technisch-organisatorische Schutz muss zur Sicherstellung der Vertraulichkeit und Integrität informationstechnischer Systeme auch auf andere sensible Daten im B2B ausgeweitet werden.

Möchten Unternehmen am B2B teilnehmen, haben sie vor und bei Durchführung ihrer B2B-Geschäfte technisch-organisatorische Schutzstandards zu beachten.

II. Organisatorische Richtlinien und Standards

Für neue Entwicklungen im Bereich elektronischer Kommunikationsnetze ist Selbstregulierung durch Richtlinien und Standardisierungen üblich.[643]

Mittel dieser Art der Selbstregulierung sind Zertifizierungsmaßnahmen und die Einführung von Verhaltensregeln.[644] Diese setzen nicht nur für personenbezogene Daten,[645] sondern für sämtliche sensiblen Daten Sorgfaltsmaßstäbe.[646]

---

in: Gora/Krampert, S. 87 f., 91 f.; ferner Heibey, in: Roßnagel, Handbuch Datenschutzrecht, Kapitel 4.5. Rn. 129 f.; Federrath/Pfitzmann, in: Moritz/Dreier, Rechtshandbuch E-Commerce, F, Rn. 5.

643 Vgl. zu den Möglichkeiten der Selbstregulierung Machill/Waltermann, S. 23; Bertelsmann-Stiftung, Kommunikationsordnung 2010, S. 99; Büllesbach, RDV 2000, 1 (3); Kloepfer, Informationsrecht, S. 171 ff.; vertiefend Roßnagel, in: Roßnagel, Handbuch Datenschutzrecht, Kapitel 3.6, Rn. 1 ff.

644 Zur Möglichkeit einer Zertifizierung im Bereich des Datenschutzes durch § 9a BDSG, Roßnagel, Datenschutzaudit, im Internet unter: http://www.iid.de/iukdg/gus/DASA.html (24.10.2009); zu Verhaltensregeln vgl. die gesetzlichen Regelungen in § 312e BGB i.V.m. § 3 BGB-InfoV, Palandt/Heinrichs, BGB, BGB-InfoV, § 3 Rn. 6.

645 § 9a BDSG bietet einen gesetzlichen Rahmen für Selbstregulierung durch Auditverfahren zum Schutz personenbezogener Daten; § 38a BDSG ermöglicht die Prüfung von Verhaltensregeln, deren Zweck in der Förderung der Durchführung von datenschutzrechtlichen Regelungen liegt, durch die zuständige Aufsichtsbehörde, zur Selbstregulierung durch Auditverfahren, vgl. Tinnefeld, NJW 2001, 3078 (3080); zur erwogenen gesetzlichen Regelung Gola/Klug, NJW 2008, 2481 (2483).

Durch Sorgfaltsmaßstäbe wird ein einheitliches IT-Sicherheitsniveau in Unternehmen etablieren und aufrechterhalten. Unternehmen werden verpflichtet, IT-Systeme und Daten vor Angriffen von innen und außen zu schützen.[647]

1. Zertifizierung

Selbstregulierung kann durch Zertifizierungen des unternehmerischen Sicherheitsmanagements und des sich daraus ergebenden Umgangs mit sensiblen Daten erfolgen.[648] Grundlage der Zertifizierung sind anerkannte Schutzstandards.

Die Zertifizierung erfolgt durch standardisierte Prüfverfahren, präzise Prüfkataloge sowie Beteiligung unabhängiger Prüfer.

Unternehmen unterwerfen ihr Sicherheitsmanagement freiwillig einer Selbstkontrolle und weisen dadurch beteiligten Verkehrskreisen den besonders vertrauenswürdigen Umfang mit Daten und IT nach.[649]

Entsprechen die in einem Unternehmen vorgefundenen Schutzmaßnahmen den Anforderungen, wird ein Prüfzertifikat ausgestellt,[650] welches dokumentiert,

---

646 So kodifizieren § 93 Absatz 1 Satz 1 des Aktiengesetzes und § 43 Absatz 1 des GmbH-Gesetzes eine Verpflichtung zur Einhaltung der Sorgfalt eines ordentlichen und gewissenhaften Geschäftsleiters beziehungsweise Geschäftsmanns. Die Regelungen zur Verantwortlichkeit der Organmitglieder des Aktiengesetzes strahlen auch auf den Pflichtenrahmen des Geschäftsführers einer GmbH aus, Taeger, in: Taeger/Rath, S. 3.

647 Diese Verpflichtung besteht nicht nur für den Vorstand oder die Geschäftsführung eines Unternehmens, sie trifft durch Weisung oder arbeitsvertragliche Verpflichtung auch Mitarbeiter des Unternehmens, in deren Aufgabenbereich die Leitung datensensibler Bereich fällt, beispielsweise betriebliche Datenschutzbeauftragte, IT-Administratoren oder Chief Information Officer (CIO), Rath, in: Taeger/Rath, S. 7, 10

648 Internationaler Schutzstandard ISO 17799, BSI-Grundschutz mit Vorgaben des Bundesamtes für Sicherheit in der Informationstechnologie (BSI) und europäische Sicherheitskriterien ITSEC/CC, vgl. Schultze-Melling CR 2005, 73 (74 f.), Bäumler, Festgabe Büllesbach, S. 110.; zu den Änderungen durch die Neufassung ISO 17799:2005 Weissmann, DuD 2005, 209 ff.; ferner Fox DuD 2004, 452.

649 Capellaro, in: Reinhard/Pohl/Capellaro, IT-Sicherheit und Recht, Rn. 761.

650 Der Zertifizierungsprozess gliedert sich in drei Stufen: Zunächst registrieren sich die Unternehmen bei der Zertifizierungsinstanz und berichten regelmäßig über Sicherheitsprobleme und die Überprüfung der Einhaltung der geforderten Standards. Es schließt sich eine Auditierung durch eine unabhängige Zertifizierungsstelle an, bei der sowohl die technischen als auch die administrativen Maßnahmen des Unternehmens zur Gewährleistung von Informationssicherheit überprüft werden (Offsite-Penetration, Firewall- und Virenschutz sowie Informationsverarbeitungsprozesse und -verantwortlichkeiten im Unternehmen). Schließlich erfolgt die Zertifizierung nach den Vorgaben des Schutzstandards, Peters, CR 2004, 868 (869); Eckert, IT-Sicherheit, S. 222 ff.; Lincke/Camilleri Vázque, K&R 2003, 337 (337); Sonntag, S. 180; zu den einzelnen Prüfschritten beim IT-Grundschutzaudit detailliert BSI, im Internet unter:

dass sich zertifizierte Unternehmen durch einen besonders vertrauenswürdigen Umgang mit Daten auszeichnen.

Ein einheitliches Schutzniveau ließe sich freilich nur durch eine gesetzliche Verpflichtung zur Zertifizierung aller am B2B teilnehmender Unternehmen erreichen, wie sie vergleichsweise in der Banken- und Finanzdienstleistungsbranche besteht.[651]

Zwar könnte der Gesetzgeber für die Zertifizierung der IT-Sicherheit im B2B eine neue gesetzliche Grundlage schaffen[652], eine Handlungspflicht besteht allerdings nicht.

Die Grundrechtsausprägung der Integrität und Vertraulichkeit informationstechnischer Systeme wurde verfassungsgerichtlich zum Schutz der Persönlichkeitsrechte natürlicher Personen entwickelt. IT-Sicherheit beim B2B zwischen Unternehmen dient hingegen primär dem Schutz wirtschaftlicher Interessen der Unternehmen und eher sekundär dem Schutz personenbezogener Daten.

Dass in denselben computergestützten Systemen der Unternehmen auch personenbezogene Daten verarbeitet werden, kann eine gesetzliche Verpflichtung zur Zertifizierung im B2B verwendeter Computersysteme nicht rechtfertigen. Ungleichbehandlung des B2B und B2C wäre die Folge.

Eine gesetzliche Pflicht zur Zertifizierung müsste sich auf alle relevanten Handlungsfelder der Unternehmen im E-Business erstrecken. Sachliche Rechtfertigungsgründe für eine Sonderregelung des B2B bestehen hingegen nicht.[653]

---

http://www.bsi.bund.de/gshb/zert/pruef.pdf (24.10.2009); ferner hierzu Münch/Niggemann, in: Gora/Krampert, S. 60 ff.

651 Durch die Vorgaben der Bundesaufsicht werden Unternehmen im Banken- und Finanzdienstleistungssektor zur Zertifizierung ihres Sicherheitsmanagements verpflichtet. Für sie stellt ein ordnungsgemäßes Sicherheitsmanagement einen wesentlichen Bestandteil ihres Risikomanagements dar und trifft Aussagen über ihre Kreditwürdigkeit. Als Konkretisierungen des KWG für diesen Bereich sind die Vorgaben der Bundesanstalt für Finanzdienstleistungsaufsicht verpflichtend, vgl. hierzu Abschnitt AT 7.2 der Mindestanforderungen für das Risikomanagement (MaRisk) und die weiteren Erläuterungen zum MaRisk-Regelungstext der Bundesanstalt für Finanzdienstleistungsaufsicht, http://www.bafin.de/ (24.10.2009), ferner Münch, in: Taeger/Rath, S. 93.

652 Der Gesetzgeber könnte sich dabei auf seine eigene Gesetzgebungskompetenz im Bereich der Wirtschaft (Art. 72, 74 Nr. 11 GG) stützen beziehungsweise eine Regelung auf europäische Ebene anregen.

653 Konkretisierend zur Schutzrichtung der neuen Ausprägung des Persönlichkeitsrechts und zum zwingenden Erfordernis der Persönlichkeitsrelevanz Hoffmann-Riem, JZ 2008, 1009 (1012).

2. IT-Sicherheitsleitlinien

Regeln Zertifizierungsprozesse die Einhaltung bestimmter Sicherheitsstandards im Verhältnis zwischen Wettbewerbern, lässt sich die Vertraulichkeit und Integrität verarbeiteter Daten in einzelnen am B2B beteiligten Unternehmen durch verbindliche unternehmensspezifische IT-Sicherheitsleitlinien regeln.[654]

Je höher das erforderliche Sicherheitsniveau eines Unternehmens im B2B ist,[655] desto größer ist der notwendige finanzielle Aufwand für IT-Sicherheit.[656]

Das obligatorische IT-Sicherheitsniveau eines Unternehmens im B2B richtet sich nach den Folgen eines Ausfalls der IT für das Unternehmen und für Dritte. Fällt beispielsweise die für B2B verwendete IT eines Industriezulieferunternehmens aus, kann dies zur Beeinträchtigung komplexer Produktions- und Verfahrensabläufe und damit zu erheblichen Regressforderungen führen. Zumindest ebenso hoch ist das Sicherheitsniveau bei Waren und Dienstleistungen, die der Grundbedürfnisbefriedigung dienen, beispielsweise Versorgung mit Energie, Wasser und Arzneimitteln.

Solange B2B jedoch den traditionellen Handel mit Waren und Dienstleistungen nicht gänzlich substituiert hat und eine Versorgung mit Gütern auch noch außerhalb der Internet-Handelswege möglich ist, reicht ein hohes Sicherheitsniveau für die IT im B2B aus.

---

654 Das sich aus einer Aufwand-Nutzen-Relation ergebende Gesamtsicherheitsniveau eines Unternehmens ermöglicht die Definition von IT-Sicherheitszielen und Strategien, welches Maß an IT-Sicherheit für das jeweilige Unternehmen ausreichend und angemessen ist, vgl. Kramarz-v. Kohout, DuD 2002, 104 (105); BSI, IT-Grundschutzhandbuch, S. 1291, 1296; zum Rechtscharakter dieser auf § 4 c Absatz 2 BDSG zurückzuführenden Regelungen Räther/Seitz, MMR 2002, 520 (526 f.); vgl. auch Büllesbach, in: Bräutigam/Leupold, Online-Handel, A III, Rn. 110.

655 Führt bei einem maximalen Sicherheitsniveau der Ausfall der IT zum totalen Zusammenbruch eines Unternehmens oder hat schwerwiegende Folgen für breite wirtschaftliche Bereiche, hat der Schadensfall bei hohem Sicherheitsniveau eine Handlungsunfähigkeit zentraler Bereiche des Unternehmens zur Folge, wobei die Schäden erhebliche Beeinträchtigungen des Unternehmens beziehungsweise von Dritten bewirken können. Bei mittlerem Sicherheitsniveau beeinträchtigt der Schadensfall nur das Unternehmen selbst. Ein niedriges Sicherheitsniveau liegt vor, wenn das Unternehmen im Schadensfall nur geringfügig beeinträchtigt wird, BSI, IT-Grundschutzhandbuch, S. 1297 f., beziehungsweise IT-Grundschutz-Kataloge, http://www.bsi.de/gshb/deutsch/index.htm (24.10.2009).

656 Mangelnde IT-Sicherheit ist ein Bestandteil des Unternehmensrisikos und wirkt sich insbesondere im Kreditgeschäft nach den Grundsätzen von Basel II, negativ auf die Unternehmen aus, vgl. Eckhardt, DuD 2008, 330 (330).

Ein hohes Sicherheitsniveau erfordert umfassende Sicherung und Verschlüsselung von Daten, Authentifizierung jedweden Zugriffs auf IT-Systeme und Auskoppelung besonders sensitiver IT-Anwendungen aus Netzwerken mit Schnittstellen zum Internet.[657]

Die Mitarbeiter eines Unternehmens sind über die Sicherheitsziele und –strategien umfassend zu informieren.[658] Auch verlangt eine effektive Durchsetzung transparente Information darüber, wer für die Herkunft und Einhaltung der Richtlinien verantwortlich ist und welche Sanktionen bei Verstößen drohen.[659]

Zwar dienen IT-Sicherheitsleitlinien primär dem Selbstschutz und der Gewährleistung eigener Systemsicherheit der Unternehmen, doch tangieren sie mittelbar auch den Handelsverkehr im B2B, denn aufgrund enger Verzahnung der Handelssysteme im B2B erhöht Systemsicherheit innerhalb einzelner Unternehmen auch die Sicherheit innerhalb des gesamten B2B-Handelssystems.

Auch wenn IT-Sicherheitsleitlinien bestehen, können gemeinsam erarbeitete Verhaltenskodizes die Systemsicherheit des Handelsverkehrs beteiligter Unternehmen unmittelbar steigern.

---

657 IT-Sicherheitsziele eines Unternehmens richten sich auf dessen Handlungsfähigkeit (Verfügbarkeit und Integrität der IT, Wahrung der Vertraulichkeit von Daten), dessen Unternehmensrufs in der Öffentlichkeit, die Erhaltung investierter Werte, die Sicherung der Ergebnisse verarbeiteter Informationen und der Qualität entscheidungsrelevanter Informationen, die Einhaltung gesetzlicher Vorgaben, die Vermeidung und Minderung von Schäden und die Kontinuität von Arbeitsabläufen, vgl. BSI, IT-Grundschutzhandbuch, S. 1299; BSI., IT-Grundschutz-Kataloge, http://www.bsi.de/gshb/deutsch/index.htm (24.10.2009).

658 Insbesondere müssen sie darüber in Kenntnis gesetzt werden, wie bestimmte Datengruppen klassifiziert werden, welche Kontrollmechanismen bei Zutritt und Zugang zu Datenverarbeitungssystemen und Zugriff auf Daten bestehen und welche Sicherheitsmaßnahmen sie zu treffen haben, um unberechtigten Zugang zu den von ihnen verwendeten Datenverarbeitungssystemen zu verhindern.

659 Die Kompetenzen des IT-Sicherheitsmanagement-Teams, des Sicherheitsbeauftragten, der IT-Anwender und der Administratoren muss klar definiert werden, um Schulungs- und Sensibilisierungsmaßnahmen für den Umgang mit Daten im B2B anordnen zu können, wenn dies als notwendig erachtet werden. Schriftliche Anordnung von Maßnahmen müssen den Willen der Unternehmensleitung zur Durchsetzung der Leitlinien widerspiegeln und durch diese autorisiert werden, BSI, IT-Grundschutzhandbuch, S. 1300, beziehungsweise BSI, IT-Grundschutz-Kataloge, http://www.bsi.de/gshb/deutsch/index.htm (24.10.2009).

3. Verhaltenskodizes

Beide Seiten eines B2B-Handelsgeschäfts sind an guten Geschäftsbeziehungen interessiert und die Ablehnung gemeinsamer Verhaltensregeln würde zu Misstrauen führen. Aus diesem Grund besteht grundsätzlich die Bereitschaft, Verhaltenskodizes zu vereinbaren.[660] Verhaltenskodizes (codes of conduct) definieren verpflichtend unternehmensübergreifende Prinzipien, Leitlinien und konkrete Maßnahmen, unter anderem auch zum sicheren Umgang mit Daten von Geschäftspartnern im B2B.[661]

Möchten Unternehmen Verhaltenskodizes zum Gegenstand einer Geschäftsbeziehung machen, können sie auf solche zurückgreifen, die von ihren Branchenverbänden und -organisationen erstellt wurden, und sie in die Vereinbarungen mit ihren jeweiligen Handelspartnern einbinden.[662]

Auf diese Weise lässt sich durch Einsatz geeigneter Sicherheitskonzepte ein Mindestmaß an Daten- und Systemsicherheit zum Schutz der Handelsdaten vereinbaren.[663]

Um auf neue Entwicklungen reagieren zu können, müssen Verhaltenskodizes eindeutige und durchführbare Anweisungen für regelmäßige Überprüfungen und Ergänzungen ihrer Festlegungen enthalten.[664]

Verhaltensregeln der Unternehmen sind nur in den Grenzen des Kartellrechts zulässig. Kartellrechtswidrig wären Vereinbarungen, die den Geheimwettbewerb zwischen den Wettbewerbern unterminieren, in dem sie das zu er-

---

660 Kunden und Lieferanten eines Unternehmens möchten durch Anerkennung eines Verhaltenskodexes gute Geschäftsbeziehungen fördern und erzielen, vgl. beispielsweise zu den Codes of Conduct der ehemaligen DaimlerChrysler AG Moritz/Tinnefeld, JurPC Web.-Dok. 181/2003, Abs. 17 f.

661 Als Codes of Conduct bezeichnete Verhaltenskodizes gelten im Geschäftsverkehr zwischen Unternehmen als anerkannt (sog. best practice-Methode), zur Selbstregulierung durch eigene Codes of Conduct bei globalen Unternehmen im Sinne eines Konzerns Büllesbach, RDV 2000, 1 (3); zum konzernweiten Kundendatenschutz Hartmann, DuD 2008, 455 (455 f.).

662 Tettenborn/Bender/Lübben/Karenfort, K&R 2001, Beilage zu Heft 1, 1 (35); ähnlich Leupold/Bräutigam/Pfeiffer, WRP 2000, 575; Vander, K&R 2003, 339 (340); zur fehlenden Bereitschaft einer Selbstbindung Weichert, RDV 2005, 1(3).

663 Verhaltenskodizes können Verschlüsselungs- und Firewalltechnologien, Beschränkungen des externen Zugriffs und Notwendigkeit von Serverredundanzen einfordern. Ähnliche Sicherheitsmaßstäbe bestehen im Bereich des B2C, vgl. beispielsweise den Code of Conduct der von der europäischen Kommission unterstützten Trusted Shops-Initiative für einen sicheren Internet-Handel in Europa, im Internet unter: http://www.trustedshops.de/de/shops/obligations_de.html (24.10.2009).

664 Marsden, MMR 2005, 3 (6).

wartende Marktverhalten durchschaubar machen.[665] Bestimmte Informationen, beispielsweise Preisfindungsmechanismen, sind geheim zu halten und dürfen nicht Gegenstand von Verhaltenskodizes werden.[666]

Erfolgen Vereinbarungen zum Schutz von Daten im Herrschaftsbereich einzelner Handelsteilnehmer, fördern sie den Geheimwettbewerb zwischen den Unternehmen und dienen damit kartellrechtlichen Zielen.

Obgleich Verhaltenskodizes sowohl im B2C als auch im B2B möglich sind, sind sie im kaufmännisch geprägten Bereich des B2B weniger gesetzlich verankert als im verbraucherorientierten Bereich des B2C.[667] Gleichwohl sind sie auch im unternehmerischen Geschäftsverkehr allgemein als Mittel gegenseitiger Vertrauensförderung bei Abschluss von Handelsgeschäften anerkannt.[668]

4. Zwischenergebnis

Zertifizierungen, Sicherheitsleitlinien und Standards stellen geeignete Mittel dar, um technisch-organisatorische Voraussetzungen im B2B zu vereinbaren. Beteiligte können auf die dadurch getroffenen Maßnahmen vertrauen. Regulierte Selbstregulierung schließt damit eine Lücke, die sich durch gesetzgeberische Regulierung infolge des stetigen Wandels der Anforderungen im B2B nicht füllen lässt.

III. Technische Sicherheitsmaßnahmen

Auch technischen Sicherheitsmaßnahmen der Unternehmen kommt durch verschärfte gesetzliche Vorschriften neuerdings eine selbstregulatorische Wirkung zu.

Vor Umsetzung der europäischen Cybercrime-Richtlinie konnten Unternehmen Daten bestmöglich gegen einen Zugang von außen sperren, der Zugang

---

665 Gounalakis/Lochen, ZHR 167 (2003), 632 (652); Lochen, Elektronische Marktplätze, S. 109.

666 v. Lewinski, in: Gramlich/Kröger/Schreibauer, Rechtshandbuch B2B Plattformen, § 16 Rn. 24; Jestaedt, BB 2001, 579 (582); Gounalakis/Lochen, ZHR 167 (2003), 632 (652).

667 Für Verhaltensregeln im B2C gelten die Vorgaben der Informationspflichten-Verordnung zum Bürgerlichen Gesetzbuch (BGB-InfoV). Sie erfassen nicht nur solche Verhaltenskodizes, die einen Bezug zum elektronischen Geschäftsverkehr haben, sondern auch solche, an deren Einhaltung ein Kunde bei Geschäften im Internet ein Interesse haben kann. Auch Verhaltenskodizes über die Wahrung von Informationssicherheitsvorgaben sind in § 3 BGB-InfoV geregelt.

668 Zu den damit verbundenen technischen oder organisatorischen Erleichterungen im elektronischen Handel Roßnagel, MMR 2005, 71 (74); ferner Vander, K&R 2003, 339 (343).

zu diesen Daten blieb aber für Eindringlinge folgenlos.[669] Die neue gesetzliche Regelung fördert nunmehr selbstregulatorische Schutzmaßnahmen der Unternehmen, indem bereits das Überwinden von Schutzmechanismen strafrechtliche Folgen hat.[670]

Unternehmen bleibt jedoch weiterhin die Wahlfreiheit, ob sie Daten gegen einen Zugriff Unbefugter absichern möchten und damit unbefugten Zugriff auf die Daten unter strafrechtlichen Schutz stellen wollen. Sollten derartige präventive Schutzmaßnahmen der Unternehmen durch andere Unternehmen missachtet werden, können Unternehmen in einem zweiten Schritt durch Strafantrag eine repressive Strafverfolgung einleiten (§ 205 StGB).[671]

Präventiver Schutz durch technische Sicherheitsmaßnahmen muss allerdings bestimmte gesetzliche Voraussetzungen erfüllen.

1. Schutzfähigkeit der Daten

Strafrechtlicher Geheimnisschutz setzt Vertraulichkeit der Daten voraus.[672] Daten werden geschützt, wenn sie elektronisch, magnetisch oder auf andere Weise nicht unmittelbar wahrzunehmend gespeichert und übermittelt werden können (§ 202a Absatz 2 StGB).[673] Die inhaltlichen Beschränkungen des Wettbewerbs-

669 Vor der gesetzlichen Verschärfung musste ein Eindringling strafrechtlich nur dann Konsequenzen fürchten, wenn er sich die Daten verschaffte und auf den in den Daten enthaltenen Informationsinhalt selbst zugriff, nachdem er den Zugang zum Computersystem des Betroffenen erlangt hatte, vgl. Cornelius, in: Leupold/Glossner, IT-Recht, Teil 8, Rn. 18.

670 Durch das 41. Strafrechtsänderungsgesetz vom 7.8.2007 hat der Gesetzgeber klarstellend den Tatbestand des § 202a StGB auch auf das Verschaffen des Zugangs zu den Daten erweitert. Obgleich eine derartige Verletzungshandlung auch nach alter Rechtslage möglich war, wurde der Tatbestand von weiten Teilen der Literatur auf das Verschaffen von Daten selbst teleologisch reduziert. Danach sollte derjenige, der sich als Unberechtigter lediglich einen Zugang zu einem Computersystem verschaffte, ohne auf die darin enthaltenen Daten zuzugreifen, straflos bleiben, vgl. Achenbach, NJW 1986, 1835 (1837); Möhrenschläger, wistra 1986, 128 (139 f.); BT-Drucksache 10/5058, S. 28 ff.; Graf, in: Joecks/Miebach, MünchKomm StGB, zu § 202a (a.F.) , Rn. 2; a. A. schon vor der Gesetzesreform Tröndle/Fischer, StGB, § 202a, Rn. 11.

671 Ein überwiegendes öffentliches Interesse, das auch ohne Strafantrag eine Strafverfolgung ermöglicht, würde voraussetzen, dass fremde Daten betroffen sind.

672 Gröseling/Höfinger, MMR 2007, 549 (551).

673 Hoyer, in: Rudolphi/Horn/Samson/Günther, SK-StGB, § 202a Rn. 3; Lenckner, in: Schönke/Schröder, StGB, § 202a Rn. 4; Hilgendorf/Frank/Valerius, Computer- und Internetstrafrecht, Rn. 656; Cornelius, in: Leupold/Glossner, IT-Recht, Teil 8, Rn. 21; Scheffler, in: Kilian/Heussen, Computerrechts-Handbuch, 1. Abschnitt, Teil 10, Besonderer Teil, Rn. 5 f., zu Begriffsentwicklung im Strafrecht ders., Rn. 16 ff.

und Datenschutzrechts haben somit keinen Einfluss auf die strafrechtliche Schutzfähigkeit der Daten.

Auch wenn der Schutz nicht auf digitale Daten beschränken ist,[674] gilt er doch auch für sämtliche digitale Daten im B2B, die zur Wahrnehmung einer Darstellung auf Bildschirmen oder eines Ausdrucks auf Papier bedürfen.[675]

Daten sind schutzfähig, wenn Unternehmen ein Interesse an der Geheimhaltung der Daten haben, wobei es gleichgültig ist, ob die Daten selbst Geheimnischarakter haben oder nicht.[676] Besteht ein Geheimhaltungsinteresse, werden alle Daten geschützt, die wirtschaftliche Informationen enthalten.[677]

2. Zustand der Daten

Daten müssen sich durch technische Sicherheitsmaßnahmen der Unternehmen schützen lassen. Hierzu müssen Daten im B2B bei einzelnen Unternehmen gespeichert sein oder von ihnen übertragen werden.

Bei Speicherung werden Daten zum Zwecke ihrer Verarbeitung oder Nutzung auf einem Datenträger erfasst, aufgenommen oder aufbewahrt.[678] Ist Speicherung bei dauerhaft auf Datenträgern fixierten Daten eindeutig gegeben, lässt sich in Frage stellen, ob auch Daten im temporären Arbeitsspeicher eines B2B-Teilnehmers gespeicherte Daten sind und Gegenstand strafrechtlicher Absicherung durch technische Schutzmaßnahmen sein können.

Die Frage des möglichen Schutzes für Daten in temporären Speichern ist für den B2B von nicht unerheblicher Relevanz, da eine Speicherung der Daten oftmals auf Datenträgern eines Dritten (Outsourcing) oder auf Handelsplattformen zur Nutzung über Fernzugriff (Application Service Providing) erfolgt. In beiden

674 BT-Drucksache 16/3656, S. 10.

675 Cornelius, in: Leupold/Glossner, IT-Recht, Teil 8, Rn. 21; Ernst, NJW 2007, 2661 (2661 f.).

676 Dies ergibt sich aus der Nichtöffentlichkeit privater Kommunikation auch außerhalb besonderer Manifestationen des Geheimhaltungswillens, BT-Drucksache 16/3656, S. 11; ferner Hilgendorf/Frank/Valerius, Computer- und Internetstrafrecht, Rn. 654.

677 Ist die strafrechtliche Sanktion in der Fallgruppe des § 203 Absatz 2 StGB daran geknüpft, dass die Daten selbst materiell ein Geheimnis darstellen, kommt es hinsichtlich des Datenbegriffs in § 202a StGB auf den Inhalt der Daten und deren Bekanntheit nicht an, Möhrenschläger, wistra 1986, 128 (139); Schünemann, in: Jähnke, LK-StGB, § 202a Rn. 2; Graf, in: Joecks/Miebach, MünchKomm StGB, § 202a Rn. 2; Tröndle/Fischer, StGB, § 202a Rn. 2, Meurer, in: Festschrift Kitagawa, S. 975; Hilgendorf, JuS 1996, 509 (511).

678 Für die Speicherung der Daten gilt analog die datenschutzrechtliche Legaldefinition in § 3 Absatz 5 Nr. 1 BDSG.

Fällen müssen sich Unbefugte auch durch Eindringen in den Arbeitsspeicher der Computersysteme strafbar machen können.

Der strafrechtliche Schutz muss sich auch auf Fälle temporärer Speicherung im Arbeitsspeicher erstrecken, weil sonst zwischen dauerhafter Speicherung und Übertragung der Daten zumindest für eine logische Sekunde eine Schutzlücke entsteht, die so vom Gesetzgeber nicht beabsichtigt wurde.[679]

Auch während der Übermittlung sollen Daten geschützt sein. Findet Datentransfer innerhalb eines Netzwerks statt, das gegen einen Zugriff Unberechtigter auf die Datenübertragung besonders abgesichert wurde, beispielsweise Weiterleitung von Katalogdaten oder Bestellungen, besteht strafrechtlicher Schutz durch § 202a StGB.[680]

Selbst wenn Unternehmen auf eine gesonderte Absicherung ihrer Daten durch Verschlüsselung bei der Übertragung des Inhalts verzichten, wie es im B2B zur Gewährleistung reibungslosen Geschäftsbetriebs üblich ist, besteht strafrechtlicher Schutz, wenn auch in diesem Fall durch § 202b StGB.[681]

Für B2B ergibt sich daraus die Konsequenz, dass Unternehmen durch technologische Absicherung ihrer Datenspeicherung und Datenübertragung selbstregulatorisch wesentliche Voraussetzungen für einen strafrechtlichen Schutz schaffen können.

3. Zugänglichkeit der Daten

Im Rahmen des B2B können Unternehmen einzelnen Handelspartnern Verfügungsrechte über Daten einräumen und anderen die Nutzung der Daten verweigern. Soll strafrechtlicher Schutz erreicht werden, dürfen Daten nicht jedermann, sondern nur begrenzten Personenkreisen zugänglich sein.[682]

679 Graf, in: Joecks/Miebach, MünchKomm StGB, § 202a Rn. 16; Gröseling/Höfinger, MMR 2007, 626 (627); a. A. Hilgendorf/Frank/Valerius, Computer- und Internetstrafrecht, Rn. 657.

680 Kargl, in: Kindhäuser, StGB, § 202 a Rn. 6.

681 Zur Subsidiarität des § 202b StGB in Fällen der gesicherten Übertragung Ernst, NJW 2007, 2661 (2662).

682 Maßgeblich ist die subjektive Bestimmung durch den verfügungsberechtigten „Herrn der Daten“. Die Verfügungsberechtigung ist unabhängig von den Eigentumsverhältnissen, entsteht durch die erstmalige Abspeicherung der Daten und kann übertragen werden, Tröndle/Fischer, StGB, § 202a Rn. 7; Lenckner, in: Schönke/Schröder, StGB, § 202a Rn. 6; Bär, in: Walmitz/Janovsky, Computerkriminalität, Rn. 55; Cornelius, in: Leupold/Glossner, IT-Recht, Teil 8, Rn. 22.

Zugangskontrollverfahren ermöglichen ausschließlich den Zugang berechtigter Handelspartner, während besondere Zugangssicherungen den Zugriff Unberechtigter verhindern.[683]

Dabei reicht es nicht aus, dass Zugangskontrollen und -sicherungen lediglich Nebeneffekte organisatorischer Maßnahmen sind, die zum Schutz der IT-Infrastruktur vor Schädigungen getroffen wurden.[684] Berechtigte müssen aktiv Maßnahmen ergreifen, um Unberechtigten den Zugang zu Daten zu erschweren,[685] und damit ihr spezielles Interesse an der Geheimhaltung der Daten verdeutlichen.[686] Ob der Schutz durch software-[687] oder hardwarebasierte[688] Zugangssicherungssysteme erfolgt, ist für die Erfüllung der gesetzlichen Vorgaben unerheblich.[689]

Entscheidend ist nur, dass der Zugang zu den Daten wesentlich erschwert wird, denn absolut lässt sich ein Zugang Unberechtigter zu den Daten nicht verhindern.[690] Zugangsmöglichkeiten bestehen, wenn Unternehmen Computersys-

---

683 BT-Drucksache 16/3656, S. 10

684 So jedoch noch zur alten Rechtsauffassung Schulze-Heiming, S. 69; Graf, in: Joecks/Miebach, MünchKomm StGB, § 202a Rn. 34.

685 Bär, MMR 2005, 434 (436).

686 Schumann, NStZ 2007, 675 (676).

687 Als Software-Maßnahmen für den Schutz der Daten im B2B gegen eine Kenntnisnahme durch Dritte eignen sich insbesondere Zugangssicherung durch persönliche Identifikationssysteme, Beschränkungen der Schreib- und Lesefähigkeit von Datenbereichen für einen bestimmten Nutzerkreis, beispielsweise für bestimmte Handelspartner oder den ausschließlichen unternehmensinternen Zugriff, und die vielfältigen Möglichkeiten des Einsatzes von Verschlüsselungsverfahren.

688 Der Einsatz von sog. Trusted-Computing-Hardware kann bei besonders sensiblen Daten notwendig sein, um im Unternehmensbereich eine Kontrolle über Daten zu haben, Bitz, DuD 2005, 531 (531).

689 Zu den technischen Möglichkeiten der Prüfung der Authentizität mittels Software und Hardware vgl. Eckert, IT-Sicherheit, S. 437 ff.

690 Bei der Abfrage einer Benutzeridentifikation ist nach § 202a StGB erforderlich, dass sie nicht umgangen werden kann. Schreib- und Leseberechtigungen für bestimmte Benutzergruppen sind insbesondere dann taugliches Schutzmittel, wenn die Berechtigung nicht nur auf Applikationsebene, sondern auch auf Ebene des Betriebssystems gilt. Sind IT-Systeme miteinander über das Internet verbunden, entscheidet die Betriebssystem-Ebene desjenigen Server-Rechners, von dem Daten abgerufen werden sollen, über die Berechtigung des Nutzers eines anfordernden Client-Rechners. Ob eine Verschlüsselung der Daten in Echtzeit bei der Erstellung oder Bearbeitung von Daten oder beim Abspeichern derselben erfolgt, ist für die Tauglichkeit als Sicherungsinstrument im Sinne des § 202a StGB unerheblich, Meurer, in: Festschrift Kitagawa, S. 975; Hilgendorf, JuS 1996, 702 (702 f.); Jessen, S. 50; Graf, in: Joecks/Miebach, MünchKomm StGB, § 202a Rn. 38 f..

teme über Schnittstellen zu Netzwerken öffnen, sei es zu Unternehmensnetzwerken oder zu Netzwerken des öffentlichen Internets.[691]

Bereits Zugangshinderungssysteme, die einen Zugang durch technische Laien verhindern, erfüllen die gesetzlichen Voraussetzungen.[692] Aus diesem Grund sind sämtliche Maßnahmen, die B2B-Unternehmen ergreifen, um Daten vor einer Kenntnisnahme durch andere Marktteilnehmer zu schützen, und die unter normalen Umständen dazu geeignet wären, eine Kenntnisnahme durch Unbefugte zu verhindern, geeignete technische Selbstschutzmaßnahmen.

5. Zwischenergebnis

Selbst wenn sich branchenübergreifend kein Selbstschutz für die Daten im B2B vereinbaren lässt, können bereits einzelne B2B-Teilnehmer das gesetzliche „Vollzugsdefizit“ für den Schutz ihrer Daten dadurch ausgleichen, dass sie durch technische Maßnahmen präventiv ihre Daten schützen. Soweit B2B-Teilnehmer die Voraussetzungen des flankierenden strafrechtlichen Geheimnisschutzes erfüllen, sind sie befugt, im Falle der Verletzung ihrer Interessen repressiv eine Strafverfolgung durch Strafantrag anzustoßen.

IV. Ergebnis

Können die gesetzlichen Vorschriften lediglich einen Schutz vor Verletzung geschützter Daten im B2B erreichen, bewirken die Instrumente der regulierten Selbstregulierung bereits vor etwaigen Verletzungshandlungen Schutz der Daten von Unternehmen im B2B.

Präventiver technisch-organisatorischer Schutz erfordert das Zusammenwirken verschiedener Schutzmaßnahmen und organisatorischer Vorkehrungen aller am B2B beteiligter Unternehmen.

Auf Berechtigungen der Handelspartner und die Verfügbarkeit und Sicherheit der Handelsdaten beim Datenaustausch kann präventiv Einfluss genommen werden. Auch lassen sich durch Aufzeichnungen Handelsvorgänge und Datenverwendungen rekonstruieren sowie Schutzlücken aufdecken.

Zertifizierungen, Leitlinien und Verhaltenskodizes fördern darüber hinaus die Durchsetzung des für Informationen im B2B notwendigen technisch-organisatorischen Schutzes.

---

691 Findet eine derartige Öffnung statt, können Zugangshinderungssysteme überwunden werden. Aus diesem Grund muss bei besonders sensiblen Funktionen auf sog. „Insel-Lösungen“ zurückgegriffen werden, bei denen Computersysteme keine Verbindungen zu Computersystemen außerhalb ihres Standorts haben.

692 Schumann, NStZ 2007, 675 (676).

Scheitern kooperative selbstregulatorische Schutzkonzepte, können Unternehmen einen Schutz ihrer Daten selbst bewirken, indem sie mit eigenen technischen Schutzmaßnahmen den Anwendungsbereich strafrechtlicher Schutzgarantien und möglicher strafrechtlicher Sanktionen eröffnen.

Abgesehen von den selbstregulatorischen Ansätzen verbleibt die Möglichkeit, durch vertragliche Übereinkünfte mit den Handelspartnern die Gefährdung der Daten einzugrenzen.[693] Vertragliche Übereinkünfte können allerdings die Vorteile beschleunigter Geschäftstätigkeit im B2B aufheben. Auch mag ein derartiges Vorgehen spontane Geschäfte mit Unternehmen verhindern, zu denen bisher keine Geschäftsbeziehungen bestehen. Neben den zeitlichen Vorzügen würden damit auch die wirtschaftlichen Vorteile des B2B entfallen.

693 Derartige vertragliche Übereinkünfte können durch Geheimhaltungs- oder Vertraulichkeitsvereinbarungen erfolgen, zur Struktur Mummenthey, CR 1999, 651 (653).

Zusammenfassende Bewertung in Thesen

1. B2B bewirkt im Electronic Business eine weitreichende Vernetzung integraler Bestandteile unterschiedlicher Unternehmen, die zueinander in Handelsbeziehungen treten. Durch Integration und Vernetzung der Geschäftstätigkeiten werden besondere Gefahren für Daten der Unternehmen in allen operativen Geschäftsbereichen erzeugt. Erfolgt Datenverarbeitung lediglich zu unternehmensstrategischen Zwecken, wird sie durch die B2B-Integration eines Unternehmens nicht beeinflusst.

2. Probleme für den Schutz der Daten ergeben sich aus der Speicherung auf Plattformen oder in *Web Services*, der Übertragung bei Transaktionen zwischen den Unternehmen und insbesondere aus der Auflösung vormals bestehender Barrieren zwischen unternehmensinternen und öffentlich zugänglichen Daten.

3. Als juristische Personen können Unternehmen grundrechtlichen Schutz ihrer Daten im B2B beanspruchen. Sie bilden - neben natürlichen Personen - eine eigenständige Gruppe von Grundrechtsträgern.

4. Zwar sollen Freiheitsrechte des Grundgesetzes primär vor staatlichen Eingriffen schützen, doch kommt ihnen auch eine objektiv-rechtliche Dimension zu, in der sie den Staat verpflichten, Unternehmen im B2B vor Übergriffen Dritter zu schützen.

5. Der Verletzung grundrechtlich garantierter Schutzinteressen der Unternehmen hat der Staat im B2B geeignete gesetzgeberische Maßnahmen entgegenzusetzen. Darüber hinaus muss er effektive private Selbstregulierung fördern. Bei der Erfüllung dieser Aufgabe besteht ein weiter Gestaltungsspielraum.

6. Soweit Unternehmen Grundrechtsschutz für Daten beanspruchen können, ist dieser bei Auslegung und Ausformung unbestimmter Rechtsbegriffe und Generalklauseln, Anwendung selbstregulatorischer Maßnahmen und Gestaltung sowie Bewertung vertraglicher Abreden zu berücksichtigen.

7. Staatliche Schutzpflichten aus den Grundrechten bestehen insbesondere, wenn ein Interessenausgleich aufgrund wirtschaftlicher Dominanz einzelner Unternehmen unmöglich ist und insofern ein Verhandlungsungleichgewicht besteht.

8. Aus dem allgemeinen Persönlichkeitsrecht ergibt sich die staatliche Verpflichtung, durch rechtliche Regelungen sicherzustellen, dass personenbezogene

Daten natürlicher Personen im B2B nur im zumutbaren Rahmen beziehungsweise freiwillig preisgegeben werden.

9. Das Fernmeldegeheimnis schützt geschäftliche Daten während des räumlich distanzierten Kommunikationsprozesses zwischen Handelspartnern im B2B vor einer Kenntnisnahme durch unbefugte Dritte.

10. Enthalten Daten im B2B vermögenswerte Ergebnisse schöpferischer Leistung, erzeugt die Verfügungsgewalt der Urheber grundrechtliche Eigentumsgarantie.

11. Bei Geschäftsverbindungen, Kundenstämmen und Marktstellungen von Unternehmen ergeben sich Einordnungsprobleme durch fließende Grenzen zwischen Eigentumsbestandteilen eines Unternehmens und nicht schützenswerten bloßen Chancen.

12. Betriebs- und Geschäftsgeheimnisse gehören aufgrund der für B2B geltenden Rahmenbedingungen zum Schutzbereich der Eigentumsgarantie, wenn sie ein gewisses Maß an Wesentlichkeit für Unternehmen besitzen.

13. Daten über bestehende Geschäftsverbindungen und Kundenstämme genießen Eigentumsschutz über das Recht am eingerichteten und ausgeübten Gewerbebetrieb.

14. Die Gewinnung von Daten ist im B2B durch die wirtschaftliche Betätigungsfreiheit geschützt, soweit sie legitimen Erwerbszwecken der Unternehmen dient.

15. Durch die grundrechtlich garantierte wirtschaftliche Handlungsfreiheit dürfen Unternehmen vertragliche Vereinbarungen zum Schutz ihrer Unternehmensdaten schließen, soweit diese nicht unterschiedliche Kräfteverhältnisse der Vertragspartner ausnutzen und dazu führen, dass die Handlungs- und Wahlfreiheit einzelner Unternehmen unverhältnismäßig beeinträchtigt wird.

16. Die Verantwortlichkeit für Datenverarbeitung verbleibt im B2B stets bei den Initiatoren. Weicht das grundsätzliche Datenverarbeitungsverbot einer gesetzlichen oder individuellen Erlaubnis der Unternehmen, gelten für die Erhebung und Verarbeitung personenbezogener Daten gesetzliche Grenzen.

17. Findet Datenübertragung im B2B statt, müssen Anbieter der Telekommunikation, Betreiber der B2B-Handelsplattformen und Erbringer technischer Übertragungsdienstleistungen neben personenbezogenen Daten auch unternehmensbezogene Daten vor einer unberechtigten Kenntnisnahme schützen.

18. Daten sind im Bereich des B2B weder als abstrakte geschäftliche Methoden noch als Implementierungen in Computersysteme zu bewerten. Ein Schutz nach Patent- und Gebrauchsmusterrecht scheidet deshalb aus. Ihnen fehlt aufgrund des rein darstellenden Charakters und der ökonomischen Zielrichtung der notwendige technische Effekt (Technizität).

19. Urheberrechtlicher Werkschutz scheidet für Daten im B2B, auch für Daten in Produktkatalogen oder ähnlichen Datensammlungen, mangels schöpferischen Charakters aus.

20. Systematisch und methodisch angeordnete Daten der Unternehmen mit wirtschaftlichem Verwertungswert, wie insbesondere elektronische Kataloge über Waren und Dienstleistungen, genießen hingegen leistungsrechtlichen Datenbankschutz. Andere Unternehmen dürfen zwar mit den daraus zu entnehmenden Daten eigene Datensammlungen herstellen, sie dürfen dabei jedoch nicht auf wesentliche oder wiederholt auf unwesentliche Teile der Datenbanken von Mitbewerbern im B2B zurückgreifen und dadurch Investitionen gefährden.

21. Das Wettbewerbsrecht schützt Daten der Unternehmen darüber hinaus vor Rechtsbruch und Nachahmung unter Verletzung von Vertrauensverhältnissen. Daten von Mitbewerbern oder Handelspartnern dürfen im B2B nicht übernommen werden, soweit die Datenübernahme gegen Gepflogenheiten des elektronischen Geschäftsverkehrs verstößt und den Wettbewerb im B2B spürbar beeinträchtigt.

22. Sind Daten im B2B Unternehmensgeheimnisse, werden sie vor unberechtigtem und bewusstem Ausspähen durch andere Unternehmen geschützt.

23. Technisch-organisatorischer Schutz ist angesichts der Rechtsprechung zur notwendigen Vertraulichkeit und Integrität informationstechnischer Systeme für sämtliche sensiblen Daten im B2B zu gewährleisten.

24. Bereits vor Aufnahme der Handelstätigkeit können Zertifizierungen, Sicherheitsleitlinien und Standards präventiven Schutz für Daten erzeugen.

25. Fehlt in einem spezifischen Handelsszenario hinreichender rechtlicher oder selbstregulierter Schutz der Daten oder sind sich Unternehmen dessen ungewiss, können sie durch präventive technische Schutzmaßnahmen oder vertragliche Abreden ergänzenden Schutz bewirken.

Anhang 1: Sicherheitsarchitektur im B2B

Alle Transaktionen im B2B sind durch hinreichend sichere Verschlüsselungsverfahren abzusichern.[694] Es sind jedoch nur solche Verfahren sinnvoll, die sich von den Unternehmen im B2B leicht einsetzen lassen. Ihre Akzeptanz im B2B hängt sowohl von ihrer Sicherheit als auch von ihrer einfachen Verwendbarkeit im Geschäftsverkehr ab.

I. SSL

Durch *Secure Socket Layer (SSL)* werden Informationen über die Zusammensetzung einzelner Datenpakete verschlüsselt, die verschickt werden sollen, nicht aber die in den Datenpaketen enthaltenen Inhalte.[695]

Verfälschungen durch Hinzufügen, Ersetzen oder Entfernen von Datenpaketen auf dem Übertragungsweg sind durch fehlerhafte Prüfsummen feststellbar.[696] Hinreichende Sicherheit ergibt sich dadurch für die Inhalte der Datenpakete freilich nicht.[697]

II. XML

Elektronische Signaturen auf Basis von XML stellen die Authentizität der Teilnehmer des B2B-Handels sicher, einfache digitale Signaturen die Integrität darin transferierter Daten.[698] Ob Datenpakete elektronisch oder digital signiert werden

---

694 Dies setzt voraus, dass nur mit einem unverhältnismäßigen Aufwand aus den verschlüsselten Daten Informationen gewonnen werden können, Wirth, in: Gora/Krampert, Handbuch IT-Sicherheit, S. 113 ff.

695 SSL verschlüsselt diese Message Authentication Codes (MAC) durch den Algorithmus MD5.

696 Die Prüfsummen verschlüsselt gemeinsam mit der Nachricht übertragen.

697 Federrath/Pfitzmann, in: Moritz/Dreier, Rechtshandbuch E-Commerce, F, Rn. 8 f.; Miedbrodt, in: dies., F, Rn. 112 ff.

698 Im juristischen Schrifttum wurde der im SigG alter Fassung verwendete Begriff der digitalen Signatur mit Umsetzung der EG-Signatur-Richlinie (RL 1999/93/EG) durch das Signaturgesetz von 2001 einfach - unter Verkennung der technischen Unterschiede - durch den in der Richtlinie verwendeten Begriff der elektronischen Signatur ersetzt. Elektronische Signaturen stellen die Verbindung des Urhebers oder Versenders zu versandten Daten her. Sie ermöglichen den Nachweis der Authentizität des Urhebers. Digitale Signaturen sichern hingegen nicht die Authentizität der Herkunft, sondern nur die Integrität der Daten. Elektronische Signaturen schützen vor Veränderung des Urhebers, digitale Signaturen hingegen vor Veränderung des Inhalts beziehungsweise Umfangs versandter Daten. Elektronische Signaturen sind somit an Personen gebunden. Einfache

müssen, ergibt sich aus den XML-Dateien selbst.[699] Zertifikate der für Verschlüsselung zu verwendenden Privat-Key-Infrastruktur (PKI) werden in das XML-Datenobjekt eingebettet beziehungsweise darin referenziert. Sender und Empfänger der XML-Dateien können auf diese Weise mit den übertragenen Daten einheitliche Verschlüsselungsverfahren assoziieren.[700]

Die gemeinsame Sprache für XML und darauf aufbauende *Web Services*, Simple Object Access-Protokoll (SOAP), legt allerdings nicht fest, wie die Informationen zwischen Sendern und Empfängern transportiert werden müssen.[701] Der Transport der Daten erfolgt weiterhin nach den Vorgaben des zugrunde liegenden Transportprotokolls HTTP,[702] dessen SSL-Verschlüsselung, wie geschildert, die für das E-Business erforderliche IT-Sicherheit nicht garantieren kann.[703]

Sicherer und verlässlicher Transport zumeist sensibler Daten lässt sich durch den Einsatz von XML für Datenobjekte im B2B alleine nicht sicherstellen.[704] Trotz erweiterter Möglichkeiten, Integrität und Ursprung von Daten zu gewährleisten, ist Vertraulichkeit der Dateninhalte bei Übertragung der Transaktionen im Klartext nicht gegeben.[705]

XML-Signaturen sind stets digitale Signaturen und schützen nur die Integrität und nicht die Herkunft der signierten Daten vgl. zur Unterscheidung Giessmann, DuD 2003, 749 (749, 752); zum Integritätsschutz auch Kunz/Pordesch/Schmidt, DuD 2003, 740 (740).

699 Werden Daten zwischen Handelspartnern im Rahmen spontaner Vernetzungen übertragen, stellen einfache XML-Signaturen sicher, dass die abgesendeten Daten tatsächlich den empfangen Daten entsprechen. Ein darüber hinausgehender Integritätsschutz lässt sich nur durch Verschlüsselung, beispielsweise durch die vorgesehene XML-Encryption, gewährleisten, vgl. Buchmann/Pfaff, DuD 2003, 757 (758).

700 Vgl. Buchmann/Pfaff, DuD 2003, 757 (758); zur PKI als Grundlage einer E-Commerce Infrastruktur Rudloff, in: Gounalakis, Rechtshandbuch Electronic Business, § 1 Rn. 79 ff.

701 Buchmann/Pfaff, DuD 2003, 757 (760).

702 Wojcienchowski/Weinhardt, in: Schoder/Fischbach/Teichmann, S. 106.

703 Die Facetten der IT-Sicherheit als wesentliche Faktoren für die Wertschöpfungskette des E-Business herausstellend Broß, MMR 2004, 6 (8).

704 Bereits bei den auf SOAP basierenden Web Services wurde deshalb ein weitergehender Vertraulichkeitsschutz durch Verschlüsselung und Signatur gefordert, Kuschke/Wölfel, S. 103.

705 Der Informationstransfer lässt sich in diesem Fall durch Sniffer-Programme manipulieren und überwachen, die alle Transaktionsinformationen und die notwendigen Informationen zur Verwendung der ausgetauschten Informationen ermitteln können, Schmitz, in: Hoeren/Sieber, Handbuch Multimedia-Recht, Teil 16.4, Rn. 223; Kuschke/Wölfel, S. 103; Cornelius, in: Leupold/Glossner, IT-Recht, Teil 8, Rn. 31.

III. ebXML

Für das E-Business wurde XML in spezieller Form als sog. ebXML weiterentwickelt.

ebXML legt die Sicherheit einzelner Nachrichteninhalte oder des gesamten Nachrichtenverkehrs zwischen Parteien fest. Profile bestimmen unterschiedliche Sicherheitsniveaus beim Nachrichtenaustausch durch unterschiedlich kombinierbare Maßnahmen zum Schutz der Sicherheit der ebXML-Nachrichten.[706] Vertraulichkeitsdefiziten werden durch Verschlüsselungs- und Signaturprozesse ausgeglichen.[707]

Für die Durchführung von Geschäften im E-Business stellt der Nachrichtendienst von ebXML (ebXML Message Service) Übertragungsdienste bereit.[708] Er erweitert das Kommunikationsprotokoll SOAP und ermöglicht einen standardisierten, sicheren und zuverlässigen Austausch der Nachrichten zwischen Geschäftspartnern im B2B.[709]

ebXML bestimmt, wie Nachrichten technisch zu „verpacken" sind und wie mit ihnen beim Transport umzugehen ist.[710] Wird ebXML verwendet, können

706 Die durch den ebXML Message Header bereitgestellten Profile ermöglichen neben digitalen Signaturen ganzer ebXML-Nachrichten, Signaturen von deren Bestandteilen (SOAP-Header, Body oder ebXML Payloads), optionale Signatur der Bestätigungsnachrichten, kurzzeitige oder dauerhafte Verschlüsselungen der Nachrichten, Berechtigungsnachweise und Zeitstempel, vgl. Hackländer, S. 194 ff.

707 Neben der Seitenbeschreibung betrifft EbXML auch die Transaktionssicherheit, die Wahrung der Vertraulichkeit von Informationen und weitere Aspekte des elektronischen Geschäftsverkehrs, zu diesem sog. Top-Down-Ansatz, der einer Umsetzung durch die Hersteller bedarf, Sommergut, http://www.computerwoche.de/524177 (24.10.2009).

708 Der Nachrichtendienst zielt auf robuste, kommunikationsprotokoll-neutrale und dennoch kostengünstig zu implementierende Nachrichtenübertragung. Es handelt sich um den rein technischen Aspekt der Nachrichtenübertragung, nicht aber den Inhalt der Nachrichten, Hackländer, S. 164.

709 Dieser Austausch erfordert keine proprietäre Technologien oder Systemlösungen zu verlangen. Die ebXML Message Service Spezifikation bietet in der Version 2.0 eine Erweiterung von SOAP an, welche für Geschäftsvorgänge wichtige Eigenschaften, wie zuverlässigen, authentischen und sicheren Nachrichtenaustausch, gestattet und Systemmeldungen und –fehler behandelt; vgl. ebXML Message Service Specification Version 2.0, S. 1, im Internet unter: http://www.oasis-open.org/committees/ebxml-msg/ documents/ebMS_v2_0.pdf (24.10.2009).

710 Das EbXML Message Service besteht aus drei wesentlichen Segmenten: Einem Message Service Interface zur Definition der Operationen, die lokale Objekte für die Verwendung der angebotenen Kommunikationsdienste benötigen, einem Transport Service Interface zur Abbildung der übertragenen Nachrichten auf das zugrunde liegende Transportprotokoll und einem Message Service Handler zur Festlegung der Struktur und Be-

sich B2B-Teilnehmer auf das sichere Zugehen versendeter Daten und den sicheren Umgang mit ihnen verlassen.[711]

Zwar schützen digitale Signaturen die Authentizität und Integrität der Transaktion, doch ist problematisch, dass bei ebXML nur die Inhalte der Transaktionen digital signiert werden, nicht jedoch die mit diesen übertragenen Meta-Daten.[712]

Auch lässt sich alleine durch digitale Signaturen eine Vertraulichkeit der Transaktionsinhalte nicht erzielen. Vertraulichkeit setzt voraus, dass der Inhalt der Daten auf dem Transportweg unkenntlich gemacht wird. Zwar bleiben auch bei einer Verschlüsselung der Nachrichtinhalte die zugehörigen Meta-Daten zumeist unverschlüsselt, doch können die Inhalte der durch Metadaten als ebXML-Transaktionen identifizierbaren Daten von Unbefugten nicht interpretiert werden. Ein Bruch der Vertraulichkeit durch Entschlüsselung würde einen

---

deutung der ebXML Nachrichten für den Übergang zwischen Message Service Interface und Transport Service Interface, Hackländer, S. 171 f.

711 Neben dem Nachrichtendienst enthält ebXML Dienste, die den sicheren Zugang der Nachrichten (Reliable Messaging Services) und den sicheren Umgang mit ihnen (Security Services) gewährleisten. Diese Funktionalität des ebXML Message Service ergibt sich aus dem Message Service Handler, van der Eijk, im Internet unter: http://webservices. xml.com/pub/a/ws/2003/03/18/ebxml.html (24.10.2009).

712 Sie können Aufschluss über die Inhalte der Transaktionen geben. Anhand des kodierten Kopfes der Nachricht (MIME) lässt sich weiterhin feststellen, welchen Inhalts die Nachricht ist, dass es sich um eine ebXML-Nachricht handelt, und diese durch Verändern oder Austauschen der Kopfinformation manipuliert werden kann.

hohen Aufwand erfordern, der zum Informationswert der Daten in der Regel unverhältnismäßig wäre.[713]

Obwohl ebXML technisch Transaktionen im B2B absichern kann, bestehen Schutzlücken weiterhin fort durch B2B-Teilnehmer, die ebXML als geschäftliche Kommunikationsplattform ablehnen. Sie zwingen Unternehmen zur Anerkennung eines geringeren Sicherheitsniveaus beim gemeinsamen Handel im B2B.

Solange ebXML oder vergleichbare beziehungsweise weiterentwickelte Kommunikationsplattformen nicht als Grundbedingungen für den gemeinsamen Handel im B2B standardisiert werden, lassen sich Grenzen rechtlicher Regulierung ausschließlich mit Mitteln der Selbstregulierung oder durch bilaterale Vereinbarungen zwischen den Geschäftspartnern überwinden.

713 Vgl. OASIS ebXML Messaging Service Specifikation Version 2.0, im Internet unter: http://www.oasis-open.org/committees/ebxml-msg/documents/ebMS_v2_0.pdf (24.10.2009).

Anhang 2: B2B-Handelsszenario mit ebXML

Ein typisches Handelsszenario zwischen Unternehmen, die ebXML für B2B verwenden, lässt sich folgendermaßen skizzieren:

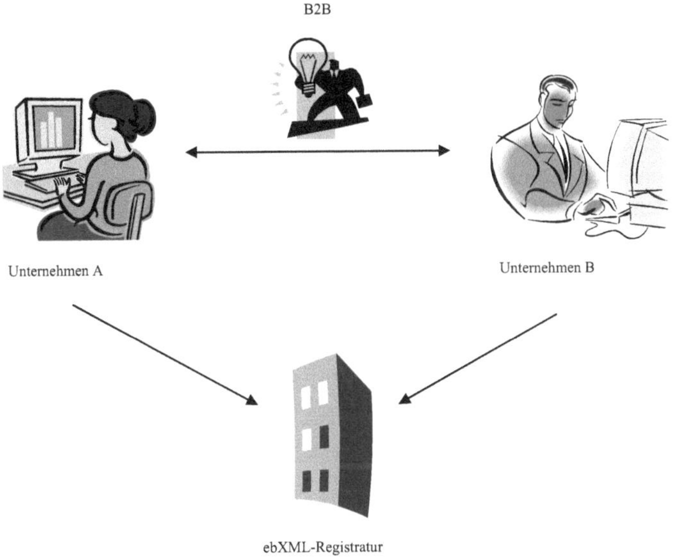

I. Vorbereitung der Unternehmen

Möchte Unternehmen A mit einem Geschäftskonzept am elektronischen Handel teilnehmen, muss es das geplante Geschäftskonzept in ebXML übertragen. Die zu erbringenden beziehungsweise gesuchten Leistungen des Geschäftskonzepts werden anschließend als Geschäftsprofil in ein zentrales Verzeichnis, die ebXML-Registratur, eingespeist.[714]

II. Begründung der Geschäftsbeziehung

Möchte Unternehmen B nun eine Geschäftsidee nicht vollständig durch eigene Leistungen, sondern auch durch Leistungen anderer Unternehmen realisieren, kann es externe Leistungen über ebXML beziehen und in das geplante Ge-

714 Die ebXML-Registratur speichert langfristig gleich bleibende Informationen über Daten aus vielen Unternehmen, der von einem unabhängigen Service Provider betrieben wird, Hackländer, S. 99; ferner http://www.ebxml.eu.org/Deutsch/Registratur.htm (24.10.2009).

schäftsmodell integrieren. Unternehmen B wird zu diesem Zweck in der zentralen ebXML-Registratur Angebote anderer Unternehmen abfragen.

Erfüllt die angebotene Leistung des Unternehmens A die erforderlichen Voraussetzungen, können beide Unternehmen eine B2B-Geschäftsbeziehung begründen.[715]

III. Ablauf des Geschäftsvorgangs

Auf Grundlage der elektronisch begründeten Geschäftsbeziehung erfolgen die eigentlichen Geschäftsvorgänge (*ebXML business processes*).[716] Sie bestimmen die Rollen, Beziehungen und Verantwortlichkeiten der Geschäftspartner, fassen ihre Formen der Interaktion zusammen (Bestellung, Versand, Zahlung etc.)[717] und werden in Form vertraulicher elektronischer Dokumente[718] zwischen den Handelspartnern übertragen *(business transactions).*[719]

---

715 Vgl. zum dargestellten Szenario im Internet http://www.ebxml.eu.org/Deutsch/Die%20 ebXML-Technologie.htm (24.10.2009).

716 Das rahmenvertraglich vereinbarte Business Process Specification Schema (BPSS) spezifiziert die Geschäftsvorgänge und Informationsmodelle. Es beschreibt die Umsetzung der Geschäftsvorgänge in XML Dokumente mit Hilfe bestimmte Semantik, Elemente und Eigenschaften und definiert allgemeine Geschäftsvorgänge formal, Hackländer, S. 10.

717 Die Interaktion zwischen den Rollen findet als zeitlich und sequentiell koordinierte Folge, als sogenannte Choreographie von Transaktionen statt, Hackländer, S. 40.

718 Diese werden mit elektronischen Umschlägen versehen und vertraulich übertragen. Sog. Requesting beziehungsweise Responding Business Activities. Aus den Vorgaben für den ebXML Message Service ergeben sich die Anforderungen an die Vertraulichkeit hinsichtlich der von den Handelspartnern ausgetauschten business transactions, Riemer, im Internet unter: http://www.gca.org/papers/xmleurope2001/papers/html/s18-1.html (24.10.2009).

719 Innerhalb des Geschäftsvorgangs bilden die Transaktionen (business transactions) die kleinste technisch-logischen Einheiten, Hackländer, S. 40, 49.

Schriften zum Medien-, Urheber- und Wirtschaftsrecht

Herausgegeben von Prof. Dr. Georgios Gounalakis

Band 1 Thomas Lang: Immaterialgüterrechtliche Lizenzierung und kartellrechtliche Verhaltenskontrolle. Eine Untersuchung der Reichweite gemeinschaftskartellrechtlicher Eingriffsbefugnisse in Immaterialgüterrechtspositionen vor dem Hintergrund der schutzrechtsspezifischen wettbewerblichen Ausschließlichkeit. 2009.

Band 2 Anna-Karina Bonacker: Der Widerruf von Fernabsatzverträgen am Beispiel der Internetauktion eBay. 2009.

Band 3 Rainer Jürgen Scharf: Der unbefristete Widerruf internetbasierter Verträge. Zugleich ein Beitrag zur Dogmatik des § 355 BGB. 2009.

Band 4 Sebastian Gorski: Effizienz, Wahlfreiheit und Gleichbehandlung? Eine Untersuchung der Einführung von Wettbewerb zwischen musikalischen Verwertungsgesellschaften durch die Europäische Kommission. 2009.

Band 5 Daniel Walter: Die rechtliche Behandlung der Erbringung unbestellter Leistungen nach § 241a BGB. 2009.

Band 6 Richard Helwig: Die Kompetenz der Europäischen Gemeinschaft zur Schaffung eines europäischen Medienkonzentrationsrechts. Notwendigkeit, Voraussetzungen und Reichweite einer möglichen Regulierung zur Sicherung von Medien- und Meinungsvielfalt in Europa. 2009.

Band 7 Bettina Yunis: Alternative Streitbeilegung über elektronische Datennetze. 2011.

Band 8 Andreas Walter: Störerhaftung bei Handeln Dritter. 2011.

Band 9 Andreas Zenner: Die zivilrechtliche Verantwortlichkeit des Abschlussprüfers für den Bestätigungsvermerk. 2011.

Band 10 Kristine Wagner: Die Privatkopie als urheberrechtliche Schrankenregelung. 2011.

Band 11 Ina Lutz: Testierfreiheit und Pflichtteilsrecht im spanischen *Código Civil* im Vergleich mit dem deutschen Bürgerlichen Gesetzbuch. Unter besonderer Berücksichtigung von Immobilienerbschaften. 2011.

Band 12 Heiko Drebes: „Datenschutz“ für Unternehmen im B2B? Schutz der Daten des geschäftlichen E-Business im Spannungsfeld zwischen technisch-organisatorischer und rechtlicher Regulierung. 2012.

www.peterlang.de

Matthias Lindhorst

Sanktionsdefizite im Datenschutzrecht

Frankfurt am Main, Berlin, Bern, Bruxelles, New York, Oxford, Wien, 2010.
155 S.
ISBN 978-3-631-60057-3 · geb. € 41,80*

Zahlreiche Datenskandale haben in den letzten Jahren deutlich gemacht, dass im Datenschutzrecht dringend Handlungsbedarf geboten ist, um den Schutz des informationellen Selbstbestimmungsrechts der Betroffenen zu verbessern. Ausgangspunkt dieser Arbeit ist deshalb die Frage, wie dem Datenschutzrecht zu größerer Durchsetzungskraft verholfen werden kann. Es werden für die verschiedenen Bereiche der nicht-öffentlichen Datenverarbeitung konkrete Lösungsvorschläge herausgearbeitet und auf diese Weise wird aufgezeigt, dass es diverse Möglichkeiten gibt, eine nachhaltige Verbesserung des Datenschutzes zu erreichen.

Aus dem Inhalt: Datenschutz und private Datenverarbeitung · Das Datenschutzkonzept im Bundesdatenschutzgesetz (BDSG) · Defizite im Schutzkonzept des BDSG · Gewinnabschöpfung · Schadensersatz bei persönlichkeitsrechtsverletzenden Datenschutzverstößen · Datenschutz im Eigeninteresse von Unternehmen · Datenschutz durch betriebliche Datenschutzbeauftragte

FSC
www.fsc.org
MIX
Papier | Fördert gute Waldnutzung
FSC® C083411

Kolibri 360 GmbH
Ferdinand-Jühlke-Straße 7
99095 Erfurt, Deutschland
produktsicherheit@kolibri360.de